# Bro a Bywyd

## Gwilym R. Jones

Golygydd/W. I. Cynwil Williams

Cyhoeddiadau Barddas 2001

ⓗ W. I. Cynwil Williams/Cyhoeddiadau Barddas
Argraffiad cyntaf: 2001

ISBN 1 900437 45 7

Y mae Cyhoeddiadau Barddas yn gweithio gyda chefnogaeth
ariannol Cyngor Celfyddydau Cymru, a chyhoeddwyd
y gyfrol hon gyda chymorth y Cyngor.

Cyhoeddwyd gan Gyhoeddiadau Barddas
Argraffwyd gan Wasg Dinefwr, Llandybïe

# Rhagair

Rai misoedd cyn i'r Ail Ryfel Byd daenu'i flanced o enbydrwydd dros Ewrob, symudodd Gwilym R. Jones a'i deulu i fyw i Ddinbych, ac yna ymuno â staff *Y Faner* ac yn Is-olygydd i Prosser Rhys. Ymysg ei ddodrefn 'roedd Cadair Eisteddfod Genedlaethol Caerdydd (1938) a Choron Eisteddfod Caernarfon (1935). Yn fuan, byddai'n cipio'r Fedal Ryddiaith am nofel fer. Yng ngafael twymyn y cystadlu cyson, 'roedd y newyddiadurwr egnïol, y cenedlaetholwr a'r heddychwr brwd yn edrych ymlaen yn eiddgar at yr Eisteddfod a gâi ei chynnal y tu ôl i dŷ newydd perchenogion Gwasg Gee, Morris T. Williams a Kate Roberts – Y Cilgwyn.

Eleni, mae'r Eisteddfod yn ôl yn Ninbych, ac unwaith eto ar lawr 'dyffryn clodfawr Clwyd' ar dir fferm yr Eglwyswen. Rhwng yr hen faes a'r un newydd, mae Thomas Jones, Twm o'r Nant, Thomas Gee, Morris Williams a Kate Roberts, Geraint Vaughan Jones, Gwilym R. Jones a Mathonwy Hughes, yn huno'n dawel. Ac fe ddiflannodd *Y Faner* a'i phabell groesawgar a welid gynt ym mhob Eisteddfod Genedlaethol. Ond, bydd ysbryd y cewri hyn yn cerdded yr 'Eden werdd' trwy gydol wythnos yr Ŵyl.

Fy ngobaith yw y gall y gyfrol hon fod yn deyrnged i'r 'teulu' llengar hwn, ac wrth gwrs, yn goffadwriaeth deilwng i Gwilym R. Jones, un o'r cyfeillion gorau a gefais trwy gydol fy mlynyddoedd yn y weinidogaeth. Ef a'm perswadiodd i symud o'r De, a bu fel tad i mi, yn fy nghalonogi am ddegawd cyfan. Dros y ffordd i Wasg Gee, 'roedd y Capel Mawr – ei 'dawel demel' hoff. Yno, daethom i adnabod ein gilydd, a gwelais ddyfnder a gloywder ei argyhoeddiadau dwfn, a'i gariad at blant a phobl ieuainc. Gwelwyd ei barch at fywyd, ei sêl dros gyfiawnder a'i serch angerddol tuag at ei genedl, ei thir a'i hiaith.

Fel pob gwir heddychwr nid oedd terfyn ar ei ysbryd rhagorol. Yn yr un ysbryd hwn, ymserchodd ei deulu ynddo, ac mae eu hatgofion a'u hedmygedd ohono'n amlwg yn y stori a blethwyd rhwng y darluniau a'r pytiau sy'n dilyn. Asiwyd cof Silyn, yr hynaf o'r plant, â lloffa llwyr Mair ei briod, edmygedd tawel yr un canol Iwan â thaclusrwydd ei wraig fedrus Donna, serch ei unig ferch Olwen a brwdfrydedd sydyn ei gŵr Berwyn, yn rhwydwaith o gwmpas ymdrech y golygydd. Hwy a'u plant, a phlant eu plant, a wireddodd freuddwyd Gwilym R., ac am iddynt ei ymgeleddu mor ofalus ar ôl marw'i briod Myfanwy, 'rwy'n llawenhau fod ganddynt hwy bellach eu lluniau a'u hatgofion yn y gyfrol yma, a stori mabinogi tad a thaid yn Nyffryn Nantlle a'i fabwysiad llwyr yn Nyffryn Clwyd.

Alan Llwyd a'm gwahoddodd i roi trefn ar y deunydd a gasglwyd. Fel Gwilym R. ei hun, bu'n wironeddol hael ei gefnogaeth i mi, a gwn iddo archwilio'n fanwl y testun, a chywiro'n ôl y galw. 'Roedd Gwilym R. yn un o'i edmygwyr mwyaf, a rhoddod Alan gyfle iddo yng ngaeaf ei flynyddoedd i anfon ysgrif a chân i *Barddas*. Bu hyn yn fendith yng ngwir ystyr y gair i'r henwr, yn ysgogiad iddo yn aml i ail-fyw ei bererindod. Ac felly, mae'n briodol mai Barddas sy'n cyhoeddi prif ddigwyddiadau taith y bardd a'r newyddiadurwr a hynny yn y flwyddyn y mae Dinbych yn derbyn y Genedlaethol unwaith eto.

*W. I. Cynwil Williams*

2

'Pe bai dyn yn sefyll ar ben Mynydd y Cilgwyn yng nghanol Dyffryn Nantlle, yn Sir Gaernarfon, fe welai, gyda chymorth sbeinddrych digon cyffredin, gartrefi'r gwŷr llên a ganlyn: Glasynys, R. Hughes Williams [Dic Tryfan], T. H. Parry-Williams, R. Williams Parry, Kate Roberts, Thomas Parry, Gruffudd Parry, John Gwilym Jones, Mathonwy Hughes, R. Silyn Roberts, R. Alun Roberts, Griffith W. Francis, Idwal Jones, J. Llewelyn Roberts, W. J. Davies, J. Eryri Williams, Morris T. Williams, Annant, Hywel Cefni, J. Evan Thomas, Gwilym Eryri Hughes, Elfed Owen a Glan Llyfnwy. Ganed y rhan fwyaf o'r rhain yn y dyffryn diwydiannol Cymraeg hwn yn ystod y ganrif hon. Paham, tybed, y cyfyd cnwd o ddoniau llenyddol mor gyfoethog mewn ambell ardal ar gyfnodau arbennig?

Tybed a fydd rhyw seicolegydd o hanesydd llenyddol yn ceisio olrhain dylanwad dirgel Mabinogi 'Math, Fab Mathonwy' ar is-ymwybod rhai o'r dyffrynwyr yn yr ugeinfed ganrif? Dyffryn duw'r goleuni, Lleu, yw Nant-lleu (Nantlle) fel y tystia'r chwedl, duw hud a lledrith. Ac fe ddaeth 'Lleu i Ddyffryn Nantlleu'n ôl . . .'

> Geiriau Gwilym R. Jones yn y Rhagymadrodd i *Cerddi Gwilym R.* (1969). Rhaid cynnwys ei enw yntau ymhlith y beirdd a'r llenorion hyn. Am ran helaeth o'r ugeinfed ganrif, bu'n un o'n gwŷr llên mwyaf cynhyrchiol.

1. 'Henffurf y mynyddoedd . . .' O'r chwith i'r dde: Mynydd Mawr, Yr Wyddfa, Y Garn a Mynydd Drws y Coed.

2. Gwilym Richard Jones (1903-1993). Newyddiadurwr, Gwladgarwr, Bardd.

3

3. 'Dyn cyffredin 'i ddoniau oedd yn hoff o'r Pethe oedd fy nhad: capelwr selog a chanddo lais bas digon hyfryd. Mi fyddai'n arfer dweud ei hanes yn canu gyda phedwarawdau pan oedd o'n gweithio yng Nghilfynydd yn y De. 'Roedd yn y lle hwnnw doreth o 'steddfodau yr adeg honno . . . 'Roedd o'n Gymro uniaith, heb fedru fawr mwy o Saesneg na 'yes' a 'no'. Fe fu'n rhaid iddo fo ddysgu mwy o'r iaith fain pan aeth i weithio ar y lein yn Lerpwl, a mynd i letya i dŷ mewn stryd a elwid ganddo yn 'Hwrli Bwrli Stryd'. Ond enw cywir y stryd honno oedd 'Hornby Boulevard', heol yn Bootle.

*Y Llwybrau Gynt*, Gol. Alun Oldfield-Davies

4. 'Y Blondin' yw'r enw lleol am y mur uchel y tu cefn i lwyfan cadarn. Swyddogaeth y 'blondin' a'r llwyfan oedd dal y peiriant a fyddai'n weindio'r llechi o'r gwaelodion er mwyn eu llwytho. Lle bu chwarelwyr fel morgrug yn cloddio, mae dyfnderoedd o ddŵr erbyn hyn, ac adar yn hamddena ar ei wyneb.

4

5

5. Y rheilffordd a fyddai'n cario'r llechi i Gaernarfon trwy Ben-y-groes.

6

6. ' "Ie, dyma hi," meddai, "yr hen ardal, a'r creithiau ar ei hwyneb yn debyg i dyllau ieir mewn tomen ludw. A dacw'r hen chwarel yn gorwedd fel draig a'i phalfau ar led ar y llechwedd. Mae ei hager-anadl yn chwythu o'i safn. Dyma'r bwystfil a lwnc ddynion, a malais y maen ar ei wedd. Dyma'r ddraig nas sigwyd: fandal y bryniau ydyw hi". '

*Y Purdan*, nofel fuddugol Eisteddfod Genedlaethol Cymru 1941 (Hen Golwyn). Cyhoeddwyd gan Wasg Gee (1943).

7

7. Rhai o chwarelwyr 'Cornwal' – chwarel yn Nyffryn Nantlle tuag adeg geni Gwilym R. Jones. Rhoddwyd yr enw hwn ar y chwarel ar ôl i fechgyn o Gernyw ddod i'r fro i gloddio am gopor, ond 'roedd mwy o lechfaen yn Nantlle.

8

8. Gorsaf Nantlle yn Nhal-y-sarn. Yma y pwysid y llechi, a'u llwytho. Yn iard yr orsaf, 'roedd y cwt du, 'senedd y pentref'.

'Fe'i lliwiasid yn ddu o'r tu allan drwy ei goltario, a mwg o'r stôf lo oedd ar ganol y llawr wedi duo'i furiau a'r nenfwd tu fewn.'

*Rhodd Enbyd*, Gwilym R. Jones (1983)

9

9. 'Mynd i gadw siop bapurau newydd a mân bethau eraill yn Nhal-y-sarn a wnaeth John ac Ann Jones ar ôl priodi. Enw'r tŷ a'r siop oedd Cloth Hall. Yn ddiweddarach o lawer y dechreuwyd galw'r lle yn Neuadd Frethyn.

Gweithiai'r gŵr yn chwarel Dorothea a gofalai'r wraig am y siop yn ystod y dydd, a byddai'r ddau'n helpu'i gilydd gyda'r nos.'

*Awen Gwilym R.*, Mathonwy Hughes (1980)

10. Siop rhieni Gwilym R. yn Nhal-y-sarn.

10

11

12a

11. Ffenestr y siop, Cloth Hall, Tal-y-sarn, ar ddechrau'r ganrif, gyda'r meibion, Gwilym R. a Dic, yn agos at ffedog wen eu mam.

12a. Y llun cyntaf o gyntafanedig Cloth Hall, Gwilym Richard, mab Ann a John Jones. Cafodd ei eni ar Fawrth 24, 1903, a chofrestrwyd ei enedigaeth ar Ebrill 14.

12b. Tystysgrif geni Gwilym Richard Jones.

13. J. W. Jones.

'Chwarelwr oedd fy nhad, brodor o Rostryfan, a chadwai siop bapurau newydd, neu'n fwy cywir, 'roedd fy mam, gwraig o Aberdaron, yn cadw'r siop ac yn peri i'r siop hanner cadw fy rhieni, Dic fy mrawd a minnau. 'Roedd fy mam yn hoff o ddarllen ac o sôn am y 'Pethe', ac ystyrid hi'n wraig oleuedig iawn gan ei chymdogion.

13

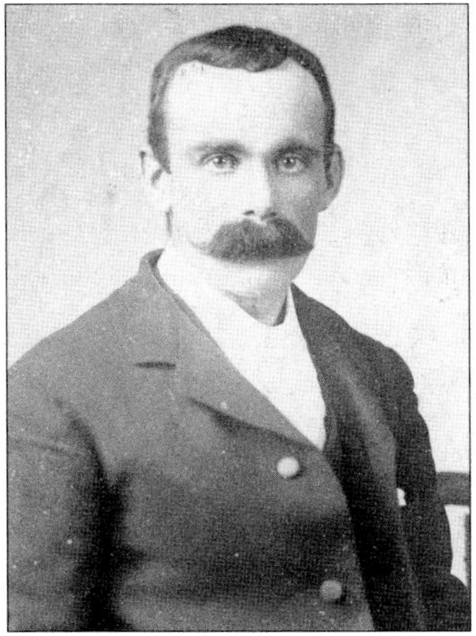

Sosialydd hen-ffasiwn oedd fy nhad; anaml y byddai ganddo goler a thei am ei wddf ar noson waith; gwisgai naill ai goler heb dei, neu dei heb goler. Gellid ei gyfrif yn Gymro uniaith.'

*Rhodd Enbyd*

''Roedd yn gapelwr selog a gofalai fod ei deulu fel yntau yn dilyn y moddion fel aelodau teilwng o eglwys y Capel Mawr (M.C.), Tal-y-sarn, a bod ei feibion yn mynychu'r Ysgol Sul yn ddi-fwlch. 'Roedd yn ŵr o benderfyniad ac eto'n hyblyg a meddal ei galon. Meddai ar wroldeb chwarelwr a rhadlonrwydd cymydog da.'

*Awen Gwilym R.*

'Ganwyd fy mam (Ann Jones) mewn 'bwthyn bach gwyngalchog' o'r enw Pen-nant, yn Uwchmynydd, Aberdaron . . . ac yn y Bryn Tirion, Rhostryfan, y ganed fy nhad (John William Jones).'

*Rhodd Enbyd*

12b

**CD** 661394

[Printed by Authority of the Registrar-General.]

B. Cert.
S.R.

*The Statutory Fee for this Certificate is 2s. 6d. together with 1d. Stamp Duty. Where a search is necessary to find the entry, a Search Fee is payable in addition.*

CERTIFIED COPY of an ENTRY OF BIRTH.
Pursuant to the Births and Deaths Registration Acts, 1836 to 1929.

Registration District Carnarvon

1903. Birth in the Sub-District of Llandwrog in the County of Carnarvon

| Columns :— 1 | 2 | 3 | 4 | 5 | 6 | 7 | 8 | 9 | 10 |
|---|---|---|---|---|---|---|---|---|---|
| No. | When and Where Born. | Name, if any. | Sex. | Name and Surname of Father. | Name and Maiden Surname of Mother. | Rank or Profession of Father. | Signature, Description and Residence of Informant. | When Registered. | Signature of Registrar. | Baptismal Name, if added *after* Registration of Birth. |
| 464 | Twenty fourth March 1903 Cloth Hall Talysarn Llanllyfni RD | Gwilym Richard | Boy | John Jones | Anne Jones formerly Williams | Slate Quarrier | Anne Jones Mother Cloth Hall Talysarn Llanllyfni | Fourteenth April 1903 | R. J. Thomas Registrar. | |

Insert in this Margin any Notes which appear in the original entry.

I, William Hugh Jones, Superintendent Registrar for the District of Carnarvon, in the County of Carnarvon do hereby certify that this is a true copy of the Entry No. 464 in the Register Book of Births No. 43 for the above-named Sub-District, and that such Register Book is now legally in my custody.

WITNESS MY HAND this 30th day of October, 1948.

W. H. Jones
*Superintendent Registrar.*

CAUTION.—Any person who (1) falsifies any of the particulars on this Certificate, or (2) uses it as true, knowing it to be falsified, is liable to Prosecution.

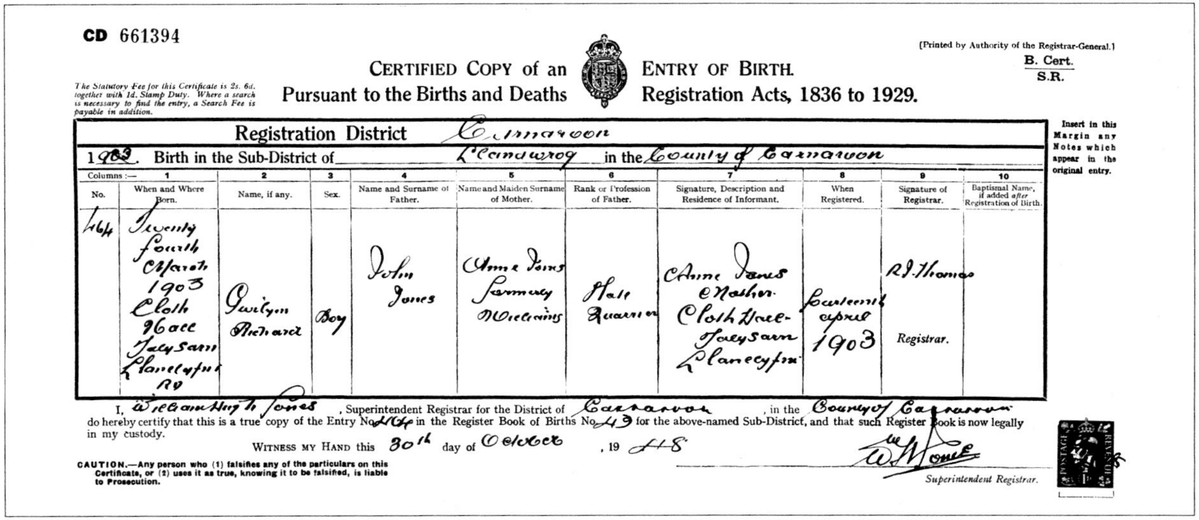

14. Ann Jones.

'Dywedwyd eisoes mai gwraig ddeallus a chraff oedd Ann Jones, y
fam. Cofiaf yn dda fel yr arferwn alw gyda'm mam (chwaer Silyn),
hithau'n wraig nodedig o ddarllengar a deallus, yn y Cloth Hall am
ein papurau wythnosol a'n cylchgronau ni fel teulu, pan oeddwn yn
hogyn bach. Er mor fychan oeddwn ar y pryd, 'rwy'n cofio'n dda
iawn fel y byddai'r ddwy fam yn trafod materion y dydd.
Flynyddoedd yn ddiweddarach y deuthum i sylweddoli mor graff
oedd eu trafod. Nid straeana a dim arall y byddent, er y byddent yn
gwneud rhywfaint o hynny hefyd, ond sgwrsio'n ddeallus.'

*Awen Gwilym R.*

'Mae pobl Tal-y-sarn yn dal i sôn am mam fel gwraig beniog a chraff,
darllenreg fawr â rhyw ddyfnder yn ei phersonoliaeth hi. Fedrai hi
ddim canu mewn tiwn, ond fe gâi flas ar bregeth neu ddarlith, a gallai
gofio darnau hir o bopeth da y byddai hi wedi eu clywed neu eu
darllen nhw. 'Doedd ganddi hi ddim cymaint i'w ddweud wrth
wleidyddiaeth plaid, ond pan ddaeth Plaid Genedlaethol Cymru i fod
fe ymunodd hi a'm tad â'r blaid honno – am fod Dic, fy mrawd, a
minnau wedi colli'n pennau efo hi.'

*Y Llwybrau Gynt*

### Pe Bawn

Pe bawn yn medru sbydu* geiriau fel fy mam
fel dŵr o ffynnon yng ngholuddion Llŷn,
yn hwylus at bob galwad, mi rown lam
i entrych nef, a gwaeddwn : "Wele ddyn
a etifeddodd hen dreftad ei hil
a golud na thyf neb mewn maes na gardd."
Mewn gair, fe fyddwn innau'n fardd!

*sbydu: codi dŵr mewn llestr.

*Eiliadau a Cherddi Eraill* (1981)

14

15. Sosialydd oedd ei dad, a bu'n
ceisio gwell byd yng
Nghilfynydd fel glöwr am
dymor byr. Ond dychwelyd i
fro'r chwareli a wnaeth John
Jones.

15

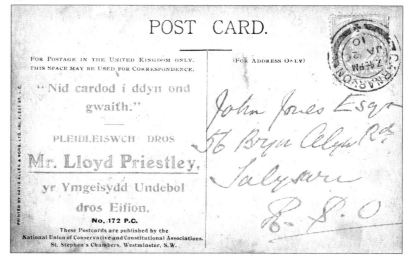

16

16. John ac Ann Jones ar ddydd eu priodas.

### I'm Rhieni

Ein hoen a ddaeth ohonynt, – ein tarian
 A'n tyrau ni oeddynt;
 Dihafal eu gofal gynt
 Am anwyliaid mewn helynt.

Ni ddaw clwy iddynt mwyach – na hirnych
 I ddarnio'u cyfeillach;
 Rhannant yr hen gyfrinach
 Tu draw i hedd y bedd bach.

*Cerddi Gwilym R.*

17

17. 'Dic a mi yn hogia'.

18

18. 'Hagrwch Cynnydd'. Dyffryn Nantlle o'r awyr, a Thal-y-sarn ers talwm.

'Hwyrach mai dyma lle dylwn i sôn am fy hen ardal. 'Doedd Dyffryn Nantlle ddim yn lle delfrydol i fyw ynddo fo yn ystod hanner cyntaf y ganrif hon. Mae'r chwareli llechfaen wedi difetha'r fro, ac 'roedd y rhan fwyaf o bobl y dyffryn yn dra chynefin â phrinder ac angen. Er bod gennym ni siop, chafodd Dic a mi erioed fwy o foethau'r byd na llond ein boliau o fwyd iach, dillad glân a thrwsiadus a chysuron cyffredin teulu i weithiwr mewn chwarel. Fe fyddai mam yn gwneud llawer o'n dillad ni pan oeddem ni'n hogiau – 'roedd hi wedi dysgu pwytho ym Mhwllheli pan oedd hi'n ferch ifanc. Trefn y prydlesoedd oedd un rheswm am nad oedd mwy o arian yn dod i bwrs y teulu: 'roeddem ni, fel aml deulu yn yr ardal, yn gorfod prynu'r tŷ ddwywaith. Ac yn sŵn cwyno ynghylch morgais a llog ar arian y magwyd ni.'

*Y Llwybrau Gynt*

''Roeddan ni, er hynny, yn nythaid digon diddig – yn un peth, am fod ein tŷ ni fel ffatri, a llawer iawn o ffrindiau a chymdogion yn dod yno. 'Roedd Tal-y-sarn ers talwm yn llawn o gymeriadau gwreiddiol, gwŷr a gwragedd ffraeth nad oedd arnyn nhw gywilydd byw eu bywyd yn eu ffordd eu hunain mewn cymdeithas uniaith, gynnes. Ac 'roedd hi'n gymdeithas ddiwylliedig; hynny ydy, 'roedd Dyffryn Nantlle wedi codi, ac yn dal i godi, beirdd, storiwyr, cantorion a phregethwyr o fri. Prin bod unrhyw ardal yng Nghymru wedi cynhyrchu cymaint o wŷr llên amlwg mewn rhyw hanner canrif – pobl fel Robert Williams Parry, a'i gefndyr, Thomas Parry a Gruffudd Parry; John Gwilym Jones, R. Silyn Roberts, R. Alun Roberts, Mathonwy Hughes a Tom Hughes, i enwi dim ond ychydig ohonynt. Ac ar gyrion y dyffryn dyna Kate Roberts, Richard Hughes Williams, Glasynys a T. H. Parry-Williams.'

*Y Llwybrau Gynt*

19. 'Dic, fy mrawd, a mi yn nyddiau ein haddysg elfennol yn Nhal-y-sarn'.

20. Ar gefn y ffoto, yn ysgrifen Gwilym R.: 'Bedd fy rhieni a'm taid (tad fy mam), ym mynwent Macpela, Pen-y-groes'.

'Efallai mai'r mwyaf gwreiddiol o'm perthynasau i ym mhen draw Llŷn oedd fy nhaid, tad fy mam, Rhisiart Williams, Pen-nant, i bobl Uwchmynydd. Dyn byr, â phopeth o'i gwmpas o yn hen ffasiwn. Dyna pam y bedyddiwyd o'n 'John Bunyan' yn fuan wedi iddo ddod atom ni i Dal-y-sarn. Dod liw nos â buwch gydag o, a lantern oleuedig yn crogi wrth gorn y fuwch! Cafodd glwt clyd ar domen chwarel y Gloddfa-glai i gadw'r fuwch ynddo, a'i nefoedd o oedd mynd i orwedd yn y gwellt wrth ochr ei hoff anifail ambell ddiwrnod oer yn y gaeaf. 'Roedd yn trystio pawb, hyd yn oed y trempyn dieithr a fyddai'n begio ar y stryd. Rhôi ei bwrs – cwdyn lledr a llinyn crychu wrth ei enau o – i'r trempyn a gofyn iddo gymryd ei gardod o hwnnw! Ac felly'n union y gwnâi yn y siopau – ymddiried ei arian i'r gŵr neu'r wraig a fyddai'r ochr arall i'r cownter.'

*Y Llwybrau Gynt*

21

21. John Jones, Tal-y-sarn (1796-1857).

Un o bregethwyr mwyaf Cymru, ac mae *Cofiant John Jones, Tal-y-sarn* gan Owen Thomas, Lerpwl, taid y diweddar Ddr Saunders Lewis, yn un o glasuron ein llenyddiaeth. Un o Ddolwyddelan ydoedd, a brawd David Jones, Treborth. Dechreuodd bregethu ym 1821, ac ar ôl gweithio am dymor mewn chwarel yn Nhrefriw symudodd ym 1823 i weithio yn chwarel Tal-y-sarn, a phriododd Fanny Edwards, a oedd yn cadw siop yn y pentref. Prynodd ef, ac eraill, chwarel Dorothea tua 1850. Ordeiniwyd ef ym 1829, a daeth yn un o'r pregethwyr grymusaf a fu'n cerdded daear Cymru erioed. Dyma eiriau y diweddar Brifathro G. A. Edwards yn *Y Bywgraffiadur Cymreig hyd 1940*: 'Dywedir iddo gychwyn dull newydd o bregethu gyda phwyslais arbennig ar yr ymarferol yn hytrach na'r athrawiaethol, a nodwedd arbennig ei bregethu oedd nerth – nerth meddwl, nerth ymadrodd, nerth argyhoeddiad ac ymgysegriad. Er na chafodd ddiwrnod o ysgol casglodd lawer iawn o wybodaeth; yr oedd yn gerddor rhagorol ac yr oedd ei lais gwych a'i gorff lluniaidd yn help mawr iddo yn ei weinidogaeth'. Yr oedd Gwilym R. Jones wedi'i fagu yn y pentref lle bu'r gwron hwn yn ddylanwad aruthrol, a dyma'r esboniad ar ei edmygedd cyson o gewri'r pulpud trwy gydol ei fywyd hir. Ni fu neb yn fwy ffyddlon i gapel, ac ni chafodd yr un gweinidog gyfaill mor gywir â Gwilym R. Jones.

22

22. Y Capel Mawr, Tal–y–sarn.

Gwilym R., wedi blynyddoedd yn Nyffryn Clwyd, yn dychwelyd i'r hen fro.

> Pa ryw hud sydd yn parhau
> Yn nedwydd fro fy nhadau?
> Hyn a wn – mai yn ei hedd
> Mae i galon ymgeledd.
> Dihafal gwm y galon
> Sydd heddiw yn friw ei fron,
> Ei glog rugog a rwygwyd
> I droi'r haen o faen yn fwyd.
> Du yw'r nos, rhoed Iôr y Ne'
> Enllyn i Ddyffryn Nantlle!

'Dyffryn Nantlle', *Cerddi Gwilym R.*

23

23.  Y Parchedig Robert Jones, Gweinidog y Capel Mawr, Tal-y-sarn.
'Roedd yn bregethwr ac yn addysgwr dylanwadol, ac yn cadw defaid.
Yn y darlun, mae'n cerdded trwy bentref Tal-y-sarn. Wrth y polyn
cyntaf mae'r Capel Mawr, ac wrth y pedwerydd mae Cloth Hall,
cartref Gwilym R. Jones.

'Mae hyn yn tywys fy meddwl i i gyfeiriad ein gweinidog, yn anad
neb arall o wŷr y goler gron, y mae fy nghenhedlaeth i o Fethodistiaid
Calfinaidd y Capel Mawr, Tal-y-sarn, yn fwyaf dyledus iddo, sef y
Parchedig Robert Jones, ein gweinidog yn ystod y blynyddoedd
pwysig. Athro penigamp wrth reddf yn ogystal â thrwy ddysg oedd
Robert Jones, gŵr a doethineb y byd hwn wedi'i lefeinio â gras yn ei
gymeriad.'

*Yn Nhal-y-sarn ers Talwm . . .*
*Atgofion am Ddyffryn Nantlle* (1968)

24

24.  Gweinidogion a fagwyd yn y Capel Mawr, Tal-y-sarn, ar risiau'r
'gorlan'.

Y rhes gefn: y Parchedigion T. Alun Williams (Y Rhewl, Rhuthun),
tad Miss Menai Williams a Mrs Nesta Davies. Bu ei dad yn weinidog
yr Eglwys, y Parch. William Williams. Yna, Morgan Griffith,
Pwllheli, a'i frawd, O. G. Griffith, Croesoswallt, a T. Alun Williams
arall, gweinidog Capel y Gro, Betws Gwerfyl Goch.

Y rhes flaen: y Parchedigion T. Byron Hughes, Biwmares, Ffowc
Williams, Dyffryn Ogwen, Robert Jones a Morris Thomas,
Dolwyddelan.

'Roedd Morgan Griffith yn un o'i arwyr mawr, ond ei eilun mwyaf
oedd ei weinidog, Robert Jones, y gŵr a ddylanwadodd fwyaf arno.

''Roedd bywyd y capel yn llawer mwy difyr i ni, blant, na bywyd yr
ysgol . . . Sych neu beidio, hirwyntog neu fyrwyntog, mae llawer
ohonom ni, blant Tal-y-sarn, yn drwm yn nyled crefydd dyddiau ein
mebyd. Mewn Ysgol Sul a Chyfarfod Darllen, mewn Cyfarfod
Gweddi a Seiad, mewn Gobeithlu neu Gymdeithas Lenyddol, a hyd
yn oed wrth orfod gwrando pregethau hir a dwfn rhai o gewri'r
pulpud Cymraeg, fe gawsom ni etifeddiaeth deg trwy gyfrwng
cyfarfodydd yr eglwysi. Fe gawsom grap go dda ar y 'Pethe', fe
ddysgasom hogi ein meddyliau a mynegi ein syniadau mewn Cymraeg
digon cyhyrog.'

*Yn Nhal-y-sarn ers Talwm . . .*

25

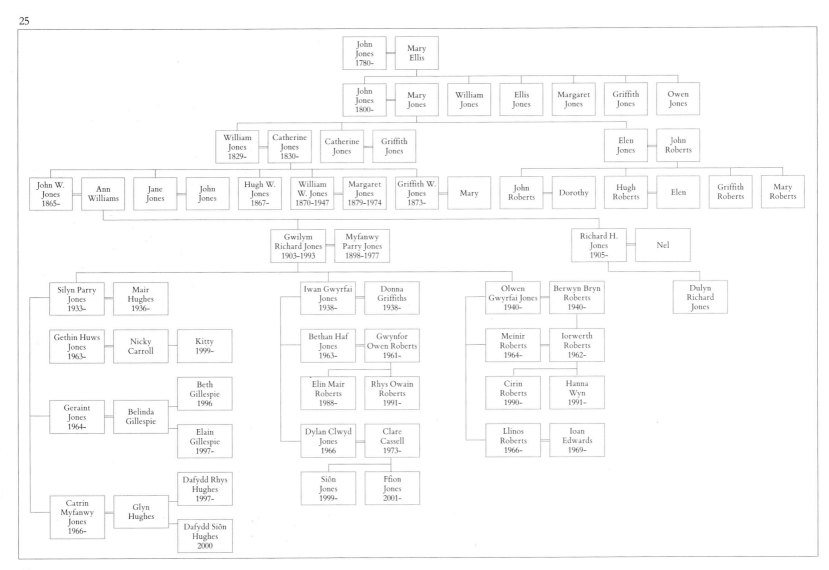

25.

### Y Rhai Sydd Ynom

Ynom mae ein hynafiaid
　Yn ïau a gwaed a gwêr,
Yn rhuddin yn ein hesgyrn,
　Yn drydan yn ein mêr.

Gwarchaeant ar y meddwl,
　Ar byrth seleri'r co',
A ffidlan â'r chwarennau
　Sy'n gyrru pwyll ar ffo.

Manach na llwch Hiroshima
　Yw eu gwaddol yn ein clai;
Digyfrif y cromosomau
　A benna ein bri a'n bai.

'Nid eiddof fy ngweithredoedd,'
　A blediaf i Ddydd Brawd,
'Ond eiddo'r sawl a yrrai
　Eu mellt trwy wellt fy nghnawd.

Ynof 'roedd fy hynafiaid
　Yn fwrlwm yn fy ngwaed,
Yn blismyn yn f'ymennydd,
　Yn ysfa yn fy nhraed.'

'Un o ddau o blant oedd fy mam, ond bu farw'i chwaer, Jane, yn ddwyflwydd oed. Yr oedd gan fy nhad dri o frodyr ac un chwaer: ymfudodd un brawd i Awstralia, un arall i'r Amerig a'r trydydd i Ganada. Dyna ddarlun moel o'r gwreiddiau teuluol.'

*Rhodd Enbyd*

26. Nain Rhostryfan – Catrin Jones, nain Gwilym R. ar ochr ei dad.

27. Taid Aberdaron, taid Gwilym R. ar ochr ei fam, yn 89 oed.

28. Ewythr Griffith, brawd arall ei dad. Ymfudodd i Ganada, gyda'i briod Mary.

29

30

31

32

29. Teulu Ewythr Griffith yng Nghanada. 'William, Alun, Mary a minnau' ar y cefn yn llawysgrifen Griffith.

30. Dewythr Huw, brawd J. W. Jones, tad Gwilym R. Ymfudodd i Awstralia.

31. Catherine, a'i mab hynaf, John Maldwyn, cefnder i Gwilym R. Jones. Mae yn lifrai'r Llu Awyr.

32. Un arall o deulu Canada, cyfnither, Catrin Meri.

33

33. Dewythr William a ymfudodd i America.

Maen nhw ar gael o hyd,
Yn dair cenhedlaeth gryno
Wedi'u diwarthu rhwng clasbiau pres
A chloriau bochiog yr hen albwm.
Fferrwyd eu gwên a'u gwg
Ac eneinio ystum a migmas
A dal y cnawd yn torri cyt
Mewn brethyn main a sidan.

'Chawn-ni ddim colli 'nabod arnyn-nhw mwy
Na 'sgoi'r ysgarff o farf
Na'r deucorn bual ar y wefl:
Maen nhw yma'n araf felynu
Mewn llodrau cord a chrinolîn . . .

Erbyn hyn
Crafodd y pridd eu cnawd yn lân
A gado'u hesgyrn yn ein llannau.
Ond ymrithiant eto am ennyd fach
Rhwng y cloriau hyn;
A phan bylo'r darlun olaf
A phan ballo'r cof amdanynt,
Byddant oll ar gael
Yn y diamser.

'Yr Hen Wynebau', *Cerddi Gwilym R.*

34a

34b

Yr oedd gennyf ruti wych a'm

helpai i ymlacio a goddef tyndra

a rhuthr bywyd gwr y wasg —

peintio. Yr oedd yn hoff o

lunio lluniau ers/fy machgendod

     dechrau

cynnar, a dechreuais beintio

lluniau cartrefi'r fro mewn

dyfrlliw gwerthais lawer o'r

rhain — am brisiau rhesymol —

## Fferm Talsarn

34a.  Y tŷ gwreiddiol yn 400 mlwydd oed, ond blaen y tŷ sy'n ymddangos yn y llun tua 250 mlwydd oed. Gofynnodd David Jones i Gwilym R. Jones baentio'r llun i Nel Griffiths (née Pritchard) ar achlysur ei phriodas pan symudodd i fyw i'r Bala. Y fferm yn gartref i John Owen Pritchard (a oedd yn enwog am feirniadu treialon Cŵn Defaid) a'i wraig Mary Jane Pritchard a'u plant Robert Arthur (ffrind i Gwilym R. Jones), Nel a William Gordon. Erbyn hyn mae'r llun yn Perth, Awstralia, gan Iolo Williams, ŵyr i Nel Griffiths. Dim ond murddun yw'r hen dŷ erbyn hyn ond mae'r goeden yno, a saif postyn y lein ddillad, postyn hir o lechen, yn gadarn.

Mae Mr Iwan Jones, ail fab Gwilym R. Jones, mewn cysylltiad â'r teulu yn Awstralia, ac ef sydd wedi crynhoi hanes un o ddarluniau dyfrlliw Gwilym R. Mae llawer ohonynt yn dal yn yr ardal, dau gan Mr Aneirin Jones, Glangors, Tanrallt, Llanllyfni.

34b.  'Yn nyddiau ei lencyndod amlygodd ddawn yr arlunydd a chafodd rai gwersi mewn arlunio gan arlunydd go enwog oedd yn byw ar y pryd ym Mhen-y-groes, Dyffryn Nantlle . . . Mae ambell ddarlun olew a dyfrlliw o'r eiddo yn harddu cartrefi'i gyfeillion a deil i gael pleser wrth baentio ambell olygfa o hyd yn achlysurol.'

*Awen Gwilym R.*

Ganwyd Gwilym Richard Jones ar Fawrth 24, 1903.

'Ddwy flynedd yn ddiweddarach, ganwyd brawd arall iddo, sef Richard Hugh Jones. Ni bu iddynt yr un chwaer . . . 'Roedd Dic yn greadur nodedig o fentrus a chafodd yr enw, cwbl haeddiannol o bosibl, o fod yn arch-gynlluniwr llawer ymgyrch a ystyrid yn un ddrygionus ar y pryd, ac yn arweinydd carfan o fechgynnos a ymgymerai â chyflawni campau rhyfygus. Nid oedd ei frawd,

35

Gwilym R., ychwaith ymhell ar ôl mewn menter o bob math. 'Roedd plant direidus, mentrus, yn ymylu ar fod yn rhyfygus, yn fwy o boen i'w rhieni yn y dyddiau hynny nag ydynt heddiw. Achosent gryn bryder, di-alwamdano o bosibl weithiau, ond adlewyrchu mawr ofal yr aelwyd y byddai hynny.'

*Awen Gwilym R.*

35. R. H. Jones – 'Dic fy mrawd', tua'r ugain oed.

''Roedd Dic bob amser yn fwy mentrus na mi. Yn wir, nid wyf yn credu ei fod o'n gwybod beth oedd ofn corfforol. Ef oedd y cynta' o blith hogiau Tal-y-sarn i blymio i ddŵr cleiog, drewllyd twll chwarel Gloddfa-glai, fo luchiodd gorff marw'r gath honno i foeler car "chips" yr Eidalwr o Gaernarfon, fo oedd yr unig un i fentro cynnig gyrru beic modur ar y "Wall of Death" yn Llanllyfni, ac fe fethodd hyd yn oed ei ffrind rhyfygus, Idwal Garn, â'i ddychryn wrth wneud campau yn yr awyr yn syrcas awyr Allan Cobham yn Mhorthmadog – a Dic wedi ei strapio wrth y sedd yn Tiger Moth y syrcas honno. Gellid llenwi llyfr trwchus â hanes direidi a champau a throeon siomedig gyrfa Dic Cloth Hall, fel y gelwid o.

Nid yw pawb yn gwybod faint o allu naturiol oedd gan Dic, am ei ddawn fel dadleuwr ac am ei fedr fel llenor. Mae rhai yn cofio darllen ei straeon byrion, yn enwedig honno sydd yn *Storïau'r Ganrif* (golygydd, T. H. Parry-Williams), ac mae arna' i ofn mai bach, erbyn hyn, yw nifer y rhai sy'n gwybod am ei waith fel peiriannydd.'

(Gwilym R. Jones yn disgrifio cymeriad ei frawd, Richard Hugh Jones, a anwyd ym 1905, dwy flynedd ar ôl Gwilym Richard Jones, ond a gladdwyd yn Middlesborough ar Ebrill 11, 1967).

*Rhodd Enbyd*

36

37

36. Dic yn priodi yn Swyddfa'r Cofrestrydd, Caernarfon, Ebrill 21, 1944.

37. Dulyn, mab ei frawd, Dic, cefnder Silyn, Iwan ac Olwen.

Bu farw Richard (Dic) Jones, ei frawd, ar Ebrill 5, 1967 yn 62 mlwydd oed. Rhoddwyd ei weddillion ym mynwent Acklam. Bu ei unig frawd, Gwilym R. Jones, yn ei angladd ar Ebrill 11, 1967. Dyma ei sylw yn ei ddyddiadur: 'Mynd i Middlesborough efo Silyn i angladd Dic. Profiadau rhyfedd'.

Lluniodd englyn i'w roi 'ar Feddfaen pell, sef beddfaen fy mrawd R. H. Jones yn Middlesborough'. Dyma'r englyn:

> Ar fy mrest rhoed pridd estron – a'i oer glai
>     Nid tir glân fy Arfon,
>     Ond fin nos daw'r linos lon
>     Ag alaw, o fro'r galon.

Yn ôl Silyn, fe'i lluniodd ar y trên ar ei ffordd adref o'r angladd.

38a

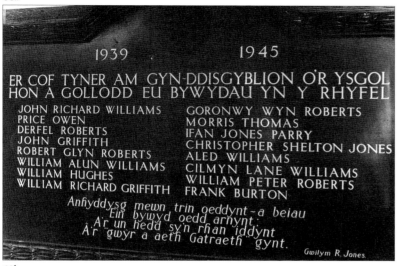

1939  1945

ER COF TYNER AM GYN-DDISGYBLION O'R YSGOL
HON A GOLLODD EU BYWYDAU YN Y RHYFEL

JOHN RICHARD WILLIAMS GORONWY WYN ROBERTS
PRICE OWEN MORRIS THOMAS
DERFEL ROBERTS IFAN JONES PARRY
JOHN GRIFFITH CHRISTOPHER SHELTON JONES
ROBERT GLYN ROBERTS ALED WILLIAMS
WILLIAM ALUN WILLIAMS CILMYN LANE WILLIAMS
WILLIAM HUGHES WILLIAM PETER ROBERTS
WILLIAM RICHARD GRIFFITH FRANK BURTON

Anhyddysg mewn trin oeddynt – a beiau
Ein bywyd oedd arnynt:
A'r un hedd sy'n rhan iddynt
A'r 'gwyr a aeth Gatraeth' gynt.

Gwilym R. Jones.

38a. Yn Llyfrgell Ysgol Pen-y-groes.

'Fe fu'n rhaid i ni dreulio rhai o flynyddoedd yr argraffiadau pan oedd cysgod ofnadwy y Rhyfel Byd Cyntaf uwchben ein byd ni. A dyna ddyddiau duon oedd y rheini: mae meddwl amdanyn nhw heddiw yn rhoi iasau o arswyd i ddyn.'

*Y Llwybrau Gynt*

## Ar Gofeb Rhyfel Ysgol Dyffryn Nantlle

Hon yw allor ein colled, – cofadail
 Cyfoedion dinodded
A ddug groes cenhedloedd Cred
Yn ieuanc a diniwed.

O nawdd yr hen fynyddoedd – y rhwygwyd
 Ir egin ein cymoedd;
A llosg berth eu haberth oedd
Yn ysu y teyrnasoedd.

Anhyddysg mewn trin oeddynt, – a beiau
 Ein bywyd oedd arnynt;
A'r un hedd sy'n rhan iddynt
Â'r 'gwŷr a aeth Gatraeth' gynt.

I'w helynt dros bell dalar – aeth y rhain,
 Fel y llathr wŷr cynnar
A aeth gynt yn ebyrth gwâr
I hen dduwiau y ddaear.

38b

THE BRITISH BROADCASTING CORPORATION
Head Office: Broadcasting House, London, W.1
Bron Castell, High Street, Bangor, N. Wales
TELEPHONE AND TELEGRAMS: BANGOR 214

Rhagfyr 15, 1950.

Annwyl Gwilym R,

 Diolch yn fawr am eich llythyr a sgwrs J. Glyn Davies. Dyma'r peri peth sydd eisiau. Pan fydd eich rhaglen yn barod, fe ellir penderfynu ple'n union i roi'r cyfraniad yma, ac yna trefnu i fynd a'r car recordio yno.

 Ynglyn a Wyn Griffith – fel y dywedais o'r blaen, cewch wneud fel y mynnoch. Gwneud rhaglen fydd yn ddogfen o leisiau gwyr amlwg a all ychwanegu'n sylweddol at syniad crwn o John Jones.

 Gwelais eich englyn ar gofeb Ysgol Penygroes sydd i'w dadorchuddio heno, a meddwl ei fod yn ardderchog. Cawsoch syniad gwych iawn.

 Fy nghofion cynesaf at Mrs. Jones a'r plant, a'm dymuniadau gorau am y Nadolig a'r Flwyddyn Newydd.

   Yn gywir iawn,
    John
   (JOHN GWILYM JONES)

Gwilym R. Jones Ysw.,
11 Brynteg,
DINBYCH.

ELH.

38b. Llythyr oddi wrth John Gwilym Jones.

39

39. ''Roedd dyddiau du y Rhyfel Byd Cyntaf yn tywyllu ein bywyd yn ystod blynyddoedd ein plentyndod cynnar, ac anodd yw rhoi ias eu düwch mewn geiriau. Mi geisiais ddisgrifio effaith y rhyfel arnom ni'r plant yn fy stori hunangofiannol.'

*Seirff yn Eden*

'Mi geisiais ddisgrifio effaith y rhyfel arnom ni'r plant yn fy stori hunangofiannol *Seirff yn Eden* . . . Er ein bod ni wedi cael cyfle i adnabod rhyfel yn ei liwiau priodol trwy dystiolaethau o lygad y ffynnon, ein hoff chwarae oedd chwarae soldiwrs bach. Gorymdeithiem yn finteioedd bach taclus gan gludo cleddyfau pren neu ynnau clats ac wedi ein sbriwsio ein hunain â gwregysau a medalau cardbord a helmau papur.'

*Yn Nhal-y-sarn ers Talwm* . . .

'Yr oedd hi'n ddiwrnod heulog, cynnes, a braf oedd teimlo gwres yr haul yn taro ar y llechfeini o'u cwmpas. O'u cylch yr oedd dolydd gwastad Dyffryn Pebin yng Ngwynedd ac ambell chwarel lechfaen megis ploryn ar wyneb teg y tir a thonnau'r tes fel ager crynedig uwch eu pennau. Y tu hwnt i'r gwastadeddau a'r tomennydd a'r coedlannau 'roedd mynyddoedd i'r gogledd, y dwyrain a'r deau, a gellid gweld cip ar lesni'r môr tua'r gorllewin. Y tu draw i hwnnw 'roedd y peth mwyaf cyffrous y gwyddent hwy amdano yn digwydd sef y rhyfel a elwid gan rai hŷn na hwy yn 'Rhyfel Mawr'.'

*Seirff yn Eden*

## Ymdrochi

Ped awn i lannau Llyfni,
   Llamu i'w chôl a wnawn
I dorri min hen hiraeth
   Am hwyl rhyw gynnar nawn.

I ganol corbwll plymiwn
   Dan gantel bedwen las
Nes rhusio y brithylliaid
   I byllau'r ffrydiau bas.

Iasoer a fyddai coflaid
   Yr afon lân â'm cnawd,
A braf fai cael ailbrofi
   Gwefrau fy mabol rawd.

Yn afon diniweidrwydd
   Fe fyddwn wyn fy myd,
A'r dŵr yn golchi ymaith
   Fryntni a baw y byd

*Eiliadau a Cherddi Eraill*

40

41a

40. 'Fe fyddem ninnau'n chwarae sowldiwrs, yn stumio fel milwyr, yn martsio ar hyd heolydd y pentre â gynna clats yn ein dwylo ni a helmau papur am ein pennau a thwr o enethod Tal-y-sarn yn ein canlyn ni mewn diwyg tebyg i nyrsus, a chroesau coch ar eu brestiau nhw.'

*Y Llwybrau Gynt*

'Chwarae soldiwrs' yn Nhal-y-sarn ym 1916. Gwilym R. Jones yw'r trydydd o'r chwith.

'"Rhyfel bach, yn wir! Mae na ddigon o lanast yn y byd ma heb i dacla gwirion fel chi chwara soldiwrs bach a b'nafyd y'ch gilydd".'

*Ifans y plismon yn* Seirff yn Eden

'"Peth gwirion ydi cwffio, hogia".'

*Seirff yn Eden*

''Roedd i Fand Arian Dyffryn Nantlle le pwysig yn ein bywyd ni'r bechgyn. Braint fawr fyddai cael dal copi o flaen chwaraewr pan fyddai'r band yn sefyll ar sgwâr y pentref fin nos haf. Byddai poeri'r chwythwyr yn tasgu am ein pennau, fel ewyn ton ar lan y môr ambell waith, ond 'roedd yn werth goddef hynny i gael gwylio Harold Pritchard (Harold Bach) yn trafod y drwm, neu John Daniel Griffith yn trin y trombôn, a'u gwylio o'r tu mewn i'r cylch agosaf. 'Roedd 'stafell y band yn Nhal-y-sarn yn lle eithaf da i dreulio noson oer neu wlyb, ac fe ddysgasom adnabod rhai darnau 'clasurol' wrth eistedd ar feinciau'r 'Bandroom' yn enwedig pan fyddai'r band yn paratoi ar gyfer cystadleuaeth.'

*Yn Nhal-y-sarn ers Talwm . . .*

41b

"Mewn Cytgord."

Dathlu Canmlwyddiant

**Seindorf Arian Frenhinol**
. **DYFFRYN NANTLLE** .
(Nantlle Vale Royal Silver Band)
1865 — 1965

CRYNODEB
O HANES Y SEINDORF
— GAN —
J. LLYWELYN ROBERTS

PENYGROES :
Argraffwyd gan Parry a'i Feibion, Minerva Printing Works.

41a. 'Stafell y Band.

41b. Dathlu canmlwyddiant y Band, 1965.

42

43

42. Seindorf Arian Frenhinol Dyffryn Nantlle.

Yr arweinydd, a fu farw o'r silicosis ym 1933, yw Mr Ben Jones, y seithfed o'r chwith yn yr ail res. Fel llawer o'r chwarelwyr, mae ganddo fwstás (neu drawswch) trwchus i ddal y llwch peryglus a fyddai'n cael ei ryddhau wrth hollti'r graig. Byddai'r llwch yn caledu fel siment yn yr ysgyfaint, ac yn lladd. Y 'trainer' yw'r gŵr sy'n dal y batwn yn y rhes flaen.

43. Y tri dyn mewn hetiau. Pwy ydynt? Ar y chwith, Robert Pritchard, Fferm Taldrwst. (Ac yn ei gwrcwd o'i flaen, Griffith Owen, tynnwr lluniau, a dyn oedd o flaen ei gyfnod.) I'r dde o'r canol, gyda het ar ei ben a gwên ar ei wyneb, Gwilym R. Jones, Ysgrifennydd y Clwb. Ar y dde, mewn het, ond yng nghanol hogiau'r capiau, brawd yr Ysgrifennydd, Dic, R. H. Jones.

44

45a

45b

RHAGAIR

Gan John Charles (*Cymru a Juventus*)

CEFAIS lawer o brofiadau rhyfeddol yng nghwrs fy ngyrfa broffesiynnol fel chwaraewr pêl-droed. Ond, yn sicr, ni ellir cael yr un profiad mwy dymunol na myned allan wedi gwisgo siersi goch Cymru gyda chyd-chwaraewyr Cymreig talentog ar gae Cymreig yng ngŵydd tyrfa o bobl Cymru a fo'n hoff o chwaraeon. Fy mraint i ar achlysuron o'r fath oedd cael gwerthfawrogi'r tân a'r eiddgarwch a ddangosid gan fy nghyfeillion Cymreig o'm cwmpas er budd socer cydwladol.

Weithiau caiff pobl y tu allan i'n gwlad yr argraff ein bod ni'r Cymry yn rhy frwdfrydig genedlaethol yn ein hagwedd, ond gadewch iddynt ddweud yr hyn a fynnont. Y mae balchter yn eich etifeddiaeth genedlaethol yn beth da, ac os helpa'r balchter hwnnw i danio uchelgais sbortsmyn Cymreig ifainc i gynrychioli eu gwlad ar y caeau socer yn ogystal ag ar y meysydd rygbi, y mae hynny'n beth iach.

Pan oeddwn yn fachgen yn Abertawe yr oedd yr un uchelgais ynof ag sydd mewn lliaws mawr o fechgyn Cymreig eraill—yr oedd arnaf eisiau chwarae i'm gwlad. Bûm yn ffodus i allu cyflawni'r uchelgais hwn, ond cyn belled ag y gwelaf i, pa un bynnag a gaiff dyn chwarae i Gymru neu beidio, y peth pwysig yw bod gêm fel socer yn rhoi cyfle inni oll ddangos ein nodweddion Cymreig gorau. Y mae'n gêm y gallwn ei chwarae o lwyfryd calon a chyda llawer o'r gwir dân Cymreig, ond y mae'a gêm y carem ni, Gymry, ei chwarae yn yr ysbryd gorau hefyd.

Y mae'n bleser gwirioneddol gennyf i ysgrifennu Rhagair i stori ar gyfer bechgyn Cymru am fachgen o Gymro a chwery'r gêm socer. Hyderaf y daw rhai o'r darllenwyr yn sêr socer Cymreig yn y dyfodol ac ennill clod iddynt eu hunain ac anrhydeddau i Gymru.

Amser yn unig a ddengys pwy fydd y rheini, ond yr wyf yn sicr o un peth: bydd eu cariad at chwaraeon yn gyffredinol, ac at socer yn arbennig, yn ddigon o dâl iddynt, os byddant fel myfi yn gwerthfawrogi'r cyfeillgarwch a'r ysbryd tîm sy'n gallu gwneud gyrfa gyda'r bêl-droed yn werth chweil.

45c

44. 'Yn fachgen, 'roedd yn chwaraewr pêl-droed . . .' (Rhydwen Williams).

45a. John Charles yng nghrys yr Elyrch.

45b/c. Ysgrifenodd Gwilym R. Jones, un a fu'n Ysgrifennydd Clwb Pêl-droed Tal-y-sarn, stori i fechgyn am bêl-droediwr o Gymro ifanc. Ef oedd 'Alun Owen', awdur *Dewin y Bêl*. 'Roedd wrth ei fodd yn derbyn rhagymadrodd gan un o'i arwyr mawr, John Charles, ac ysgrif bonheddwr mawr y bêl gron mor danbaid dros Gymreictod. Mae gan y teulu stori dda am Gwilym R. yn prynu petrol i'w fodur yng Nghaerdydd, a Trevor Ford, pêl-droediwr enwog arall a oedd yn arwr iddo, a pherchennog garej yn y brifddinas, yn dod i roi ei wasanaeth wrth y pwmp. Rhoddodd y bardd bunt o gildwrn i'r blaenwr yn ei lawenydd o gyfarfod ag ef – hanner cyflog dydd llawn i'r newyddiadurwr!

46a

46c

# PRIFYSGOL CYMRU

DERBYNIWYD

## Gwilym Richard Jones

I RADD

## ATHRO YN Y CELFYDDYDAU
er anrhydedd

MEWN CYNULLEIDFA O'R BRIFYSGOL A GYFARFU AR Y DEUNAWFED O FIS GORFFENNAF YN Y FLWYDDYN

MIL NAW CANT SAITH DEG.

46b

Professor Melville Richards presenting Mr. Gwilym Richard Jones for the Degree of M.A.

It is a cliché by now to say that many Welshmen love their region rather than their nation. But some are able to turn their love for their region into an indication of their deepest feelings towards the whole Country. It is the yew tree that takes the mind of one, Snowdonia holds the soul of another. But whatever region is praised, either rocky Arfon, or the fruitful Vale of Clwyd, or gentle Montgomeryshire, or the land of the men of Carmarthenshire their final response is the same, that we cannot escape from the clutches of Wales. Thus has been the history of Gwilym Richard Jones, or rather, Gwilym R., a man from Nantlle Vale, and heir to all the mental energy and culture of the valley that enriched the life of the whole of Wales. He partly believes with Robert Williams Parry that the spirit of Lleu Llawgyffes still frequents the River Llyfni from Dôl Pebin through Baladeulyn to Drws-y-Coed, a spirit with its shadow also perhaps over Carmel and Rhosgadfan and Groeslon, and down towards Rhyd-ddu.

It was not a spirit however, that conditioned the mental characteristics of Gwilym R., but men such as Dafydd Thomas his schoolteacher and talented author of "Y Cynganeddion Cymreig", and R. Williams Parry. His is an excellent example of the Welsh literary tradition, the personal relationship between literary men and of the special relationship between master and pupil. It is not surprising that Gwilym R. has captured the highest literary honours of his nation. There is more than one triple crown. In the religious world there is the triple crown of the Pope. In the world of games there is the rugby triple crown (it is possible that this should also be listed under the title of "religion"). In the world of the National Eisteddfod, Gwilym R. won the literary triple crown, the crown for the "pryddest" at Caernarvon Eisteddfod in 1935 for "Ynys Enlli"; the chair for the "awdl" at Cardiff Eisteddfod in 1938 for "Y Bryniau Pell"; and the prose medal at Cardigan Eisteddfod in 1942 for his novel "Y Purdan". To these should be added his achievements as playwright, autobiographer and class teacher. He is master of the epitaph, master also of the strict metre, as in his poem to "Dyffryn Nantlle".

But we must move from intellectual delights to the hard facts of life. Gwilym R. is a brilliant journalist moving as he did from the days of the "Herald" in Caernarvon to "Y Brython" in Liverpool, and following Prosser Rhys as editor of "Y Faner". He guided "Y Faner" through a stormy period and encouraged young writers to practise their talents in its pages.

A welcome to you, Gwilym R. from the University of Wales in a College that is not far from another Valley that bred giants like you.

46a. John Charles, y Cymro a'r pêl-droediwr enwog, yn derbyn gradd M.A. er anrhydedd gan Brifysgol Cymru ym mis Mawrth 1999. Fe'i cyflwynwyd gan yr Athro Geraint Jenkins, Aberystwyth. Cyflwynwyd yr un anrhydedd i Gwilym R. Jones gan Brifysgol ei wlad, a'i chyflwyno gan y diweddar Athro Melville Richards.

46b. Cyflwyniad yr Athro Melville Richards pan anrhydeddwyd Gwilym R. â gradd M.A.

46c. Tystysgrif y radd M.A. a ddyfarnwyd i Gwilym R.

47. Ond yn Ysgol Elfennol Tal-y-sarn y cyfarfu â'r dylanwad cynnar mwyaf yn ei fywyd, sef David Thomas. Hwn a'i tywysodd at yr egwyddorion mawr Cristnogol ac at elfennau barddoniaeth a Cherdd Dafod.

48

47

Y
CYNGANEDDION
CYMREIG.

At Wasanaeth Ysgolion a Dosbarthiadau.

Gan
DAVID THOMAS.

* *

" Dyn a garo gwaeth a thelyn,
Sain Cynghanedd, Cân, ac Englyn,
A gâr y pethau mwyaf tirion,
Sy'n y nef ymhlith angylion."
—Hen Bennill Telyn.

* *

WRECSAM :
HUGHES A'I FAB, CYHOEDDWYR.
1923.

48. David Thomas, athro Gwilym R. Jones yn Ysgol Elfennol Tal-y-sarn, un a ddylanwadodd yn drwm iawn arno fel plentyn.

Yr oedd David Thomas yn enedigol o Sir Drefaldwyn, ac fe'i haddysgwyd yn Ysgol yr Eglwys, Llanfechain, yn Ysgol Fwrdd Llanfyllin, ac yn Ysgol Salop, Croesoswallt. Bu'n athro yn Llanfyllin, ym Mhensarn, Môn, Pen-y-bont ar Ogwr, Walton ar Damwy, Cradley, Rhostryfan, Tal-y-Sarn a Bangor.

Bu'n weithgar gyda'r Blaid Lafur Annibynnol, gan sefydlu Cyngor Llafur Gogledd Cymru ym 1914. Bu'n Llywydd Rhanbarth Gogledd Cymru o'r WEA, yn Olygydd *Lleufer* ac yn awdur nifer o lyfrau Cymraeg. Wyres iddo yw Angharad Tomos, y llenor adnabyddus, ac un a fu'n ymladd, fel Gwilym R., dros hawliau Cymru a dyfodol i'n hiaith.

'Clywem rai hŷn na ni'n achwyn mai 'Hen Gonsi' oedd Dafydd Thomas, ac ni wyddem yn iawn pa beth a olygai hynny. Pan aem i'r Cwt-du, cynullfan doethion y pentref, yn y stesion, clywem ddadlau gwyllt ar ei gorn, a chasglem ei fod yn ŵr 'ofnus' a 'di-asgwrn-cefn'. A dechreuasom amau mawredd ein hathro!'

''Roedd cyflawnder o chwilfrydedd a digrifwch llencynnaidd yn llechu y tu ôl i'r llygaid gleision mawr a gwydrau diymylon ei sbectol.'

*Rhodd Enbyd*

'Bychan a wyddem y pryd hynny fod ein hathro yng nghanol gwewyr llunio'r *Cynganeddion Cymreig* a'r *Werin a'i Theyrnas* yn y cyfnod hwnnw, dau lyfr a ddaeth â'i allu a'i ddawn i sylw'r genedl.'

'. . . Yr oedd bod yn aelod o'r Eglwys Gristnogol ac yn Sosialydd o'r iawn ryw yn ei orfodi i sefyll yn erbyn rhyfel. Nid oedd arno ofn arddel ei syniadau pasiffistaidd gerbron pawb, a chostiodd hynny'n ddrud iddo.'

'Ni bu undyn yn cerdded strydoedd Tal-y-sarn a chanddo fwy o lewder moesol yn ei galon. Cuddid y dewrder hwn gan ei foneddigeiddrwydd a'i addfwynder, a hawdd oedd i ddyn fethu â'i adnabod yn iawn.'

*Yn Nhal-y-sarn ers Talwm . . .*

49

'Dafydd Thomas oedd y cyntaf i sôn am Robert Williams Parry wrthym ni'r plant, a soniodd amdano fel bardd mawr a chyfaill personol iddo ef a'n cymydog ninnau, ac ef a'n dysgodd fod Robert Silyn Roberts yntau'n fardd o bwys ac yn oleuad bro.'

Rhagymadrodd, *Cerddi Gwilym R.*

49. Staff Ysgol Gynradd Tal-y-sarn.

Dafydd Thomas yw'r gŵr ifanc ar y chwith yn y rhes gefn, yn gwisgo sbectol. Y 'gŵr mwstasog' yw'r Prifathro, William Meiwyn Thomas.

'Dysgasom lawer peth heblaw englynion a chywyddau a thelynegion wrth draed Dafydd Tomos, dysgu, er enghraifft, fod pob bywyd yn gysegredig. Un ohonom wedi dal brithyllyn ac yn ei ddangos yn y dosbarth, a'r athro yn sefyll tu ôl inni, ac yn dweud, yn dawel:

"Edrychwch ar y smotiau coch del 'na sy ar 'i groen o. Doedd o'n biti'i ladd o".'

Rhagymadrodd, Cerddi Gwilym R.

'Ni allaf ddweud fy mod i wedi mwynhau gwaith ysgol pan oeddwn i'n ddisgybl yn ysgol gynradd fy ardal, na phan oeddwn i yn Ysgol Fodern Caernarfon, ond o edrych yn ôl ar y cyfnod, mi alla' i gofio wynebau bechgyn a genethod, cofio sut yr oedd anadliad trwm athro neu athrawes yn anwesu fy ngwddf pan fyddwn i'n methu â gwneud sym a sut brofiad ydi cael blas y gansen ar gledr llaw lawer gwaith mewn wythnos. 'Rydw i'n cofio aroglau sialc ac inc, pensil blwm a llechen sgwennu newydd ei glanhau â hances boced wlyb.'

Rhodd Enbyd

William Meiwyn Jones oedd Prifathro cyntaf Gwilym R. Jones. Ef oedd Prifathro'r ysgol gynradd yng nghyfnod plentyndod R. Williams Parry. Yn y gyfres hon, Bro a Bywyd, golygwyd cyfrol am Fardd yr Haf gan Mr Emyr Pritchard, ac fe ddywed fod W. Meiwyn Jones yn rhoi cryn bwyslais ar wersi tynnu llun yn ysgol gynradd Tal-y-sarn. Ac fe fanteisiodd R.W.P. a G.R.J. ar y gwersi hyn.

Meddai Gwilym R. Jones: 'William Meiwyn Jones, brodor o Ffestiniog, oedd yn teyrnasu ar ysgol elfennol Tal-y-sarn ym mlynyddoedd fy machgendod i, a Dafydd Thomas, y llenor a'r Sosialydd, yn hwsmon iddo. Gŵr mwstasog a fyddai'n hoffi crymu ei ben a chrychu un llygad i edrych ar rai pethau oedd y sgŵl, blaenor yn y Capel Mawr (Methodistiaid Calfinaidd), ac arweinydd bywyd yr ardal. 'Roedd o'n ysgolfeistr digon clên ond pan fyddem ni wedi troseddu . . . Gŵr addfwynach a distawach oedd Dafydd Thomas, un o frodorion Sir Drefaldwyn. Er bod addysg yn fwrn i'r rhan fwyaf ohonom ni, fe allai ambell wers gan Dafydd Thomas fod yn anturiaeth go bleserus.'

Y Llwybrau Gynt

50. Ysgol Segontium, Caernarfon.

Yn Ysgol Uwchsafonol Caernarfon (Segontium) y cafodd ei addysg uwchradd, a theithiai yno ac yn ôl yn feunyddiol ar y trên. Dylanwad mawr arno yn yr ysgol hon oedd Richard Edmund Hughes, mab i weinidog gyda'r Wesleaid, gŵr a raddiodd yn y Gymraeg yng Ngholeg y Brifysgol, Bangor. Byddai'n annog ei ddisgyblion i ysgrifennu a chreu llenyddiaeth. Gyda'r Wesleaid y bu David Thomas, y dylanwad mawr arno yn yr ysgol gynradd yn Nhal-y-sarn. Felly, bu'r enwad hwn yn gymwynasgar iddo ym more ei fywyd. Meddai'r Parchedig Tecwyn Jones am R. E. Hughes:

<blockquote>
Ei fwyn anian, ei fonedd,<br>
A'i fawr barch ni ddifa'r bedd.
</blockquote>

51

52

| REPORT ON | Gwilym Jones | | | | |
|---|---|---|---|---|---|
| Form. | Position | Number in Form. | Age. | Average Age of Form. | Times Absent. |
| II (Boys) | 1 | 41 | 14·4· | 13·4· | 6 |

| Scripture | Good | Chemistry | Very Good |
|---|---|---|---|
| Welsh | Very Good | Physics | |
| English | Very Good | Engineering | |
| History | Very Good | Navigation | |
| Geography | Very Good | Cookery | |
| Writing | Good | Laundry | |
| Arithmetic | Good | Housewifery | |
| Algebra | Very Good | Needlework | |
| Practical Mathematics | Fairly Good | Book-keeping | |
| Drawing | Fairly Good | Shorthand | |
| Woodwork | — | Typewriting | |
| Gardening | | | |

GENERAL (Conduct, Industry, &c.) *Good.*

He has applied himself sedulously to his work, and his progress has been very satisfactory.

......................FORM MISTRESS.

*R. E. Hughes* ......FORM MASTER.

Reserved for the Head Master, for the purpose of emphasizing any feature of the Report.

A very encouraging report. *W. J. Griffith* HEAD MASTER.

53

Charlie Chaplin

54a

"Y Bardd"

51.  Richard Edmund Hughes, ei athro dosbarth a'i athro Cymraeg yn Ysgol Segontium.

52.  Adroddiad 'calonogol iawn' yn ôl ei Brifathro, W. J. Griffith. Yn ôl Mathonwy Hughes, gallai fod wedi cael 'gyrfa academig lwyddiannus'. Syndod yw darllen mai 'gweddol dda' oedd ei arlunio.

53. Ym 1919, mae llond un o lyfrau Pwyllgor Addysg Sir Gaernarfon o gartwnau a phortreadau mewn inc du, sy'n profi fod gan y glaslanc un ar bymtheg oed ddawn y gallai ei ddatblygu, gyda'i ddoniau eraill.

54a. Yn un ar bymtheg oed, mae'n rhagweld ei ddyfodol, y bardd a'r golygydd.

54b. Cymro Cymraeg yw'r bardd, ond Saesneg yw iaith y golygydd, hyd yn hyn! Byddai Caernarfon, 'tref yr inc', yn ei wneud yn Gymro pybyr, ac yn fardd cystadleuol.

'Yna, tua 1921, ac yntau erbyn hyn yn 19 mlwydd oed, cafodd waith sefydlog yn Swyddfa'r *Herald* yng Nghaernarfon fel tipyn o riportar bach, a dyna ddechrau'i yrfa newyddiadurol, gyrfa a galwedigaeth y bu ynddi drwy gydol ei oes.'

''Roedd Caernarfon yr adeg honno'n byrlymu o frwdfrydedd llenyddol a cherddorol. Yno 'roedd gwŷr fel Anthropos, E. Morgan Humphreys, O. Llew Owain, Gwynfor ac eraill. 'Roedd R. J. Rowlands (Meuryn), Golygydd yr *Herald Cymraeg*, yn ei breim, ac newydd ennill ei Gadair Genedlaethol am ei awdl 'Min y Môr.'

*Awen Gwilym R.*

'Medr Caernarfon hawlio mai hi yw hen brifddinas yr inc gan mai yno yn hanner olaf y ganrif o'r blaen a chwarter cyntaf y ganrif hon yn swyddfeydd yr *Herald Cymraeg* a'r *Genedl* y prentisiwyd y nifer mwyaf o newyddiadurwyr Cymraeg – colegau a gyfoethogodd lawer maes. Fel enghraifft fe aeth un o olygyddion mawr yr *Herald*, Daniel Rees, a fu'n cyfieithu awen Dante i'r Gymraeg, i swydd gyfrifol yn adran ystadegau'r Bwrdd Masnach ac olynydd iddo, William Eames, yn ymadael â'r *Herald* am Fanceinion yn ysgrifennydd y Gyfnewidfa Stociau ac yn sefydlydd a golygydd y *Manchester Guardian Commercial*. Ond ymysg y mwyafrif a lynodd wrth yr inc yr oedd y ddau brentis o

54b

fro'r chwareli a,gafodd eu haddysg ynghyd yn swyddfa'r *Herald* a Gwilym R. yn un o'r rheini ac yn dod o Dal-y-sarn yn Nyffryn Nantlle; y llall oedd Caradog Prichard o Fethesda yn Nyffryn Ogwen ond o gefndir teuluol mwy hunllefus. Yr oedd y ddau i efelychu campau eisteddfodol un arall a brentisiwyd o'u blaenau yn yr un swyddfa – sef Thomas Gwynn Jones.'

'Cofio Gwilym R.', teyrnged gan John Roberts Williams

55. Swyddfa'r *Herald* yng Nghaernarfon yn nechrau'r ugeinfed ganrif. Yma, tua chanol yr ugeiniau, y cyfarfu Gwilym R. Jones â rhai o gewri'r Wasg, beirdd a llenorion, a chymeriadau mawr.

''Roedd y gyflog yn fach a'r oriau yn hir i aelodau staff *Yr Herald*, ond fe fyddai cwmni difyr yno yn bur aml. Byddai rhai o wŷr mawr y genedl yn dod yno ar eu sgawt. Fe glywech ddynion fel Beriah Gwynfe Evans, Eifionydd, Anthropos a Gwynfor – yr actor o Gaernarfon – yn rhoi'r byd llenyddol a gwleidyddol yn ei le, a *dyna* straeon a ddôi i glust prentis o ohebydd!

Fe fyddai Eifionydd bob amser yn gwisgo gormod o ddillad i ateb i'r tywydd. Fe fyddai ganddo dop-côt yng nghanol Awst – os na byddai'r haul yn twnnu, ac fe fyddai ganddo fo fwffadîs o edafedd coch tew yn y gaeaf, andros o grafat yn hanner-cuddio ei wyneb, het galed, gochddu am ei ben ac ambarél yn wastadol dan ei gesail. Fe fyddai'n britho tudalennau'r *Genedl* efo penawdau mewn cynghanedd, pethau fel 'Hanes Iesu yn y Sasiwn', Difyrrwch Dioferedd', a 'Truenus fyd y Transfâl'.'

*Y Llwybrau Gynt*

57

56a.  Dau o arwyr mawr Gwilym R. Jones, a'r areithwyr mwyaf yng Nghymru yn nyddiau ei ieuenctid, David Lloyd George a'r Parchedig John Williams, Brynsiencyn. Ac yn y darlun, mae'r ddau ar eu traed yn nhref Caernarfon, yr Aelod Seneddol yn areithio, a'r Llywydd, 'Brynsiencyn', yn ceisio galw'r swffragets i ymdawelu ac i eistedd. Fe welir un ar ei thraed ar y galeri.

56b.  Eglureb i'w weinidog, yn rhad ac am ddim! 'Roedd yn wrandawr ac yn gefnogwr i'r carn, ac yn aelod 'cynorthwyol' i bregethwr o'r Sowth!

57.  Anthropos, yn hen ŵr ac yn ei gôt frethyn.

'Un ffraeth, mewn ffordd sychlyd, oedd Anthropos. Pan welodd o Llew Owain, is-olygydd *Y Genedl*, yn croesi'r Maes un diwrnod, a sylwi mor dwt oedd ei wisg o, dyna Anthropos yn gofyn i griw oedd yn y stafell: "Sut y byddech chi'n cyfieithu enw'r bonheddwr yna, deudwch?" Saib, yna: "Wel, ia, Llew Owain – Dandy Lion, ynte?" Fe fyddai Anthropos yn gwreichioni gyda ffraethebion tebyg wrth lywio cyfarfodydd Clwb Awen a Chân y Dre. 'Roedd Caernarfon yn berwi o gymeriadau gwreiddiol y dyddiau hynny.'

*Y Llwybrau Gynt*

56b

58

58. Llew Owain yn annerch torf enfawr yng Nghaernarfon.

59. Meuryn, Robert John Rowlands, 1880-1967.

59

Rhan o sgwrs Gwilym R. Jones ar Caradog Prichard yn y gyfres *Rhwng Gŵyl a Gwaith*, Radio Cymru.

'Pan gyrhaeddais i Swyddfa'r *Herald*, Caernarfon, i ymuno â'r staff golyddol tua chanol y dauddegau, fe ges i'r fraint o gyfarfod â'r Golygydd adnabyddus, R. J. Rowlands (Meuryn) am y tro cynta. Ac wrth yr un bwrdd â fo 'roedd bachgen siriol yn eistedd, llanc llwyd ei wedd â thro bach yn ei lygad. Fe'i cyflwynwyd i mi gan y Golygydd fel 'Caradog Prichard, disgybl o Ysgol Dyffryn Ogwen, sydd yn cael hwyl ar farddoni'.

. . . Cyn bo hir fe ddysgais i fod gan Caradog broblemau teuluol go ddyrys: yr oedd ei dad wedi ei ladd mewn damwain yn Chwarel y Penrhyn, Bethesda, ac 'roedd hynny wedi effeithio ar feddwl ei fam. Gellir dychmygu bod cael dau ben y llinyn ariannol ynghyd yn gryn orchest yn ei gartref.'

60. Dau o Laneilian, newyddiadurwyr a chyfeillion i Gwilym R. Jones, sef Percy Ogwen Jones (ar y chwith, ac yn gwisgo sbectol), a'r Prifardd John Eilian. Dyma a ddywed Geraint Percy Jones, brawd iau yr Athro Bedwyr Lewis Jones, am ei dad: 'Ganwyd fy nhad yn Garston, Lerpwl, ym 1894, a bu farw ym 1982 yn Llaneilian. Yn nyddiau Caernarfon pan ddaeth i adnabod Gwilym R. yn dda yr oedd yn Olygydd *Y Dinesydd*. Yr oedd cryn fwrlwm yng Nghaernarfon yn y cyfnod yna. Treuliodd fy nhad beth amser yng Nghaerdydd ar y *Western Mail* ac yna bu'n gweithio ar y *Daily Herald* ac amryw bapurau yng nghylch Manceinion. Yn y tridegau daeth i Wrecsam at Hughes a'i Fab – dyma ddyddiau cychwyn *Y Cymro* a sefydlu'r *Ford Gron*. Yna aeth i Ddinbych i weithio ar *Y Faner* . . .' Blwyddyn cyn i Gwilym R. symud i Swyddfa Gee, 'roedd Percy Ogwen Jones wedi dychwelyd i Laneilian, ac yn cadw tyddyn yno. Mae ei ysgrifau ar amaethyddiaeth yn *Y Faner* yn nechrau'r pedwardegau yn ddifyr a diddorol.

60

gan fod Gwilym R. yng nghanol y cyfan, ac yn newyddiadurwr ifanc sylwgar, ac wedi'i lyncu'n llwyr gan y mudiad newydd.

'Enw a welid yn aml yng ngholofnau papurau Cymraeg Arfon yn y blynyddoedd 1920 a 1921 oedd H. R. Jones, 15, Lle Caradog, Ebenezer, ac o dan lythyrau brwd a gwlatgar y gwelid yr enw a'r cyfeiriad hwn fynychaf. Y gŵr yma, a oedd yn ddieithr i gorff mawr darllenwyr *Yr Herald Cymraeg* a'r *Genedl Gymreig*, a fynnodd, ar ôl ymgyrchu'n galed, newid enw pentref ei febyd, 'Ebenezer', yn Deiniolen. Dadleuai fod gormod o flas Iddewig ar enwau pentrefi Arfon – Ebenezer, Bethel, Carmel, Saron, Nebo a Chesarea, etc. Pentrefi yng nghanol cadernid Gwynedd ac yng nghalon y Gymru Gymraeg oeddynt, ac iawn oedd iddynt gael eu hailfedyddio ag enwau Cymraeg . . .'

Yr oedd cyfraniad y ddau i'r Wasg yng Nghymru yn werthfawr ac yn sylweddol. Meddai Geraint Percy Jones, a fagwyd yn Llaneilian: ''Rwy'n teimlo na chafodd John Eilian ei werthfawrogi gennym am iddo ar ddiwedd ei yrfa droi at y Toriaid a choleddu syniadau digon od. Yn ei ddyddiau cynnar dylanwadwyd arno gan feddylfryd sosialaidd, ac yn y tridegau, yn arbennig gyda'r cylchgrawn tra nodedig *Y Ford Gron* a llu o gyhoeddiadau y bu'n gyfrifol amdanynt, gwnaeth gyfraniad mawr i'r diwylliant Cymraeg.'

61a.  Hugh Robert Jones, Deiniolen, 1894–1930. Ysgrifennydd cyntaf y Blaid Genedlaethol, 1925–1930.

61b.  Ambell ddarn allan o'r Anerchiad a baratowyd gan Gwilym R. Jones ar gyfer Cyfarfod Coffa H. R. Jones ar Awst 3, 1975, ac a ddarllenwyd gan y Cynghorydd Dafydd Orwig. Mae'r Anerchiad yn rhoi hanes cychwyniad y Blaid, ac yn ddogfen unigryw a hanesyddol

61a

61b

Cyfarfod Coffa
H. R. Jones

Ysgrifennydd Cyffredinol Cyntaf
Plaid Cymru

✦

''Darfu ei einioes, fel hoedl Moesen
Gan weled treftad ei wlad fel trwy len,
Rhoed ei arch tan dywarchen, a'r dewr glaf
Yn ei hun olaf, yn Neiniolen.''
—Gwenallt

'Nid Cymreigio enwau pentrefi Arfon oedd unig thema llythyrau'r gwladgarwr o Ddeiniolen: dadleuai dros ymreolaeth i Gymru a thros achub yr iaith Gymraeg o'r tranc a welai yn ei hanes.'

'Yr oeddwn i'n gyw-gohebydd ar staff *Yr Herald Cymraeg* o dan Meuryn, y cenedlaetholwr diwylliannol tanbaid, erbyn 1921, a dyma'r pryd y daeth llythyr i'n cartref ni yn Nhal-y-sarn yn gwahodd lliaws o Gymry gwlatgar i de ym Mwyty'r Frenhines, Caernarfon, i'r pwrpas o drafod y priodoldeb o sefydlu mudiad a elwid gan y cynullydd yn 'Fyddin Ymreolaeth'. Yr oedd nifer go dda ohonom yn aeddfed i groesawu rhyw fath o fudiad i geisio deffro ein cenedl o'i thrwmgwsg ac i geisio atal y dirywiad yn hanes yr iaith Gymraeg.'

'Y mae gennyf gof byw am y cyfarfod. Yr oedd pobl fel y Prifathro Thomas Rees a'r Athro Ifor Williams, Bangor, y Dr E. Lloyd Owen, Cricieth, Mair Gwynedd, Y Felinheli, D. Rowlands, Amlwch, O. Llew Owain, Caernarfon, Ifan Alwyn Owen, Rhyd-ddu, Dafydd Edmwnd Williams (brawd T. Morris Williams), Gwallter Llyfnwy, Llanllyfni, ymhlith y tri neu bedwar dwsin a oedd yn bresennol.'

'Holais D. Rowlands o Amlwch pwy oedd H. R. Jones, a chyfeiriodd ei fys at ddyn ifanc tal, tenau, llwyd ei wedd, a ddisgrifiwyd yn gymwys iawn gan Gwenallt yn ei awdl 'Breuddwyd y Bardd' (Eisteddfod Genedlaethol Bangor, 1931), fel 'y proffwyd talfain, llwydwedd'. Yr oedd H.R. yn eistedd mewn congl â bwndel o bapurau o'i flaen a phensil yn ei law. Trafeiliwr oedd ar y pryd, ac 'roedd eisoes wedi ei farcio gan yr hen elyn, darfodedigaeth. Y peth cyntaf a'm trawodd oedd y nodyn diffuant a glywid yn ei leferydd a'i neges. Cyffesai nad oedd ganddo weledigaeth glir yr adeg honno, ond daliai fod y nod o hunan-lywodraeth i Gymru a chyfiawnder i'r iaith Gymraeg yn rhai digon rhesymol. Ni wyddem ni yn y cyfarfod rhyfedd hwnnw fod gan y gŵr eiddil a'n galwasai ynghyd benderfyniad, gwydnwch ac ynni di-ben-draw.'

'Tueddai rhai o'r cwmni i wamalu a chael tipyn o hwyl ar gorn y syniad a'r cynullydd. Ymateb H.R. i'w hagwedd oedd gwenu'n glên arnynt a dweud: "Mi ddaw, gewch chi weld. Mi ddaw".'

'. . . Ym mis Medi, 1924, galwodd H. R. Jones gyfarfod arbennig o'r ffyddloniaid, ac eraill o'r un fryd, i Gaernarfon, i'r pwrpas o ddewis enw i'r corff newydd. Cefnogaeth sâl a gafodd y cyfarfod hwn, hefyd, ond erbyn hyn yr oedd cyfeillion a fu'n aelodau ffyddlon o'r Gymdeithas Genedlaethol Gymreig (Mudiad y tair G) yng ngholeg y Brifysgol Bangor, pobl fel Lewis E. Valentine a Moses Gruffudd, yn dechrau dod i'r cyfarfodydd. Yr oedd y rhain yn fwy parod i ymladd ar y maes gwleidyddol nag yr oedd H.R. Ei ateb ef i'w dadleuon cynnar hwy oedd: 'Rhaid inni aberthu dros Gymru, ac ni chawn ryddid byth nes bydd rhai ohonom wedi mynd yn ferthyron dros ein delfrydau', yn ôl gohebydd a'i geilw'i hun yn 'Gyfaill' yn *Yr Herald Cymraeg*. 'Cofiaf,' medd y gohebydd hwn, 'fel y dywedodd wrthyf un hwyrnos pan eisteddm ar fainc yng Nghei Caernarfon, "Fedrwn ni byth ddeffro Cymru heb i rai ohonom gael ein carcharu".'

'Cafodd H. R. Jones waith yn drafeiliwr yng Ngogledd Cymru, ac yn fuan iawn daeth yn drafeiliwr dros ei genedl a thros Blaid Genedlaethol Cymru, a sefydlwyd ym mis Awst 1925 ym Mhwllheli. Ychydig amser cyn hyn 'roedd H.R. wedi clywed fod trydedd cainc o genedlaetholwyr wedi sefydlu mudiad cenedlgarol yn Neheudir Cymru, ac yn Chwefror, 1925, ysgrifennodd ar ran y gainc a oedd wedi ymffurfio'n Blaid Genedlaethol yn Arfon i wahodd Mr Saunders Lewis, Ysgrifennydd Mudiad y De, i fod yn is-lywydd y Blaid newydd. Cydsyniodd Mr Lewis, ac yn ystod wythnos Eisteddfod Genedlaethol Pwllheli ym 1925 y sefydlwyd Plaid Genedlaethol i Gymru gyfan. Gwir mai cyfarfod go ddilewyrch a gafwyd yn nhre'r Eisteddfod; dim ond chwech oedd yn bresennol, ond yn y cyfarfod hwn cafodd hanes ein cenedl dro go arwyddocaol. Dewiswyd H. R. Jones yn ysgrifennydd . . . Ef a sefydlodd *Y Ddraig Goch*, ac nid amharodd ofnau ei gyd-genedlaetholwyr ynghylch y fenter iddo betruso.'

'Ei waith pwysicaf yn ystod y cyfnod hwn oedd trefnu'r ymgyrch etholiadol seneddol gyntaf a fu gan y Blaid ar y maes, sef ym Mai, 1929. Optimist heb ei fath oedd H.R., ac er nad oedd gennym ond dyrnaid bach o weithwyr a dim ond ychydig bunnau ar ein helw, yr oedd ein trefnydd yn cerdded yn hyderus drwy bentrefi Arfon gan ddarogan ein bod nid yn unig am ymladd am sedd seneddol Sir Gaernarfon ond am ei hennill hefyd! Pan fyddai ambell Domos yn gofyn iddo faint o aelodau a chefnogwyr oedd gan y blaid newydd, ei ateb fyddai – "rhwng naw a deng mil"! I feddyliwr mor slic â H.R. yr oedd yr ateb yn un cywir, sef rhwng 9 a 10,000!'

'Mewn cyfarfod o Bwyllgor Sir Gaernarfon o Blaid Cymru, dywedodd y llywydd, Mr R. Williams Parry, Bethesda, fod Cymru a delfrydau ei blaid yn bopeth i H. R. Jones ac i Mr Ifan Alwyn Owen, Rhyd-ddu, a fu farw o fewn wythnos i'w gilydd.'

'Awgrymodd y Parchedig Lewis E. Valentine ein bod yn ystyried codi cofeb ar fedd H. R. Jones ym mynwent Eglwys Llandinorwig, ac yn trefnu i bererindota at ei fedd bob blwyddyn. Yr oedd H.R. wedi aberthu mwy na neb arall dros y Blaid.'

'Efengyl rhyddid Cymru ydyw anadl fy mywyd. Yn llaw Duw trwy lwybr y groes yn unig y deuwn hyd at Wynfa ein gwlad – Cymru Rydd.'

Geiriau H. R. Jones yn *Yr Herald Cymraeg*, ac a ddyfynnai Gwilym R. Jones am iddynt gyffwrdd â'i galon ifanc, a dylanwadu'n drwm iawn arno, fel eu hawdur dewr. Ymgyrchu am hunan-lywodraeth i Gymru fu nod Gwilym R. Jones trwy gydol ei yrfa a'i fywyd. I'r ddau, math ar genhadaeth grefyddol-genedlaethol oedd y mudiad newydd. Meddai am H.R.: 'Pan edrychwn yn ôl i hanes cychwyn y deffroad cenedlaethol diweddar yng Nghymru y mae'n anodd peidio â chredu mai H. R. Jones o Ddeiniolen oedd i fod yn brif arloeswr y mudiad'.

'Yn ei gyfrol *Tros Gymru*, sy'n adrodd hanes cychwyn a thwf y mudiad cenedlaethol yng Nghymru, y mae'r diweddar John Edward Jones (J.E.) yn cyfeirio at H. R. Jones fel y gŵr a fu'n bennaf cyfrifol am sefydlu'r Blaid Genedlaethol fel y'i gelwid hi'r adeg honno. Fel y gallesid disgwyl, cipiwyd y bardd ifanc a'r prentis newyddiadurwr Gwilym R, a oedd yn Gymro wrth reddf, gan gorwynt y weledigaeth fawr hon, a gwelir ei enw ymhlith y rhai oedd ar bwyllgorau cyntaf y Blaid. Nid oedd ond yn ei ugeiniau cynnar yr adeg honno ac nid yw byth yn blino sôn am y dyddiau anturus hynny pryd y credai ef a'r gweddill o'r ychydig selogion eiddgar y byddai creu nef a daear newydd yng Nghymru cyn pen ychydig fisoedd. Ni ddigwyddodd hynny. Bu raid aros hyd flynyddoedd y trigeiniau cyn gweld dechrau gwireddu'r breuddwyd. Daliodd Gwilym R yn aelod cadarn o'r Blaid hyd heddiw, a chawn weld ymhellach ymlaen beth fu dylanwad hynny ar ei ffordd o feddwl ac ar ei farddoniaeth.'

*Awen Gwilym R.*

62. 'Hogiau Sir Gaernarfon, y mae Cymru yn eich dyled,' meddai rhyw ohebydd yn *Y Ddraig Goch* ym mis Mehefin 1929. Ymwelodd y Parchedig Lewis Valentine â Thal-y-sarn ar brynhawn yr Etholiad hanesyddol hwnnw, ac mae'n amlwg fod yno waith braenaru ar y tir cyn 1929. Ymhlith y gweithwyr caled 'roedd R. Williams Parry, W. J. Davies, ac yn sicr, Gwilym R. Jones. Mae teyrnged ymgeisydd cyntaf y Blaid erioed yn un wresog i'r 'hogiau'.

'Pe cawn i fyw i fod yn ddau cant oed, mae'n debyg mai'r ymgyrch etholiadol gyntaf gan Blaid Cymru – brwydr Lewis Valentine am sedd Seneddol Arfon – fyddai prif ffynnon fy niddanwch politicaidd i. 'Roeddem ni'n griw o ymgyrchwyr anaeddfed yn ceisio cymell hen bennau ym myd gwleidyddiaeth i droi cotiau, ond diolch fod gennym rai siaradwyr gwir huawdl a ffraeth. Y mwyaf dylanwadol, mae'n siŵr, oedd yr ymgeisydd ei hun â'i Gymraeg cyfoethog a'i ddiffuantrwydd heintus. Un da hefyd oedd W. J. Davies, yr actor a'r nofelydd o Dal-y-sarn.'

*Y Llwybrau Gynt*

62

## ETHOLIAD SIR GAERNARFON.

### "CHWI YW PLAID Y DYFODOL."

| | |
|---|---|
| Major Goronwy Owen (R.) | 18,507 |
| Mr. R. T. Llones (Ll). | 14,867 |
| Mr. D. Fowden Jones (C.) | 4,669 |
| Parch. Lewis Valentine (Cen). | 609 |

Ni all hi beidio a chynyddu. Dywedodd degau wrthym; chwi yw plaid y dyfodol. Da gennym gael diolch i bobl Sir Gaernarfon ym mhob bro a phentref am y croeso a'r gwrandawiad teg a roddwyd i genhadon y blaid. Cafwyd ym mhobman wrando mwyn ac astud a deallgar. Er mai bychan a fu'r ateb pan daeth y fotio, ni phrawf hynny na wreiddiodd yr had. Odid nad yn yr etholiad nesaf y dechreua'r cynhaeaf. Rhai araf i'n symud ydym ni yng Nghaernarfon; ond pan symudom, nid peth bychan a'n hetyl.

Y mae'r Blaid Genedlaethol wedi gwreiddio yn Sir Gaernarfon. Prynhawn y pleidleisio ymwelodd Mr. Valentine gyda nifer o'i gynorthwywyr a Thalsarn. Cafodd groeso rhyfedd, mor gynnes a hael fel na allai ffigurau trannoeth siglo dim ar argyhoeddiad pawb a fu yno fod neges y Blaid wedi cael daear. Yr oedd y pentref cyfan yn wyrdd gan rubanau'r Blaid. Wrth gwrs, yr oedd pentrefi eraill yn lliwus gan rubanau'r pleidiau eraill. Nid yw hynny'n syn. Ond pan welom ni Blaid dlawd a gwan, yn ymladd ei hetholiad cyntaf ar aberth derbynwyr cyflogau meinion, heb obaith gwobr na buddugoliaeth, ond yn ymddiried mewn dyfodol nas gwel efallai rai ononom, a'r blaid honno yn ennill pentref cyfan, yn wyr a merched, yn hynaigwyr a llanciau, i ymuno a i baner hi mewn ymgyrch cyntaf ar gastell awdurdod a gormes, yna yn wir, er na chododd haul, geilir canfod o leiaf fod pwgddu nos yn codi a bod pylgain gerilaw.

Hogiau Sir Gaernarfon, y mae Cymru yn eich dyled.

63

"A VIC ON DUTY"

63. Gwilym R. yn teyrngedu David Thomas: '. . . Yr oedd bod yn aelod o'r Eglwys Gristnogol ac yn Sosialydd o'r iawn ryw yn ei orfodi i sefyll yn erbyn rhyfel.'

*Yn Nhal-y-sarn ers Talwm . . .*

Gwilym R. yr Heddychwr.

"Mi tsiansia i hynny," meddai Ffowc, a gwthiodd bin i gnawd y llyffant. Daeth dŵr ac ewyn gwyn o enau'r creadur.

"Gad lonydd iddo-fo," meddai Dei, "mae ar hwnna eisio byw fel titha'."

Dafydd Thomas (awdur *Y Cynganeddion Cymreig*) ac athro yn Ysgol Tal-y-sarn a ddysgodd i blant y pentref 'barch at fywyd', a dyma ddisgrifiad Gwilym R. o'i ddull o gyfleu dysgeidiaeth Schweitzer i'w dosbarth ifanc.

64. Un o bamffledi Heddychwyr Cymru. Casglwyd *Caniadau'r Dyddiau Du* a'u golygu gan Gwilym R. Jones. 'Roedd effeithiau'r Rhyfel Mawr (1914-18) wedi dylanwadu'n drwm ar y beirdd, ac mae Rhagymadrodd Gwilym R. Jones i *Caniadau'r Dyddiau Du* yn profi fod yr Ail Ryfel Byd (1939-45) wedi dyfnhau ei argyhoeddiadau pasiffistaidd, a grymuso ei brotest eirias. Yr oedd Prosser Rhys ac yntau'n rhoi mynegiant wythnosol llym i'r brotest hon yn *Y Faner*. Yn y Rhagymadrodd mae'n talu gwrogaeth i'w arwr, R. Williams Parry, 'y propagandydd mwyaf effeithiol yn erbyn rhyfel o blith beirdd Cymru'. Gyda'r bardd mawr o Dal-y-sarn, awdur yr englynion coffa i Hedd Wyn, rhaid gosod dylanwad cadarn ei athro, David Thomas, a chysylltiad y

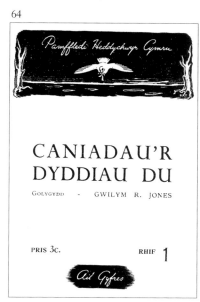

bersonoliaeth fawr honno, George M. Ll. Davies, â bro ei fagu. 'Roedd yn Genedlaetholwr ac yn Heddychwr digymrodedd o ddechrau'i yrfa tan y diwedd.

## *Cysur yn Amser Rhyfel*

Na lwfrhawn, eneidiau trist,
   Ym more'r byd yr ŷm yn byw –
Y bore bach, awr blygain Crist –
   A maith yw'r daith i ddinas Duw.

O'n hôl mae du, anochel nos,
   O'n blaen y mae anochel gur,
Ac nid oes gysgod ar y rhos
   Na ffordd, ond ffordd i'r glewaf gwŷr.

Fe welsom uchel obaith dyn
   Fel llusern bapur yn y gwynt,
A throes y doeth i'w gell ei hun
   Am rin y gwin o'r dyddian gynt.

Ymlawenhawn, eneidiau trist,
   Ym more'r byd yr ŷm yn byw –
Y bore bach, awr blygain Crist –
   A maith yw'r daith i ddinas Duw.

*Cerddi Gwilym R.*

65

65. W. J. Davies, yr actor a'r cenedlaetholwr o Dal-y-sarn.

'Ymhlith fy ffrindiau agos i yng nghyfnod Tal-y-sarn yr oedd William John Davies, Glyn-dŵr (Wil John Fred am mai Fredrick Davies oedd enw'i dad i bawb ohonom). Yr oedd ychydig yn hŷn na'n cenhedlaeth ni, ac yn ddyn ifanc atyniadol o ran pryd a gwedd a dillad ac o ran ei bersonoliaeth. 'Roedd y ddrama yng ngwaed W. J. Davies ac 'roedd o'n fab i ddramodydd, 'Hen awdur mud dramodau', chwedl R. Williams Parry. Mi ges i'r pleser o gydweithio efo W.J. yng Nghwmni Drama Tal-y-sarn, cwmni o ddoniau abl a chwaer W.J., Meri, yn un o'r prif actoresau. 'Roedd gan W.J. lyfr yn cofnodi'n ffyddlon sawl gwaith y bu'r cwmni yn perfformio ledled Cymru, ac amcangyfrif o'r cyfanswm o arian a godwyd at wahanol achosion da trwy'r perfformiadau hynny. 'Roedd y cwmni wedi bod yn foddion i godi miloedd ar filoedd o bunnau. Actores abl oedd ei chwaer, Meri, hithau.'

'Fe gafodd [W.J.] delegram oddi wrth neb llai nag Emlyn Williams yn cynnig iddo ran y tafarnwr yn *Druid's Rest*, ac yn addo cyflog da iddo am ymuno â'i gwmni yn Llundain. Aeth W.J. â'r telegram o gwmpas cylchoedd bach o'i ffrindiau yn Nyffryn Nantlle, ac yna llosgodd y telegram mewn un oedfa ddramatig! Diau ei fod wedi colli un cyfle yr adeg honno, ond bu'r gwrthodiad yn fendith i gynulliadau lawer mewn neuaddau yng Nghymru . . . 'Roedd yn well ganddo fyw yn ei filltir sgwâr a dod yn un o brif gymeriadau drama bywyd-bob-dydd Tal-y-sarn.'

*Rhodd Enbyd*

''Roeddym ni'n ymhél â'r ddrama er pan oeddym ni'n grytiaid, ond pan sefydlwyd Cwmni Drama W. J. Davies yn Nhal-y-sarn y cawsom ni fwyaf o hwyl ar gyflwyno dramâu. Mae'n wir mai dramâu digon di-lun oeddynt, ond 'roedd pobol mewn llawer cwr o Gymru yn tyrru i'n gweld a'n clywed ni. W.J. oedd awdur y rhan fwyaf o'r dramâu a fo fyddai'n actio'r prif gymeriad fel rheol: 'roedd o'n llunio'i ddrama gan gadw'i olwg ar yr actorion oedd ganddo.'

*Y Llwybrau Gynt*

66

67

66. W. J. Davies yw'r cyntaf ar y chwith ac Olwen Hughes sydd wrth ei ochr. Y ddau yn y canol yw Gwilym Eryri Hughes a'i briod, Mary, chwaer W. J. Davies.

67. Cerbyd Idwal Jones a fyddai'n cario Cwmni Drama Tal-y-sarn o gwmpas y wlad. Ef sydd wrth ddrws y gyrrwr, Olwen Hughes sydd yn eistedd ar fonet y modur, a Gwilym Eryri Hughes, cyfaill agos, agos Gwilym R., sydd â'i fraich ar ysgwydd ei briod, Mary, chwaer W. J. Davies.

### I Eisteddfodwr

(Gwilym Eryri Hughes, Glyn-dŵr, Tal-y-sarn)

Dyfod mae'r Steddfod a'i stôr – o eli
    I galon pob brodor;
    Hwn ni chaiff ddrama na chôr,
    Na llawenydd y llenor.

Daw 'Heddwch' y prydyddion, – a dethol
    Gymdeithas y doethion;
    O! na chaid y llygaid llon
    Yn nhyrfa Gŵyl Caernarfon!

Heno ni ddaw ei wyneb – i dwnnu
    Diweniaith diriondeb;
    A Charon oer, na châr neb,
    Aeth â'i hoen a'i ffraethineb.

*Cerddi Gwilym R.*

68a. Robert Williams Parry. 'Roedd y darlun prin hwn ymhlith papurau Golygydd *Y Faner*, papur a gyhoeddodd nifer o gerddi Bardd yr Haf.

'R. Williams Parry a ddangosodd inni fawredd beirdd fel Keats, Dafydd ap Gwilym, Shelley, Thomas Hardy a Housman, ac ef oedd eilun ac ysbrydiaeth y gymdeithas lengar yn Nhal-y-sarn ers talwm.'

Rhagymadrodd,
*Cerddi Gwilym R.*

68b. Rhai paragraffau allan o Golofn Gwilym R. yn *Barddas*. Wedi iddo ymddeol, byddai'n mwynhau rhoi ei atgofion ar bapur, yn enwedig ei atgofion am ei ddyddiau cynnar yn Nhal-y-sarn a Chaernarfon. Yn ŵr ifanc, cafodd dipyn o gwmni ei arwr ymysg y beirdd – R. Williams Parry, a phan ddechreuodd gystadlu yn yr Eisteddfod Genedlaethol, byddai'n ymgynghori â'i 'eilun', fel y cawn weld eto. Bydd y detholiad hwn yn brawf digonol fod R. Williams Parry, fel David Thomas, wedi rhoi iddo'r canllawiau i fod yn fardd, yn genedlaetholwr ac yn heddychwr digymrodedd.

---

*Colofn Gwilym R.*

# Ai Williams Parry yw ein bardd mwyaf?

Fe fydd trafod ar y cwestiwn blasus – pwy yw ein bardd mwyaf? – tra bydd darllen Cymraeg yn bod, a diau y bydd enwau fel Dafydd ap Gwilym, Tudur Aled, Williams Pantycelyn, T. Gwynn Jones, T.H. Parry-Williams, Bardd yr Haf. Y'n y sylwadau a ganlyn mae geisiaf egluro i chwi paham yr wyf mor frwd o'i blaid ac yn ddigon haerllug i hawlio mai ef yw'r pennaf o'n prydyddion.

Gwir fy mod wedi fy ngeni yn yr un dyffryn â'r un pentref – Tal-y-sarn, yn Nyffryn Nantlle – ag ef, ac y gallai hynny fod wedi lliwio fy ngogwyddiadau tuag ato. Bu'n gyfaill da imi ac yn dipyn o athro llenyddol am gyfnod byr, a magwyd fi mewn cymdogaeth a osodai farddat ar drostan i'w edmygu, os nad i'w addoli.

Dywedodd R.W.P. ac ym ei gefndir teuluol pan ganodd y pedair llinell:

Mi gefais goleg gan fy nhad
A rhodio'r byd i wella'm stad,
O'rd cefais gan sy hon a'm dug
I 'r ngeni'n frawd i flodau'r grug.

Mewn geiriau mwy rhyddieithol, gan ei fam, Jane Parry, y cafodd yr hyn a alwn ni'n awen, a alwodd yn ddiweddarach yn 'ansylweddol wynt sy' oddeutu'r hynt yn mydru'. Person llai awengar oedd ei dad, Robert Parry, a oedd yn arolygwr llechi yn stesion y pentref ac yn flaenor yng nghapel yr Hen Gorff, Hyfrydle.

Byddai Robert Parry yn dod i'n siop bapurau ni i holi am 'Y

## Y Tad a'r Fam

## Dau Gyffro

Y mae'n ystrydeb erbyn hyn i ddweud bod dau ddigwyddiad hanesyddol wedi cyffroi R. Williams Parry i ddyfnder ei fod, sef y Rhyfel Byd Cyntaf a llosgi'r Ysgol Fomio yn Llŷn a'r hyn a ddilynodd y weithred honno, ond y mae'n ystrydeb go bwysig. Er iddo ymuno â'r lluoedd arfog cyffesodd droeon mai milwr go anfedrus ydoedd, a'i fod yn ŵr ofnus wrth natur a gŵr unig ydoedd ynghanol y gŵyr meirch yn Neheudir Lloegr. Gallwn ddychmygu ei ofnau a'i ofid wrth glywed o'r gwersyll:

Genedl', ac 'rwy'n cofio iddo ddweud wrth fy nhad un tro: "Maen nhw'n deud i mi, John Jones fod gan Bob acw ryw farddoniaeth yn y papur 'ma'. 'O, felly', oedd ateb claear fy nhad. Agorwyd y papur ar y cownter a rhoes Robert Parry ei sbectol ar ei drwyn a chraffu ar gerdd a oedd gan ei fab talentog ynddo. Ymhen sbel cododd ei olygon a chyffesu wrth fy nhad: "John Jones, fedra i 'neud na rhych na phen o beth felna'. Be' sy ar yr hogia' 'ma yn barddoni mor dywyll, deudwch?" Byddai Jane Parry, ei fam, yn sgwrsio'n hir â mam yn achlysurol, ac o'i genau hi y daeth llinellau telynegol Eifion Wyn a Cheiriog i'm clustiau am y tro cyntaf a hi fyddai'n canmol dawn storia Winnie Parry (yn 'Sioned') yn y siop. Am Eifion Wyn a Cheiriog, John Morris-Jones a Phantycelyn a'r beirdd Saesneg, Keats, Shelley, Hardy a Housman, y byddai R.W.P. yn sôn pan sgyrsiai â dau neu dri o laslanciau fel fi yn ein cartrefi, 'r 'cgin-feirdd', chwedl yntau. Byddai'n dod â chyfrolau yn cynnwys gweithiau y rhain yn ei boced ac yn eu gadael inni am gyfnod. Y mae ei gyfriol o weithiau John Keats gennyf hyd heddiw, ac y mae'r hyn a 'sgrifennodd Bob Parry ar ymyl y tudalennau efo pensel blwm yn ddadlennol. Er ei fod yn edmygu dawn delynegol Eifion Wyn y tu hwnt i bawb o'm cydnabod llengar, byddai'n bur llawdrwm am ambo iddo gollfarnu pryddest 'Y Ddinas' gan ei gefnder, T.H. Parry-Williams. Dywedai fod beirniadaeth y bardd o Borthmadog 'yn fwy o feirniadaeth ar Eifion Wyn nag ar Parry-Williams':

Llwfr ydwyf, ond achubaf gam y dewr;
Lleddf ydwyf, ond darllenaf awdur llon.
Pan dybiwyf ryw farwolaeth dan y fron.
Di-dderbyn-wyneb ydwyf wrth y bwrdd,
Beirniadus ac eagruin iawn o'm gwlad;
Anhyglyw ac anamlwg yn y cwrdd,
Diasgwrn-cefn ac ofnus ymbob cad.
'Rwy'n wych, 'rwy'n wael, 'rwy'n gymyg oll i gyd;
Mewn nych, mewn nerth, mewn helbul ac mewn hedd
'Rwy'n fydol ac ysbrydol yr un pryd;
Deg canmil yw fy meiau, ond cyn fy medd
Mi garwn wneuthur rhywbeth gwiw dros Grist
Fel nad edrycho arnaf mor rhyw drist.

A dyma'r bardd y cais rhai beirniaid brofi ei fod yn bagan ac

Fel trwst dodrefnwyr drwy gauedig ddôr,
Taranau cyntaf Ffandrys tros y môr.

Dichon ei fod yn argyhoeddiedig mai ymladd yn y rhyfel a oedd i 'roi terfyn ar ryfel', fel y dywedodd un gwleidydd, oedd ei ddyletswydd, ond yma ac acw yn ei gerddi teimlir ei fod yn sylweddoli na wyddai llu mawr o'r milwyr paham yr ymladdent:

Rhagddynt y cerddant. Heb na phle na pham . . .

Iddo ef y rhwyg o golli'r hogiau', ei ffrindiau a'i gydnabod, oedd rhyfel. Y mae'n ergydio'n fynych yn erbyn gyrru bechgyn o Gymru, rhai fel Hedd Wyn (ac ef ei hun, mae'n debyg) i ymladd ymhell o'u gwlad – 'Hunais ymhell ohoni'. Y mae eironi creulon yn y cwpled a ganodd un o'r bechgyn hyn:

Dros ei wlad y rhoes ei lw,
Dros for fe droes i farw.

Er ei fod yn credu ar y pryd bod y rhyfel yn cael ei ymladd i rwygo 'Draig y ddaear hon' fe ddysgodd mai uffern ar ei gwaethaf oedd y rhyfel a'i fod yn medi gwenith cenhedlaeth o fechgyn glân.

### Eneidiau Sensitif

Eneidiau sensitif iawn yw beirdd, personau y dywedodd bardd Saesneg amdanynt:

Those to whom the miseries of this world
Are miseries and will not let them rest.

a dyma paham y teimlodd Bardd yr Haf ddychryniadau ac erchyllterau y rhyfel i'r byw. Yr oedd yn ofni pethau llawer mwy diniwed na bidog a gwn a mwy gwenwynig: gyrrai'r nos, dylluan, stori ysbryd, mellt a tharanau, a llawer o brofiadau cyffredin diniwed, fraw i galon R.W.P. Efallai mai ei soned, 'Gair o Brofiad', sy'n cyfaddef hyn, yw'r gerdd onestaf yn ein hiaith:

yn agnostig! Dyma'r math o soned y buasai William Williams Pantycelyn yn debyg o'i sgrifennu pe buasai'n byw ym 1939. Fe ddywedodd R.W.P. unwaith y rhoesai rywbeth am fod wedi cyfansoddi soned fawr ei gefnder, 'Dychwelyd', sydd 'o'r ddaear yn ddaearol', ond tybed a na roesai T.H. Parry-Williams lawer am fod yn awdur rhai o gerddi gorau ei gefnder o Dal-y-sarn?

### Hufen ei ganu

Byddwn yn arfer credu mai yn ei ail gyfrol, *Cerddi'r Gaeaf*, y mae hufen canu R.W.P., ac er fy mod yn cytuno â'r gred hon, ni fynnwn inni golli golwg ar y goludoedd sydd yn *Yr Haf a Cherddi Eraill*, ei gyfrol gyntaf. Gwir bod dylanwad rhai o'r beirdd Saesneg, a Keats yn arbennig, ar rai o'r sonedau preiffion sydd yn y llyfr cyntaf, ond dylanwad da ydyw. Meddylier am y pedair llinell hyn o'r soned 'Cysur Henaint':

Nes dyfod mis o'r misoedd pan fo'r gwynt
O'r cwymn crinddail ar eu hediad oer,
A thrwy'r di-nefoedd dywyll-leoedd gynt
Yn chwythu llewych haul a llewych lloer .

Dyma Keats yn ei ogoniant, meddwch, ond gorffennwch y llinellau'r bardd Saesneg â llinellau'r Cymro:

But here there is no light,
Save what from heaven is with the breezes blown
Through verdurous glooms and winding mossy ways.

Y mae R.W.P. wedi tanlinellu 'winding . . . ways' yn fy ferswin i o weithiau barddonol John Keats.

Yn *Yr Haf a Cherddi Eraill* y mae rhai o sonedau mwyaf myfyrdodol a rhai o delynegion mwyaf sỳfrdanol Bardd yr Haf a'r awdl fwyaf synhwyrus-athronyddol a feddwn, 'Yr Haf'. Ni flinai dyn wrando ar y sonedau i 'Gadael Tir', 'Mae Hiraeth yn y Môr', 'Y Llwynog' a 'Pantycelyn' yn cael eu darllen gan rywun deallus a chanddo lais da.

### Y Llwynog

Y mae'n arfer gan feirniaid i haeru nad oes yn soned 'Y Llwynog' ddim byd ond meistrolaeth ar iaith a sylwadaeth artistig o Natur. Y mae'n wir bod

*(I dud. 5)*

4

69

71

70

69. Myfanwy, ei gymar trwy gydol ei yrfa brysur.

'Dyma'r adeg y priododd Myfanwy Parri Jones, merch Thomas a Jane Parri Jones, Tai Newyddion, Llanrug, perthynas i Syr John Morris-Jones, sef ar Mai 30, 1931, a mynd i fyw i Rhif 2, New Street, Porthaethwy.'

*Awen Gwilym R.*

'Bendith fawr i ni'r gohebyddion Cymraeg oedd dyfodiad darlledu, a chaem ambell siec amheuthun gan y B.B.C. am newyddion ac am gyfrannu tuag at rai rhaglenni – sgyrsiau a sylwadau ar y newyddion. Yr incwm ychwanegol hwn, y bu'n rhaid gweithio'n ddigon dyfal amdano, a'n galluogodd i fwrw ein hatling i goffrau ein rhieni ac i hel celc ar gyfer priodi. Byddai'n rhaid dal i weithio hyd oriau hwyr a rhedeg llawer o fan i fan i ffureta newyddion a deunydd sgyrsiau, a byddwn yn fynych yn dyrnu 'bysedd' y teipiadur wedi i bawb arall fyned i glwydo – a'u 'dyrnu' mor ysgafn ag y gallwn rhag ymyrryd â chwsg y gweddill o'r teulu!'

*Rhodd Enbyd*

70. Gwilym R. Jones a'i was priodas, J. O. Griffiths, newyddiadurwr a chefnder i Myfanwy.

71. Myfanwy'r nyrs, y tu allan i Ysbyty Sefton, ychydig cyn iddi briodi'r newyddiadurwr.

72

72. 'Yr Eglwys lle priodwyd ni, Sant Cyngar, Llangefni, yn 1931' sydd ar gefn y llun hwn.

73. Syr John Morris-Jones, cefnder i fam Myfanwy, ac ef a roddodd iddi ei henw bedydd. 'Roedd yn arwr mawr i'w phriod. Mynych y soniai am ei ddarlith yn Nhal-y-sarn ar Williams o Bantycelyn.

74. Y prif westeion ym mhriodas Gwilym R. Jones a Myfanwy Parri Jones.

Y rhes flaen (o'r chwith i'r dde): Lily Jones, Waunfawr, Mary Williams, Bethesda, Myfanwy, Gwilym R. Jones, R. H. Jones (brawd y priodfab), John O. Griffiths (gwas priodas, a chydweithiwr yn swyddfa'r *Herald*). Y tu ôl i'r merched mae gyrrwr y modur, Huw Williams y ficer, Mary, Bodermud Isa, mam y priodfab, mam y briodasferch, Idwal Jones, *chauffer* Gwilym R., tad Myfanwy, Hywel Cefni Jones, cymydog a bardd, merch y llety yn Llangefni, a Myfyr Môn, un arall ar staff *Herald Môn*. Mae'n debyg mai'r clerigwr mewn het oedd ficer Myfanwy yn Lerpwl.

73

74

75

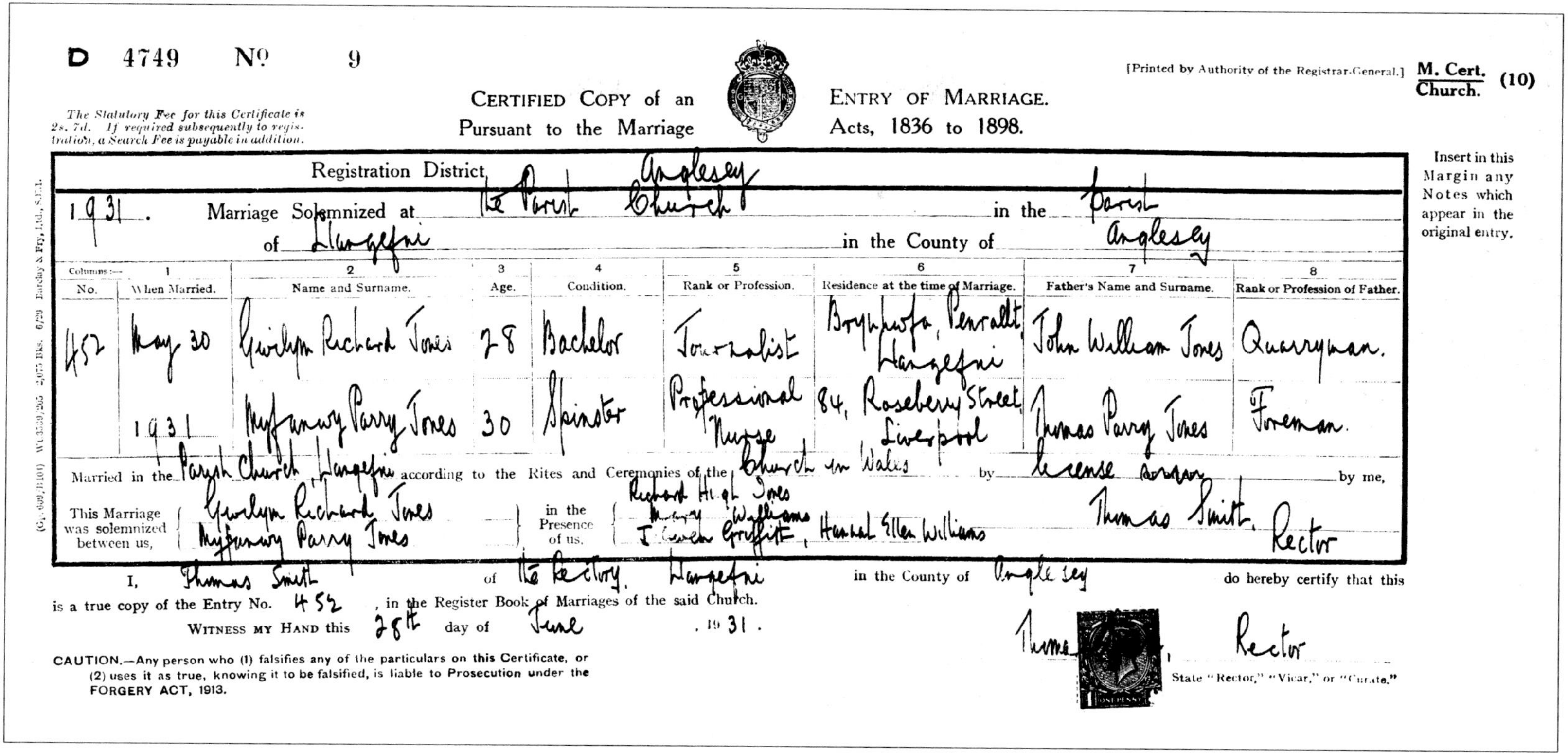

D 4749 No. 9

[Printed by Authority of the Registrar-General.] M. Cert. Church. (10)

*The Statutory Fee for this Certificate is 2s. 7d. If required subsequently to registration, a Search Fee is payable in addition.*

CERTIFIED COPY of an ENTRY OF MARRIAGE.
Pursuant to the Marriage Acts, 1836 to 1898.

Registration District Anglesey

1931. Marriage Solemnized at the Parish Church in the Parish of Llangefni in the County of Anglesey

Insert in this Margin any Notes which appear in the original entry.

| No. | When Married. | Name and Surname. | Age. | Condition. | Rank or Profession. | Residence at the time of Marriage. | Father's Name and Surname. | Rank or Profession of Father. |
|---|---|---|---|---|---|---|---|---|
| 452 | May 30 1931 | Gwilym Richard Jones | 28 | Bachelor | Journalist | Brynhafod, Penrallt, Llangefni | John William Jones | Quarryman. |
| | | Myfanwy Parry Jones | 30 | Spinster | Professional Nurse | 84, Rosebery Street, Liverpool | Thomas Parry Jones | Foreman. |

Married in the Parish Church, Llangefni according to the Rites and Ceremonies of the Church in Wales by licence by me,

This Marriage was solemnized between us, Gwilym Richard Jones, Myfanwy Parry Jones

in the Presence of us, Richard Hugh Jones, Mary Williams, J. Owen Griffith, Hannah Ellen Williams

Thomas Smith, Rector

I, Thomas Smith of the Rectory, Llangefni in the County of Anglesey do hereby certify that this is a true copy of the Entry No. 452, in the Register Book of Marriages of the said Church.

WITNESS MY HAND this 28th day of June 1931.

Thomas Smith, Rector

State "Rector," "Vicar," or "Curate."

CAUTION.—Any person who (1) falsifies any of the particulars on this Certificate, or (2) uses it as true, knowing it to be falsified, is liable to Prosecution under the FORGERY ACT, 1913.

(G. 609.) H101 Wt.3339/265 2,075 Bks. 6/29 Barclay & Fry, Ltd., S.E.1.

75. Tystysgrif briodas Gwilym R. a Myfanwy.

76

77

78

79

76. Jane Parri Jones (Nain Llanrug), pan oedd ym Manceinion yn cadw tŷ i Olygydd y *Guardian*, C. P. Scott.

77. Hannah, chwaer Myfanwy.

'Un o'r un waed â'r awen wir oedd chwaer fy mhriod, Hannah, a briododd ŵr o Borthmadog yn yr Amerig, Hugh Llywelyn, ac a fagodd deulu â'u hysbryd a'u hanian yn Gymreig yn anialwch Americanaidd Califfornia. Y mae ein teulu ni ar yr ochr hon i Iwerydd mewn cyswllt cyson â'u perthynasau yng Nghaliffornia fel yr wyf finnau'n cadw'r llinellau sydd rhyngof a'm teulu mewn rhannau eraill o'r Taleithiau Unedig yn glir a chyfan.'

*Rhodd Enbyd*

78. Hannah, a'i phriod, gŵr o Borthmadog, Hugh Llywelyn. Mae'r ddau, ym 1923, gyda'r 'Chev. Coupe'.

79. Bryn Marian, Llanrug, cartref Thomas a Jane Parri Jones, Myfanwy a Hannah.

80

81

82

80. Hannah, ar ôl iddi ymfudo i'r Unol Daleithau.

81. Mam Myfanwy, 'Nain Llanrug', yn ei du, a Mary, cyfnither i Myfanwy, ac un a fu'n brifathrawes yn Nhregarth.

82. Percy Hughes, bardd a newyddiadurwr. Bu'n gweithio i *Herald Môn* a'r *Clorianydd*. 'Roedd ei swyddfa yn gyrchfan i bobl y 'pethe' ym Môn, a'i golofn, 'Sgribliadau', yn boblogaidd iawn ar yr ynys. 'Roedd yn gefnder i dad Ysgrifennydd *Barddas*, Dafydd Islwyn. Yn Eisteddfod Môn, ym 1948, cipiodd nifer o wobrau, a Gwilym R. Jones oedd y beirniad. Ar yr achlysur hwnnw y tynnwyd y llun hwn ohono.

'Ymhlith y ffrindiau newydd a gefais ym Môn yr oedd y beirdd disglair, Tom Parri Jones, Malltraeth, a Rolant Jones (Rolant o Fôn), o ardal Llangefni, a ddaeth yn brifeirdd yr Eisteddfod Genedlaethol, John Qwen, Bodffordd, a Percy Hughes, y telynegwr melys.
    Pan oeddwn ym Môn y bu imi briodi. Mr. J. O. Griffith, ei chefnder, a fu'n gyfrwng i ddwyn Myfanwy, fy ngwraig, a minnau at ein gilydd.'

*Rhodd Enbyd*

83

83. Rolant o Fôn yn cael ei gadeirio yn Eisteddfod Genedlaethol Dolgellau, 1949. 'Y Graig' oedd testun yr awdl, ac 'roedd awdl y cyfreithiwr hynaws yn un o awdlau gorau'r ugeinfed ganrif. Wil Ifan yw'r Archdderwydd sy'n llywio'r seremoni.

*Y Cymro*, Chwefror 12, 1980:

'Ym 1929 cafodd ei ddyrchafu'n Olygydd *Herald Môn*, papur y Rhyddfrydwyr ar y pryd. Golygai hynny deithio – mewn tacsi – i bob cwr o'r ynys adeg etholiad i ddilyn ymgyrch yr A.S., Megan Lloyd George. 'Roedd hyn yn gyfle hefyd iddo weld pethau 'o'r tu mewn' megis – arfer Megan Lloyd George, er enghraifft, o ffonio'i tad i ofyn am gynghorion ar drothwy cyfarfod pwysig.

Ymhen dwy flynedd, fodd bynnag, 'roedd Gwilym R. wedi troi ei olygon tua Lerpwl ac wedi olynu J. H. Jones fel Golygydd *Y Brython*. Bu yno am naw mlynedd.'

84a/b. Darlun a ymddangosodd yn un o bapurau Llundain, o'r Fonesig Megan Lloyd George yn tynnu coes ei thad ar lwyfan pafiliwn Caernarfon.

'Pan oedd y Fonesig Megan yn ymgeisydd Rhyddfrydol ym Môn yr oeddwn i'n olygydd *Herald Môn*, papur wythnosol a gâi nawdd y Blaid Ryddfrydol ar y pryd, ac un o'm dyletswyddau oedd mynychu cyfarfodydd Megan a chofnodi ei hareithiau hi yn y papur. Fe fûm i hefyd yn gwneud nodiadau o bwyntiau a ddarparwyd ar gyfer ei hymgyrch etholiadol gan ei thad. Fe fyddai L.G. ar y teleffôn o Lundain bob dydd ac yn rhoi cyfarwyddyd tadol a pholiticaidd go fanwl i'w ferch, a oedd yn gannwyll ei lygaid.'

*Rhodd Enbyd*

84a

84b

21, Abingdon Street,
London, S.W.1.

1st July, 1931.

Dear Mr. Jones,

I have been meaning to write and thank you for your kindness in helping me with my speech at the Fete the other day.   I greatly appreciated your assistance.

I have today sent off to you a small wedding present which I hope you and your wife will like and find useful.   I trust it will arrive safely.

With kind regards,

Yours sincerely,

*Megan Lloyd George*

84c

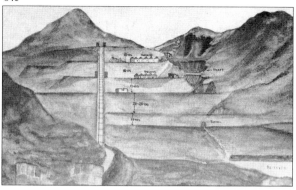

84c.  Ailgynllunio Cwm Pennant.

*Tröedigaeth*

Cyn ymroi i newyddiaduraeth, bu Gwilym R. Jones yn gynllunydd (mewn prentisiaeth) gyda Cammell Laird. Ac yntau'n arlunydd addawol, nid yw hyn yn syndod. Ond mae'n syndod ar syndod i ganfod ymysg ei bapurau y cerdyn uchod, a thu cefn iddo'r geiriau: 'Plan a wnes o chwarel yng Nghwm Pennant'. Ym 1935, cipiodd y Goron yn Eisteddfod Genedlaethol Caernarfon, a gwahoddwyd ef a Gwyndaf, bardd y Gadair, i gartref David Lloyd George yng Nghricieth ym mhen rhai dyddiau. Mae bardd y Goron yn adrodd yr hanes yn *Rhodd Enbyd*: 'Ar awgrym y gwladweinydd enwog aethom oll am bicnig i Gwm Pennant. Yr oedd y Fonesig Megan wedi darparu bwyd a diod lager a the i bawb. Difyr oedd y chwedleua ar lan yr afon, a Lloyd George, Megan, Crwys, Elfed a Rhys J. Davies, am y ffraethaf.

"Elfed, newch chi adrodd telyneg Eifion Wyn wrthon-ni?" gofynnodd L.G.

Torrodd llais arian Elfed fel seiniau telyn trwy ddistawrwydd y cwm, ac i mi, byth ar ôl hynny, y mae i'r delyneg 'Cwm Pennant' le cysegredig yn un o gelloedd fy nghof.'

85a

85b

86

Cartref cyntaf Myfanwy a Gwilym R. Jones, a'u cartref ysbrydol, y Capel Mawr, Porthaethwy.

85a/b. Aelwyd gyntaf Gwilym R. a Myfanwy – 2, New Street, Porthaethwy.

'Aethom i fyw i dŷ yn y Stryd Newydd, Porthaethwy.'

'Fe aethom yn aelodau o Eglwys y Methodistiaid Calfinaidd, hen eglwys yr anfarwol Barchedig Ddr Thomas Charles Williams, a chael yno gartref ysbrydol hynod groesawgar, a'n gweinidog, y Parchedig John Llywelyn Hughes, yn bregethwr huawdl a galluog ac yn gyfaill cywir i Genedlaetholwyr fel ni.'

*Rhodd Enbyd*

86. Yr 'ail Gapel Mawr' ar ei bererindod ysbrydol. 'Roedd un arall cyn diwedd y daith, yn Ninbych.

87. Taid Llanrug gyda Silyn yn gwisgo ei gap, ac Iwan yn ei gyrls.

## Y Gŵr Hwn nid Ymgreiniai

(Er cof am Thomas Parri Jones, Taid Tai Newyddion,
Llanrug, Arfon.)

Ei Wynedd fach oedd ddi-fai, ei hanes
A'i heniaith anwylai:
Er mwyn dyn yn grwm nid âi –
Yn ei Lan y penliniai.

*Cerddi Gwilym R.*

88. Y cefndryd yn Llanrug gydag Olwen (ar y chwith), Iwan, ei brawd, a'i chefnder Billy, rhyngddi a Silyn Parri Jones, sy'n cario enw teulu Tai Newyddion.

88

89

89. Gwilym R. yn magu Silyn ger y môr yn Southport, cyrchfan trip Ysgol Sul Princes Road, Lerpwl, ym 1934. Rhieni Myfanwy o Lanrug, Thomas a Jane Parri Jones, yw'r ddau ar y dde yn y llun.

87

## Rhwyd Serch

(I gofio am Mrs Jane Parri Jones, Nain,
Tai Newyddion, Llanrug.)

Rhoes win ei chroeso inni, – yn fynych
Cwynfanwn amdani –
Am paned a chwmpeini
A rhwyd hoff ei chariad hi.

*Cerddi Gwilym R.*

Jane Jones, ei fam-yng-nghyfraith:

'Gwraig addfwyn a mam ardderchog oedd Jane, priod T. P. Jones . . .
merch â'i gwallt cyn dded â'i llygaid . . . Bu cystal â mam i mi ac yn
nain ddelfrydol i'm plant, ac yn enwedig i'r hynaf ohonynt, Silyn, pan
oedd yn fyfyriwr yng Ngholeg y Brifysgol, Bangor.'

*Rhodd Enbyd*

## O Fôn dawel i'r 'Gadair Wichlyd' yn Lerpwl:

'. . . In 1931 he moved to Liverpool as editor of *Y Brython*, an excellent
weekly newspaper which was established by Welsh exiles in 1906 but
which became a national newspaper until it ceased publication in
1939.'

Allan o deyrnged y Parchedig Ddr D. Ben Rees, Lerpwl,
yn yr *Independent*.

90. Golygydd *Y Brython* cyn 1931, 'Je Aitsh'.

91

Stanley Gardens, Bootle

90

91. ''Roedd fy nghoesau i'n bur
grynedig pan oeddwn i'n
dringo'r grisiau serth i swyddfa'r
*Brython* yn Stanley Road, Lerpwl,
am y tro cyntaf. Nid peth braf
oedd meddwl am geisio gwisgo
sgidiau golygydd mor lliwgar â
Je Aitsh, gŵr a oedd wedi rhoi
delw ei bersonoliaeth
anghyffredin ar y papur. Mi
deimlais i'n fwy cartrefol wrth
anadlu'r un aroglau ag oedd yn
swyddfa'r *Herald* yng
Nghaernarfon – aroglau inc
printio, aroglau papur ac aroglau
metel yn toddi.'

*Y Llwybrau Gynt*

92

92. Golygydd newydd *Y Brython* yn gwisgo bathodyn y Blaid. Yn Lerpwl, bu'n ddiwyd yn siarad dros Blaid Cymru, gan annerch mewn dinasoedd a threfi yng ngogledd-orllewin Lloegr. 'Roedd y newyddiadurwr o Wynedd wedi'i ddal am byth gan y mudiad cenedlaethol hwn.

'Yno'n fy nghroesawu i yr oedd gŵr byr, barfog â phâr o lygaid bychain craff yn syllu arnaf i y tu ôl i'w sbectol hen-ffasiwn, Hugh Evans, a'i ddau fab, Meirion a Hywel Evans. Bechan oedd y swyddfa olygyddol. Fel y dywedodd un o hogiau Tal-y-sarn ers talwm, ''Doedd yno ddim lle i ddyn newid 'i feddwl, heb sôn am newid 'i ddillad.' Dynion busnes bonheddig oedd yr Evansiaid, perchenogion y Wasg, a mawr oedd eu sêl tros yr eglwysi Cymraeg yr oeddynt yn aelodau, neu'n swyddogion, ynddynt. 'Roedd y Cymry oedd yn byw ar lannau Afon Mersi rhwng y tridegau a'r pedwardegau yn glynu'n bur lew wrth y Pethe Cymraeg, eu heglwysi a'u cymdeithasau, ac 'roedd yn eu plith nhw wŷr a gwragedd yr oedd yn werth i ddyn glosio atyn nhw.'

*Y Llwybrau Gynt*

93. 'Wedi cyfnod yn olygydd *Herald Môn* fe symudodd Gwilym R. i Lerpwl a daeth yn olygydd *Y Brython* i olynu Je Aitsh, un arall a fu'n gweithio yn swyddfa'r *Herald* yng Nghaernarfon. Dyma'r olaf o'r papurau Cymraeg i gael eu cyhoeddi yn Lerpwl lle'r oedd Hugh Evans yn un o'r prif gyhoeddwyr Cymreig. Daeth dydd *Y Brython* i ben pan gafodd ei werthu am ganpunt a'i ymgorffori yn *Y Cymro* ym 1939, a dyma'r cyfnod pan gyrhaeddais innau swyddfa'r *Cymro* yng Nghroesoswallt yn is-olygydd. Un o fy nhasgau oedd gofalu am ddudalen a gyhoeddwyd mewn argraffiad arbennig o'r *Cymro* ar gyfer hen ddarllenwyr *Y Brython* yn Lloegr. Ei chynnwys oedd manylion cyhoeddiadau'r Sul ar gyfer oedfaon holl eglwysi Cymraeg Lerpwl a Manceinion a gweddill Sir Gaerhirfryn, heb sôn am Sir Gaer a Birmingham a Chanolbarth Lloegr. Tudalen gyfan mewn print mân lawn – digon o job i droi unrhyw un yn anffyddiwr.'

*Cofio Gwilym R.*, John Roberts Williams

93

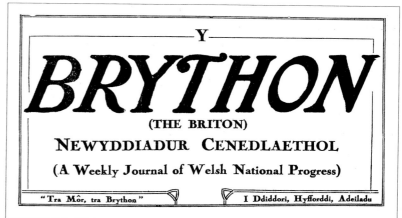

94

94. Hugh Evans, Gwasg y Brython.

Un o fechgyn Uwchaled yw Mr Robin Gwyndaf, Is-geidwad yn Amgueddfa Werin Gymru, Sain Ffagan, a pharod ei gymwynas, sy'n crynhoi gyrfa a chymhellion Hugh Evans, sefydlydd Gwasg y Brython.

Ganed Hugh Evans (1854–1934) yn Nhy'n Rhos, Cwm Main (cwm hirgul rhwng Dinmael a Chefnddwysarn). Rhwng chwech a saith mlwydd oed symudodd i fyw i dyddyn bychan Ty'n 'Rallt, eto ym mhlwyf Llangwm, ond yn nes at bentref Cerrigydrudion. Cymreictod a diwylliant cyfoethog bro ei febyd yn Uwchaled a'i fagwraeth gan ei nain a'i daid oedd y dylanwadau cynnar pwysicaf arno. Magodd ei nain gariad ynddo at lên gwerin a thraddodiadau Cymru. Cyflwynodd ei daid ef i werth dysg a gwybodaeth. (Yr oedd ef wedi cael ysgol dda yn Ellesmere; bu'n cadw siop yng Nghaer, a rhoes wasanaeth gwerthfawr i drigolion Uwchaled fel cyfreithiwr answyddogol.) Meddai ei ŵyr amdano yn ei gyfrol adnabyddus, *Cwm Eithin* (1931): 'Cyrchai llawer i'w wrando'n darllen *Y Faner*'. Cafodd Hugh Evans yntau fynd i Ysgol Cerrigydrudion am ychydig flynyddoedd a nifer o 'chwarteri' hefyd yn yr hen Ysgol Gerrig yn Llangwm.

Ym 1875, wedi bod yn gweini ar rai o ffermydd y cylch, aeth Hugh Evans i fyw i Lerpwl, ac ym 1897 sefydlodd Wasg y Brython. Ym 1906 dechreuodd gyhoeddi'r newyddiadur wythnosol poblogaidd, *Y Brython*, a'r cylchgrawn, *Y Beirniad*, ym 1911. Bwriadwyd *Y Brython* yn gyntaf ar gyfer trigolion Lerpwl a'r cyffiniau, ond buan y lledaenodd ei gylchrediad dros Gymru gyfan.

Y mae'r hyn a ysgrifennodd Hugh Evans yn ei ragair i'r ail argraffiad o *Cwm Eithin* (1933) yn gymorth i ddeall paham y sefydlodd Wasg y Brython a'r newyddiadur o'r un enw:

Un peth arall a'm cymhellai i gyhoeddi'r llyfr oedd fy nghred mai trychineb i'r iaith Gymraeg fyddai i lenorion gwerin ddarfod o'r tir; fe gadwant ddolen gysylltiol rhwng ein dysgedigion a'r darllenwr cyffredin . . . Rhaid i'r gwerinwr gael llonydd i ysgrifennu Cymraeg orau y medro, fel y caffai o dan deyrnasiad Syr O. M. Edwards . . . Caraf y Gymraeg â'm holl galon, er na fedraf ei hysgrifennu agos yn gywir, a gwneuthum fy ngorau i'w chadw yn fyw yn Lerpwl. Dechreuais werthu llyfrau Cymraeg ar ôl fy niwrnod gwaith ddechrau 1885, a dechreuais argraffu yn 1896, ac o hynny ymlaen, gyda'm meibion, Evan Meirion a Howell Evans, argraffwyd a chyhoeddwyd dros 300 o lyfrau mawr a mân gennym. Y mae'r *Brython* wedi dathlu ei seithfed flwyddyn ar hugain, ac yn gwneuthur ei orau i gadw'r hen iaith yn fyw.

Ym 1935, flwyddyn ar ôl ei farw, cyhoeddodd Gwasg y Brython lyfr olaf Hugh Evans, sef *Y Tylwyth Teg*, un o'r cyfrolau harddaf a gyhoeddwyd erioed yn y Gymraeg. Cynlluniwyd hi gan ei fab, E. Meirion Evans, ac y mae pob tudalen ynddi yn cynnwys arlunwaith nodedig, mewn lliw gwyrdd, gan T. J. Bond, Lerpwl, gyda llythyren gyntaf gair cyntaf pob stori hefyd wedi'i dylunio yn llawn dychymyg. Yn eu cyflwyniad i'r gyfrol hon ysgrifennodd Meirion a Howell Evans:

> Cyflwynir y gwaith hwn i goffadwriaeth tad a mam cywir a chariadus a fu ynghanol berw dinas Lerpwl am fwy na hanner can mlynedd yn ddrychau tryloyw o dras a bonedd hen genedl y Cymry . . . Teimlem y dylai'r gyfrol fod yn gofadail addas i un a sylfaenodd wasg, er na chafodd ddim hyfforddiant mewn argraffwaith. Un o'i amcanion wrth gychwyn y wasg honno ydoedd cynorthwyo i gadw'n fyw a noddi iaith a thraddodiadau gorau gwlad ei enedigaeth.

Ni allai Gwilym R. Jones (a fu'n golygu'r *Brython*, 1931–39) fod wedi cael gwell a charedicach cyflogwyr na Hugh Evans a'i feibion, Meirion a Howell. Bu eu cariad at Gymru a'i diwylliant a'u hawydd i gyflwyno'r diwylliant hwnnw i eraill yn safonol a diddorol, mewn iaith fyw, ddealladwy, yn ysbrydoliaeth iddo drwy gydol ei oes, a mawr werthfawrogai'r gymwynas fawr a wnaeth y teulu hwn â Chymru.

95a.  *Y Tylwyth Teg*, llyfr olaf Hugh Evans.

95a

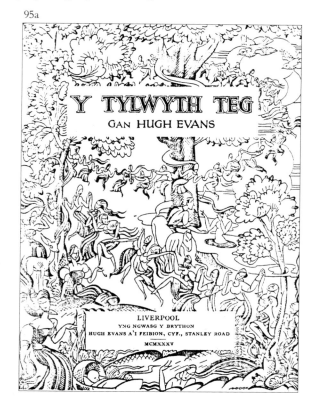

95b

Hen adeilad Gwasg Hugh Evans a'i Fab yn Stanley Street, Lerpwl, sydd bellach yn wag. Y tu allan mae Mr a Mrs Evans, Miss J. P. Finegan a fu'n gweithio i'r cwmni am 52 mlynedd, a merch Mr a Mrs Evans, Gwenda.

Hugh Evans, a sefydlodd y wasg yn ôl ym 1896. Fel llawer o'i gyfoeswyr bu raid i Hugh Evans adael bro ei febyd (ardal Llangwm) i fynd i chwilio am waith. Y gyrchfan fwyaf poblogaidd ar y pryd i Gymry'r Gogledd oedd Lerpwl a bu'n gweithio fel clocsiwr yno am saith mlynedd. Ym 1896 prynodd ei beiriant argraffu cyntaf, a'i osod i fyny yn ei lofft. Dair blynedd yn ddiweddarach prynodd beiriant mwy, a hwnnw fu'n argraffu papur enwocaf y wasg 'Y Brython' hyd at 1939.

Papur newydd wythnosol oedd 'Y Brython' papur oedd yn cynnwys erthyglau llenyddol yn ogystal â newyddion (y rhan fwyaf o ardal Lerpwl ei hun gan fod cymaint o Gymry yn byw yno ar y pryd). Ei Olygydd olaf oedd Gwilym R. Jones (Golygydd 'Y Faner' yn ddiweddarach), ac ym 1939 fe'i llyncwyd gan Y CYMRO. Am gyfnod bu Y CYMRO yn ymddangos dan y teitl swyddogol 'Y Cymro a'r Brython a'r Ford Gron'.

Ym 1901 y cyhoeddwyd y llyfr cyntaf - 'Teulu'r Bwthyn' ac o hynny tan 1947 cyhoeddodd y wasg gryn 500 o lyfrau Cymraeg, yn eu plith glasur Hugh Evans ei hun, 'Cwm Eithin'. Ym 1948 roedd y wasg yn cyflogi 60 o bobl.

Bu farw Hugh Evans ym 1934 a etifeddwyd y cwmni gan ei ddau fab, Meirion a Hywel. Llosgwyd yr adeilad, yn Stanley Street gerllaw Scotland Road, i'r llawr ym 1940, gan un o fomiau'r Almaenwyr, a bu raid symud o le i le am saith mlynedd cyn medru ailgodi'r adeilad. Ym 1943 agorwyd siop lyfrau Cymraeg yn gysylltiedig â'r wasg. Flwyddyn yn ddiweddarach y cychwynnodd y perchennog presennol, Alun Evans, ar ei waith yno fel prentis. Fe'i gwnaed yn Gyfarwyddwr yn ddiweddarach, ac, ym 1967, yn Gadeirydd y cwmni, ar ôl marw ei dad, Hywel Evans.

Yn y cyfnod wedi'r rhyfel y cyhoeddwyd llyfrau megis 'Cyfres I obun', llyfrau Tegla Davies, 'Cerddi Cynan', ac yn y blaen, a Gwasg y Brython hefyd fu'n gyfrifol am lawer blwyddyn am argraffu Rhaglen y Dydd a Chyfansoddiadau'r Eisteddfod Genedlaethol. Hwy hefyd a argraffodd lyfrau Judith Maro 'Y Porth nid â'n ango' ac 'Atgofion Hagannah' yn ddiweddar.

95b. Gwasg y Brython wedi cau, llun ac erthygl a ymddangosodd yn *Y Cymro*, Medi 20, 1977.

96. 'Teulu y byddai'n werth i chwi fynd i'w cartref, yn enwedig ar bnawn Sul, fyddai teulu Dan Thomas, gŵr oedd yn gefn i bob achos da. Fe gaech chi weld rownd y bwrdd te fyfyrwyr croenddu a rhai melyn eu crwyn, yn ogystal â Chymry Cymraeg, a Dan a Mrs Thomas yn tendio arnynt yn llawen a doniol. Sosialydd a Heddychwr mawr oedd Dan, ond ar ôl trafodaethau hir rhwng rhai ohonom ac o, fe fentrodd Dan newid ei blaid A dyma sut y daeth ei ferch, Rhiannon, yn wraig i Gwynfor Evans er na ddaru 'run ohonom ni ddychmygu y byddai hynny'n digwydd.'

*Y Llwybrau Gynt*

Ac yn ei lawysgrif, ar ddechrau 2001, dyma a ddywed y Dr Gwynfor Evans am y Cenedlaetholwr a'r Heddychwr a arferai fynychu cartref ei rieni-yng-nghyfraith.

96

*Talar Wen*
*Pencarreg*
*Llanybydder*
*Sir Gaerfyrddin*
*SA40 9QQ*

104

105

106

107a

104. Myfanwy, Nain Llanrug a Silyn yn ei goets fach y tu allan i 13 Gredington St., Lerpwl, ym 1934.

105. Tynnu llun yn Lerpwl.

106. Torri steil yn Lerpwl, fraich-ym-mraich.

107a. Silyn, y cyntafanedig, yng nghôl ei fam yn nrws cefn rhif 13.

107b. Gwilym R. a'i fab bychan Silyn (tuag un oed) ym Mhorth Meudwy, Aberdaron.

108. Silyn yn magu Iwan, ei frawd bach, yn Lerpwl, 1939. Yn fuan, byddai'r teulu bach yn symud i Ddinbych.

109. Silyn ac Iwan ar drothwy eu bywyd newydd yn Nyffryn Clwyd. Y cyfeiriad: 21, Stad Llewelyn, islaw Castell Dinbych.

107b

108

109

## Gwilym R. a'r Ddrama

'Roedd Gwilym R. wedi ymddiddori yn y Ddrama Gymraeg, ac wedi dechrau ysgrifennu ambell ddrama yn y dauddegau i Gwmni W. J. Davies yn Nhal-y-sarn. Cafodd ei ddrama *Y Crocbren*, drama realistig iawn, gyhoeddusrwydd am nifer o resymau. Dyma'r stori yng ngeiriau'r awdur ei hun:

'Fe aethom i helynt go fawr am berfformio drama bropaganda a sgrifennais i, *Y Crocbren*, drama'n pregethu yn erbyn yr arfer anwaraidd o grogi bodau dynol. Fe waharddwyd portreadu golygfa yn dangos y crocbren a gofynnodd yr awdurdodau trwyddedu yn Sir Gaernarfon i mi anfon cyfieithiad o'r ddrama i'r sensor yn Llundain. Fe wrthodais innau ac aeth y cwmni ymlaen i lwyfannu'r ddrama yn groes i ddyfarniad yr awdurdodau. Fy rheswm dros wrthod ceisio trosi'r ddrama oedd y dylid cael sensor Cymraeg. Ffrwyth ein protest ni fu achos yn y llys a dirwy ysgafn ar bob aelod o'r cwmni, ond yr achos hwnnw a fu'n foddion i benodi Cynan yn sensor dramâu.'

*Y Llwybrau Gynt*

Fel hyn yr adroddodd R. Wallis Evans yr hanes:

'Ymhlith y papurau ceir copi o erthygl a ymddangosodd yn y *Liverpool Daily Post*, ddydd Gwener, 27 Medi, 1968, yn nodi bod swydd Cynan, fel sensor, bellach, yn peidio â bod. Mae'n arbennig o ddiddorol am fod ynddi ddisgrifiad o'r amgylchiadau a roes fod i'r swydd yn y dechrau'n deg. Dyma a ddywedir:

But for the fact that a play in Welsh by a journalist was a crusade against capital punishment, and that it was performed on a day on which no plays were acted in this country, it is more than likely that no Welsh Reader of Plays for the Lord

Chamberlain would have been appointed in Wales. It was clear after this that translations of plots were to be insufficient for the purposes of the British censor.

Y newyddiadurwr oedd Gwilym R. Jones, bardd, llenor a golygydd *Y Faner*. Y ddrama oedd *Y Crocbren*, a llwyfannwyd hi ym Mhenmaenmawr ddydd Nadolig. Ond yr oedd Gwilym R. Jones wedi gwrthod gyrru crynodeb Saesneg o'r ddrama i'r Arglwydd Siambrlen yn ôl y gofynion fel protest ac yn galw am Sensor Gymraeg. Bu helynt. Erlynwyd yr awdur a'r cynhyrchydd a'r actorion ac fe'u dirwywyd bob un. Bu'r achos yn y llys nid yn unig yn gyfrwng creu hanes ond yn fodd i greu penodiad newydd yn Adran yr Arglwydd Siambrlen, Sensor, neu a bod yn fanwl, Darllenwr Cymraeg. Felly y penodwyd Cynan i'r swydd ym 1931.'

*Dŵr o Ffynnon Felin Bach: Cyfrol i ddathlu canmlwyddiant geni Cynan*
(Golygydd: Ifor Rees)

110a

110a. Morris Jones, Kensington, cyfaill agos i Olygydd *Y Brython* a chynhyrchydd Chwaraewyr Cymreig, Lerpwl. Yn ystod tymor Gwilym R. yn Lerpwl, cafodd y Ddrama Gymraeg ei chyfle yno, a'i chefnogwyr. Yn *Y Brython*, Awst 11, 1938, ceir hanes llwyddiant y Cwmni yn yr Eisteddfod Genedlaethol, Caerdydd.

110b

### GWOBR FAWR I LERPWL

### LLWYDDIANT Y CHWARAEWYR CYMREIG

Cyflawnodd Cymdeithas Chwaraewyr Cymreig Lerpwl orchest nas cyflawnwyd erioed o'r blaen yn adran ddrama yr Eisteddfod Genedlaethol, sef ennill y wobr gyntaf (42p.) am chwarae drama fawr ar y cynnig cyntaf ar ôl ennill y prif wobrau am chwarae dramâu un-act y ddwy flynedd flaenorol. Dyma'r cwmni a enillodd hefyd yng Nghystadleuaeth Goffa Daniel Owen yn yr Wyddgrug, y wobr gyntaf a'r ail. Y mae hyn oll yn glod mawr i'r cwmni pedair blwydd oed a'i gynhyrchydd, Mr. Morris Jones.

Y ddau gwmni a gyrhaeddodd y praw terfynol yn y brif gystadleuaeth ddrama eleni oedd Cwmni Pont-ardulais (cynhyrchydd, Mr. Dan Matthews) a'r Chwaraewyr Cymreig, Lerpwl. Chwaraeai'r cwmni o'r De "Dros y Gorwel," trosiad o *Beyond the Horizon* (Eugene O'Neill), a'r cwmni o'r Gogledd "Yr Erodrom" (J. Ellis Williams). Mr. D. T. Davies oedd y llywydd.

111

111. Gŵyl Ddrama Machynlleth. Y Sensor cyntaf, Cynan, sydd ar y chwith yn y darlun, a Gwilym R. Jones ar y dde, yn ei het. Rhyngddynt mae Mrs Clarice Jones, priod Morris Jones, sy'n debygol o fod y tu ôl i'r camera. Bu farw Mrs Jones yn ddiweddar ar ôl byw ym Mae Colwyn am flynyddoedd.

Byddai Gwilym R. yn glynu wrth ei argyhoeddiadau, heb ollwng yr un. Parhaodd i wrthwynebu'r arfer o grogi unrhyw ddyn neu wraig. Nid oedd gan yr un bod dynol yr hawl i gymryd bywyd. Fe'i cyffrowyd yn fawr gan ddienyddiad 'y diniweityn o Ferthyr Tudful', a hynny ar gam.

112. Timothy Evans.

## I Timothy Evans

(Y diniweityn o Ferthyr Tudful
a grogwyd ac a gafodd
bardwn ymhen 16 mlynedd).

Am un ar bymtheng mlynedd
    maith
Y bu Cyfiawnder ar ei daith;
Disgynnodd ddoe oddi ar ei farch
I stwffio'n pardwn dan gaead
    d'arch.
Cerfier uwchben dy feddrod glas
Ein teyrnged mewn llythrennau
    bras:

112

'Rhwygodd y glog a guddiai'r trais
Sy 'nghudd yng nghyfraith oer y Sais,
A phlannu pry i wneud ei frad
Yn rhuddin holl grocbrenni'n gwlad.'

Am hyn ymgreinied wrth dy fedd
Bob barnwr sydd ar uchel sedd,
A gwae nyni â'n cosbau gwyw
Na allwn godi'r marw'n fyw.
Bydd glud Macbeth o'th galon di
Ar ddwylo ein cenhedlaeth ni.

Flynyddoedd yn ddiweddarach, mae'n
llunio baled: 'Am Wyth o'r Gloch y Bore'
(Darn ar gyfer lleisiau) a'r un yw'r nodyn:
ein bod ni oll yn gyfrifol am y weithred
warthus. 'Bu'n wrthryfelwr yn erbyn trais
erioed,' meddai Mathonwy Hughes yn
*Awen Gwilym R.*

Tim Ifan o dre Merthyr
A aeth i'w gynnar dranc
Am na wnâi'r ddeddf ffaeledig
Arbed diniwed lanc.

Cyd-euog ŷm o'i angau,
Ni'r bodlon ar ein stad;
Mae'i waed o hyd ar ddwylo
Addolwyr cyfraith gwlad.

113a

10197

I the Lord Chamberlain of The Kings
Household for the time being, do by virtue of
my Office and in pursuance of powers given to me
by the Act of Parliament for regulating Theatres,
6 & 7 Victoria, Cap 68. Section 12 Allow the
Performance of a new Stage Play, of which a
copy has been submitted to me by you, being a
play      in 4 Acts, entitled
    "Y Crocbren" (in Welsh. Revised Version
with the exception of all Words and Passages which
are specified in the endorsement of this Licence and
without any further variations whatsoever
            Given under my hand
this 22nd day of January    1931.

                    Lord Chamberlain

To The Manager of the    Cloth Hall
                    Talysarn

113b

> **Mem.** The particular attention of the Management is called to the following Regulations, which refer to all Stage Plays licensed by the Lord Chamberlain. The strict observance of these Regulations is to be considered as the condition upon which the Licence is signed.
>
> Any change of title must be submitted for the Lord Chamberlain's approval.
>
> No profanity or impropriety of language to be permitted on the Stage.
>
> No indecency of dress, dance, or gesture to be permitted on the Stage.
>
> No objectionable personalities to be permitted on the Stage, nor anything calculated to produce riot or breach of the peace.
>
> No offensive representations of living persons to be permitted on the Stage.

113a/b/c/ch. Y Sensor yn rhoi caniatâd swyddogol i berfformio drama Gwilym R., *Y Crocbren* (fersiwn diwygiedig), a hefyd ei ddrama *Y Bachgennyn Hwn*.

113c

14973

Memorandum.

Any proposed alteration or addition to this Play, or alteration of title, must be submitted for the Lord Chamberlain's approval.

Failure to observe this Regulation may endanger the continuation of the performance of the Play.

This Licence should be forwarded to the Manager of the Company performing the Play in order that it may be produced to the Managers of Theatres at which the Play is toured.

I, the Lord Chamberlain of Her Majesty's Household for the time being, do by virtue of my Office and in pursuance of powers given to me by the Act of Parliament for regulating Theatres, 6 & 7 Victoria, Cap. 68, Section 12 Allow the Performance of a new Stage Play, of which a copy has been submitted to me by you, being a play in 1 Acts entitled

"Y Bachgennyn Hwn"

with the exception of all Words and Passages which are specified in the endorsement of this Licence and without any further variations whatsoever.

Given under my hand this 14th day of March 1936

*Lord Chamberlain*

To The Manager of the Beechcroft Institute Birkenhead

T 36

113ch

**Mem.** The particular attention of the Management is called to the following Regulations, which refer to all Stage Plays licensed by the Lord Chamberlain. The strict observance of these Regulations is to be considered as the condition upon which the Licence is signed.

Any change of title must be submitted for the Lord Chamberlain's approval.

No profanity or impropriety of language to be permitted on the Stage.

No indecency of dress, dance, or gesture to be permitted on the Stage.

No objectionable personalities to be permitted on the Stage, nor anything calculated to produce riot or breach of the peace.

No offensive representations of living persons to be permitted on the Stage.

## Gwilym R. a Chystadlu

114. Coron gyntaf Gwilym R. Jones (Eisteddfod Chwilog, 1926). Hon a wisgai Olwen, ei ferch, yn ei phriodas ym 1963 yn Ninbych.

'Mae'n amheus a fu yng Nghymru gystadleuydd dyfalach na mwy llwyddiannus na'r cyfaill hwn yn ei ddyddiau cynnar. Cystadleuodd lawer ac enillodd lawer. Collodd hefyd rai gweithiau, ond nid heb wên ar ei wyneb.'

*Awen Gwilym R.*

Mae'n cystadlu yn Eisteddfod Aberafan, 1932.

'Daeth Gwilym R. yn bur agos i gipio Coron Eisteddfod Genedlaethol Aberafan 1932 am bryddest ar y testun 'A ddioddefws a orfu' . . . Fe'i lluniwyd ar ffurf ymryson farddol rhwng 'Y Llanc a'r Llu', sef gwrthdrawiad yr heddychwr a'r milwriaethwr.'

*Awen Gwilym R.*

114

Yn Eisteddfod Genedlaethol Castell-nedd ym 1934, 'roedd Gwilym R. yn un o'r cystadleuwyr a oedd yn deilwng o'r Goron, â'i bryddest ar y testun 'Y Gorwel'.

115a/b/c/ch/d/dd. Mae canmoliaeth ei arwr, R. Williams Parry, ac anogaeth Bardd yr Haf iddo barhau i gystadlu, yn dwyn ffrwyth, a llwyddiant ar ôl llwyddiant yn yr Eisteddfod Genedlaethol.

115a

Heulfryn,
Bethesda,
Bangor.
Hyd 21 '34

Annwyl Gwilym,

Dyma 'ch prydd-est i'r Gorwel yn ôl. Diolch yn fawr ichwi' am roi golwg imi arni. Rhoddais innau, yn fy nhro, ei gweld i Tom. Gwyddwn na byddai hynny fater gennych.

Gallaf eich llongyfarch yn galonnog iawn arni. Y peth a'm trawodd gyntaf ynddi oedd ei newydd-deb dygyffelyb. Ni welais i ddim o'i bath o'r blaen yn y Gymraeg, nac o'ch gwaith chwi eich hun nac o waith neb arall. Cawsoch eich aileni'n farddol, mi gredaf, a'r gân hon yw blaenffrwyth y droedigaeth!

Gwelwn oddi wrth y dyfyniadau yn neirniadaethau'r Eisteddfod ei bod yn grëad cwbl newydd; ond nid oeddwn yn aeddfed i'r llawn ddatguddiad a roes

115b

y cyfanwaith imi. Soniais am ei newydd-deb. Nid newydd-deb ei myngryffiaeth a olygaf; y mae vers libre wedi peidio â bod yn ddyfais bellach — ym marddoniaeth Lloegr o leiaf. Nid gwreidd-ioldeb ei saerniaeth (structure) a olygaf chwaith, achos nid wyf yn sicr a yw fy nehongliad i o'i meddwl yn unol â'ch cyflead chwi ohono. Yr hyn a olygaf yw ei gwead (texture), lle y gall hen helgi fel fi — helgi geiriau — ddilyn eich trywydd a phrofi o'ch ias ar y trywydd. Syniais eich gweld wedi cyrraedd sicrwydd arddull ar un ysbonc megis.

Nid af i ymhelaethu ar y gerdd fel cyfanwaith. Y mae hyn yn awgrymu y meddwn hynny beb amynnur. Ond nid wyf yn rhy siŵr o hyn eto. Sawb at y peth y bo: a thrwy'r meieroscop y byddaf fi'n edrych, nid trwy'r teliscop.

Efallai y byddai o ddiddordeb gennych wybod ba wawriadau o'r eisteddt a gerddai fy nwŷ fel y darllenwn. Wel, dyma rai ohonynt:

115c

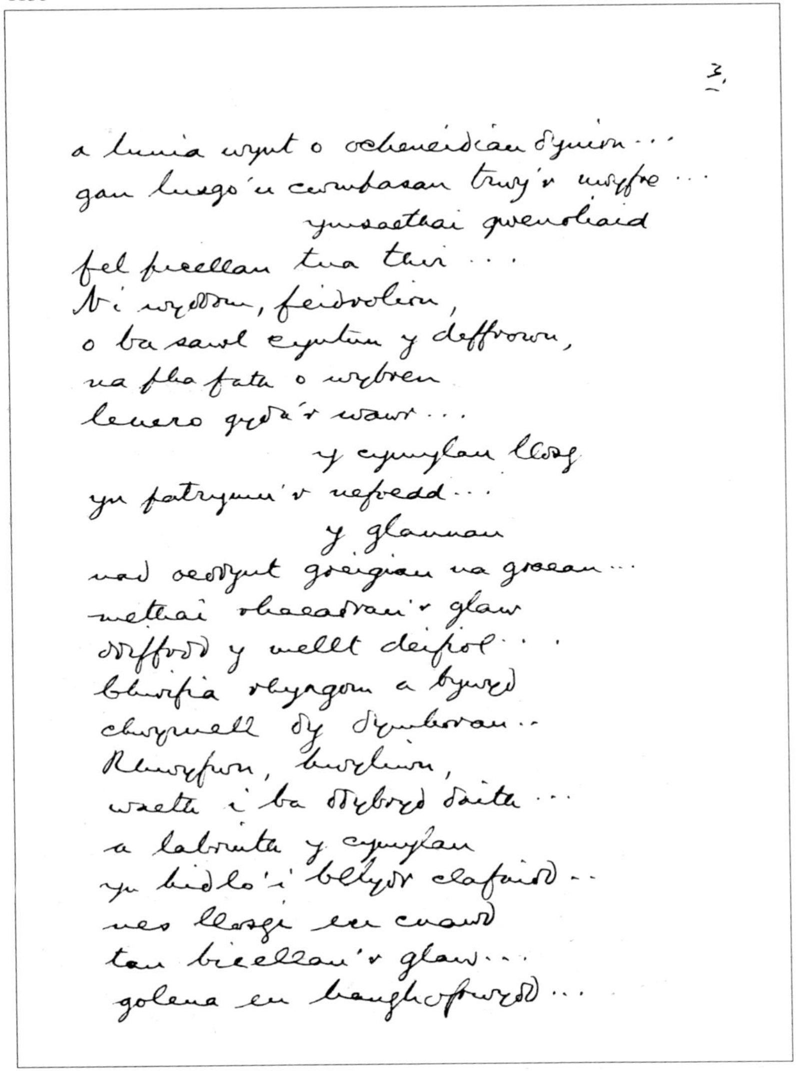

3.

a lunia wynt o ocheneidiau dynion ...
gan lusgo'n cymylau trwy'r wybfre ...
          ymsaethai gwenoliaid
fel pwellau tua thir ...
Ni wyddom, feidrolion,
o ba sawl cyntun y deffrown,
na pha fath o wybren
lewero gwrid'r wawr ...
          y cymylau llesg
yn patrymu'r nefedd ...
          y glannau
nad oeddynt goreigiau na goeau ...
methai'r haeadrau'r glaw
oryffodd y wellt deifiol ...
blwrfia rhyngom a byryd
chwpwell dy dymherau ...
Rhwyfwn, burelwn,
waeth i ba dybryd daith ...
a labrutu y cymylau
yn bidlo'i belydr clafaid ...
nes llosgi ein cnawd
tan bicellau'r glaw ...
golena ein baughofrwydd ...

115ch

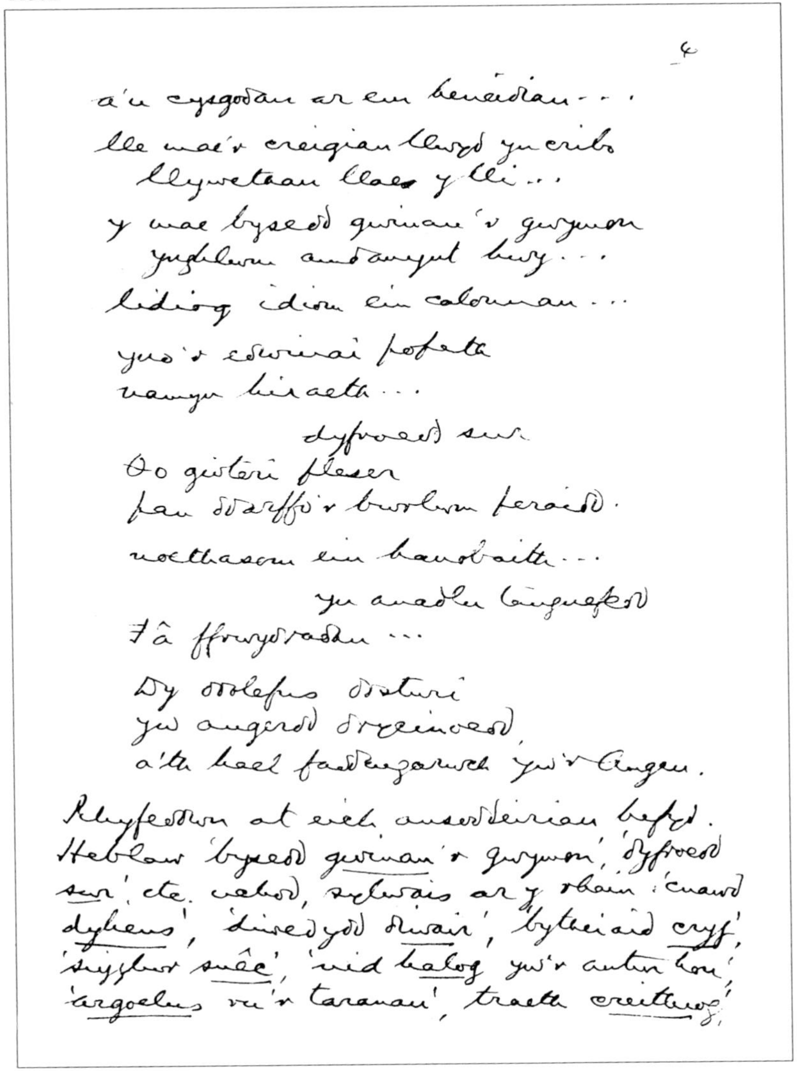

4

a'u cysgodau ar eu beneidiau ...
lle mae'r creigiau llwyd yn crilo
   llywethau llaes y lli ...
y mae bysedd gwinau'r gwywon
   yuddlwm andanynt buy ...
lidiog idiom ein calonnau ...
yus'r edwinai pofeth
vamyn hiraeth ...
          dyfroed sur
do gisteri fleser
fan ddarffo'r burlwm feraidd
nocthasom ein hawbaith ...
          yu anadlu liuguefed
Fâ ffrwydraddu ...

Dy ddolefus ddsturi
yu augerdd ddryeinoedd,
a'th hael fardengarwch yu'r Angeu.

Rhyfeddwn at eich anwrdeiriau befyd.
Heblaw 'bysedd gwinau'r gwywon', 'dyfroed
sur' etc. uchod, sylwais ar y rhain :'cnawd
dyhevs', 'direddydd dwair', 'bytheiaid cryf',
'syyybwr snêc', 'nid halog, yu'r autur lou',
'argoelus vu'r taranau', 'traeth creithiog',

115d

'esmwyth oyn', 'distawrwydd oer', dy 'hof diangfa', 'ywchwydd gorgeiddig'. Rhoddai each berfau bleser hefyd: 'rhwygo rhithian' (cf. 'mi fynnaf gasglu'r niwl a'i hel, a'i nyddu fel sachlain'), 'byrlwm'r blenni', 'plycio melodi o dannau'r wig', 'patrymu'r nefoedd', 'y cymylau'n hidlo ei belydr', 'twrchu'r düwch', 'nid oes dich yn cymuno ci twrchau i'r gwrant', 'ni cengeiddai', 'ni lyggeidia'r helwen', 'hyrddio ein chwerwedd'.

Wel, gyfaill annwyl, yr ydych ar briffordd barddoniaeth mewn fflachiadau o'r math yma. Nid ffasiwn a bair lwellau fel —

lle mae'r creigiau llwyd yn cribo
llywethau lleas y lli

a

Bryd bynnag fe'n galwai'r meithderau
i gyrchu'r glannau
nad oeddynt greigiau a graean.

Ffasiwn yw arfer geiriau fel 'cyrtenni', 'fasiwn', 'bastard', 'sglein', 'slaes', 'blais', 'mesmeriaeth', 'saffir', 'ifori', 'oerilta',

---

115dd

'strempio', etc. Ffasiwn yw eu gor-arfer a doeddwn ei ddweud. Perthyn yr hawlfraint i Parry-Williams, fel y perthyn Duw a'i ûryr i Eifion Wyn, a 'mastian', 'hei ho', 'bowrau' 'swelyn', etc i W. J. Gruffydd. (Nid wyf yn honni i W. J. G. ddefnyddio swelyn a bowrau yn llythrennol erioed: ond geiriau beta a feddyliaf).

Nid wyf wedi darllen frydddest Euryn Davies yn ddigon gofalus i feddru honni i chwi gael cam. Ond gwn hyn: dyleech yron'r gân i W. J. G. i'w cluproedi yn y Clenor. Ac oni wnâi ef, ei hanfon i Zagla ar gyfer y Efrodydd.

Wn i ddim a geisiwn i am y geiriau etc betawn i chwi, Gwilym. Beate am gyhoeddi lyfr — y byrddest hon a cheraill brryroch? Ail ran uchafion o'r canenon unwaf gan feiniais y rlist. o Dryslauac defll W. J. G. i ddarn Tom Parry. Gochelwch rhag tryged Glan Alywfwyr ac Elafon: a silanwch dor. wertu Beate a'r beirdd Saesneg, sef cyhoeddi ddroy'r wasg, a ddymunir ar ddolygiadau'r wasg yn bychrach na beirniadaethau'r Eist.

Fodd bynnag, aeliwch i fyny o tua 50° i tua 90° fel bardd i mi ar ôl darllen hon! Cofion trysiog, nid cymuno,

R. W. Parry.

116

116. 'Fy mrawd, Dic, yn fy llongyfarch yn Eisteddfod Caernarfon (1935)', a geir ar gefn y llun hwn.

117. Daw llwyddiant, canmoliaeth a Choron ym 1935 yn Eisteddfod Genedlaethol Cymru, Caernarfon. 'Enlli' oedd y testun.

118. Dic ei frawd (yr ail o'r chwith), a Myfanwy, ymhlith eraill, yn llongyfarch Bardd y Goron, 1935, Gwilym R. Jones, ar y dde yn y llun.

117

118

119

119. Gyda'r Gorseddogion, ar ôl y coroni.

Rhan o feirniadaeth T. H. Parry-Williams:

'Nid un wedd ar yr Ynys sydd ganddo, ond tair neu bedair – nid bod hynny ynddo'i hun yn rhinwedd. Eto, er iddo roddi yn ei gyntaf ('Y Croniclydd') drem ar greu'r Ynys, ac yn yr ail ('Y Mynach') olwg ar agwedd sanctaidd a chrefyddol, ac yn y drydedd a'r bedwaredd ('Yr Amaethwr' a'r 'Pysgotwr') agweddau mwy daearol – a difrifol – ar y pwnc, y mae'r adran olaf wedi gallu cyfuno'r cyfan (neu, yn hytrach, y tair adran olaf) trwy gael y tri ffigur, 'y drindod feidrol' neu'r 'tri ysbryd noeth', i ganu mewn cytgord â'i gilydd ac i ddatgan yn gytûn rin yr Ynys iddynt hwy.'

Rhan o feirniadaeth Wil Ifan:

'Rhoddodd *Caswenan* inni bryddest goeth wedi'i llunio'n ofalus, yn llawn o ddisgrifiadau cofiadwy ac o ramant natur a brwydr enaid, a phleser yw ei dyfarnu nid yn unig yn orau ond yn hollol deilwng o'r goron genedlaethol.'

120. Llun a ymddangosodd yn *Trysorfa y Plant*, Ionawr, 1936.

120

121a/b/c. Enillodd Gwilym R. y Gadair yn Eisteddfod Genedlaethol Caerdydd, 1938.

121a

# Eisteddfod Genedlaethol 1938

## (CAERDYDD).

## BARDDONIAETH.

**Awdl**, rhwng 350 ac 800 o linellau, mewn cynghanedd gyflawn, ar y nifer a fynner o bedwar mesur ar hugain Dafydd ab Edmwnd, ar un o'r ddau destun hyn: (*a*) "'Rwy'n edrych dros y bryniau pell." (*b*) "Trystan ac Esyllt." Gwobr: Cadair yr Eisteddfod ac 20 gini. *Beirniaid:* Yr Athro T. Gwynn Jones, C.B.E., a Mr. Saunders Lewis.

121b

### BEIRNIADAETH MR. SAUNDERS LEWIS

Gofynnwyd am awdl yn cynnwys rhwng 350 ac 800 o linellau. Dengys y cystadleuaeth fod hynny'n gofyn gormod. Gwyddom heddiw mai telynegol yw natur y traddodiad cynganeddol. Chwedl Gruffydd Robert o Filan, "os byddai raid traethu rhyw ddefnydd hir neu sgrifennu mewn mydr ystori o hir amser, ni ellid fyth wneuthur hynny yn berffaith mewn un o'r pedwar mesur ar hugain." Ac nid oes un o'r awdlau yng nghystadleuaeth y Gadair eleni na chyll ddwyster a gafael drwy orfod ymestyn ar wely rhy hir. Byddai gosod hyd yr awdl genedlaethol rhwng 250 a 300 llinell yn foddion i godi safon y canu a chodi safon gofynion y beirniaid, a byddai'n debycach lawer o symbylu bardd ifanc i ganu'n gryf a chreu cyfanwaith boddhaol.

121c

Cymer *Gwyrfai* linell Williams yn ei hystyr ei hun—peth eithriadol yn y gystadleuaeth hon. Cân ef i'r bedd ac i'r Nefoedd, cynllun sydd mor syml a hen ffasiwn nes ei fod yn feiddgar. Cân i'r bedd yn null Ieuan Glan Geirionydd, a disgrifia angau mewn dull traddodiadol sydd, gan hynny, yn goeth a grymus. Ar gywydd y cân i'r bedd; ar hir-a-thoddaid i'r nefoedd. Mae'n well gennyf i ei gywydd na'i awdl. Ni ddichon fod amau,—y mae *Gwyrfai* yn fardd. Ei wendid ef yw ei fod, er yn fardd, yn farddonllyd. Brithir ei nefoedd â phriflythrennau,—Purdan y Bryniau, Bryniau yr Hen Gyfrinach, Pau'r Uchelfoes, Llu'r Ing, Gwesty'r Ffyddloniaid,—y mae'r enwau hyn a nifer ychwaneg yn troi ei nefoedd ef yn debyg i stryd o dai, ac enwau ffansi, uchelgeisiol arnynt, rywle yn *suburbia*. Y mae'r disgrifiadau hefyd yn rhy niwlog ysblennydd. Dylai barddoniaeth gerdded â'i thraed ar y ddaear a'i llygaid yn gweld yn bendant fel gwnïadreg yn tynnu edau drwy grau nodwydd. Nid gweld dynion fel coed yn cerdded. Dyma enghraifft o'r peth:

Gwelwn weithian ar lwyfan rhyw leufer
O lewyrch heuldan y claer uchelder
Grog a goludog allor, a'u gloywder
Fawrhâi forwyndod pob pefr fireinder;
A tharth nardus a thuser—a godai;
Ba rin a daenai drwy'r wybren dyner?

Rhaid i'r diwinyddion esbonio sut y mae'r pethau hyn yn y nefoedd. Fy ofn i yw mai dyna'n union y math o nefoedd a ddyfeisid yn Hollywood. Ond dyna ddigon o sôn am wendidau. Gwendidau bardd ydynt, a bardd digon cywir. Yn y copi teipiedig a gefais o awdl *Gwyrfai* y mae rhai camgymeriadau teipio wedi llithro i mewn. Y mae'n gynganeddwr sicr o'i rythmau. Trefnus a chlir a syml yw ei gynllun. Miwsig a dwyster yw'r nodau sydd ar ei ganu. Bu'n hawdd inni benderfynu mai ei awdl ef, *Gwyrfai*, yw'r orau yn y gystadleuaeth hon, a'i bod yn teilyngu cadair Eisteddfod Genedlaethol Caerdydd.

SAUNDERS LEWIS.

122

**BARDDAS**

CYLCHGRAWN Y GYMDEITHAS GERDD DAFOD

**Gwell Cymraeg**

Wedi mwll cyfnodau maith, – dirywio'i
Chystrawen â llediaith,
Ymrown yn Gymry uniaith
I adfer hoywder i'n hiaith.

DERWYN JONES

RHIF 21     GORFFENNAF / AWST 1978     PRIS : 30c

# DDEUGAIN MLYNEDD YN ÔL...

## GWILYM R. JONES a Phrifwyl 1938

**Tu mewn—**
**DIC JONES**
– "FY HOFF ENGLYN"

**ALAN LLWYD**
YN ATEB EUROS BOWEN

**JOHN ROWLANDS**
yn ailganfod ein traddodiad

**EURYN OGWEN**
yn trafod BARDDEDU

**—a mwy!**

Dau gymhelliad a barodd i mi gystadlu am y gadair yn Eisteddfod Genedlaethol 1938 yng Nghaer-dydd ac yr oedd tynfa'r naill cyn gryfed â'r llall. Hoffais y testun, "Rwy'n edrych dros y bryniau pell', llinell o un o'm hoff emynau, a hoffais y ddau feirniad, nab llai na T. Gwynn Jones a Saunders Lewis! Roeddwn i'n ymresymu fel hyn â mi fy hun ar ôl gweld y rhestr destunau : "Os galla'i fynd i gynghanedd â William Williams yn yr emyn telynegol y dyfynnwyd llinell ohono ar gyfer y gystadleuaeth, mi fydda'i wedi cael ias go fawr, ac os galla'i blesio dau feirniad o safon y rhain, ni bydd angen imi gystadlu mwyach am gadair y Brifwyl."

Cefais feirniadaeth werthfawr iawn gan y ddau. Edmygais T. Gwynn Jones am ei fod wedi dweud peth fel hyn am linell fer a oedd yn fy awdl :

"Ceir un llinell chwe sillaf
mewn cwpled cywydd :
Ar ba orwel y gwelir
Clais y goleuddydd clir?
Ond yma yn ddiamau rhoes torri'r rheol well effaith na'i chadw."

Edmygais Saunders Lewis am yr hyn a ddywedodd am rai o'm toddeidiau, eu bod yn "rhy niwlog, ysblennydd. Dylai barddoniaeth gerdded â'i thraed ar y ddaear a'i llygaid yn gweld yn bendant fel gwniadreg yn tynnu edau drwy grau nodwydd."

Roeddwn i'n byw ac yn gweithio yn Lerpwl yr adeg honno a daeth fy ngwraig, a'i chwaer, Hannah, i Gaerdydd yn gynnar iawn fore diwrnod y cadeirio – dod yng y trên o Lerpwl. Rwy'n cofio codi o'm wely braf ar awr annaearol i roi cyfle i'r

ddwy gael ychydig o gwsg a gorffwys cyn hwylio am yr Eisteddfod. Cefais flas ar ddarllen thriwar o nofel fawr Doestoevsky, *Crime and Punishment*, o tua chwech o'r gloch y bore tan tua deg, adeg borebryd yn y llety.

Nid oedd gennyf gar modur yr adeg honno, a chofiaf fel y gwerth-fawrogai fy mhriod, ei chwaer, a minnau, y cymwynas fawr a wnaeth y Cofiadur Cricieth (cartref D. Lloyd George) fel cludo yn ei gar o gwmpas y brifddinas, a oedd yn bur ddieithr inni, yn ystod y bore. Ym mis Awst 1935 yr oedd Gwyndaf a minnau'n cael croeso mawr ym Mrynawelon, cartref y prifeirdd coron a chadair Eisteddfod

Genedlaethol Caernarfon: nid yr fuan yr anghofiaf y picnig hwnnw yng Nghwm Pennant, a Lloyd George ac Elfed am y gorau yn adrodd cerddi ac emynau a garent

*(I dud. 2.)*

*Llun : Cyngor Celfyddydau Cymru*

122. Gwilym R. yn cofio Eisteddfod Genedlaethol 1938 yn y cylchgrawn *Barddas*.

123a

Nid ... syn ... i'r gorffennol yn unig yw hiraeth – nid rhyw oeddiad teimlad am a fu, yn unig.

 E ddywedodd F.G. Payne mewn ysgrif:

"Hiraeth yw cof am nas siomwyd,"

ond am hiraeth am a fu y mae on sôn.

Yr hiraeth sy'n yr awdl yw dyrhead dwfn yr enaid

123a/b/c. Rhan o lythyr Gwilym R. Jones at ei gyn-weinidog yn fuan wedi Eisteddfod Genedlaethol Caerdydd, 1978. Nid oedd neb yn deilwng o'r Gadair y tro hwnnw, a Gwilym R. oedd un o'r beirniaid. Dechreuwyd trafodaeth ar gynnwys awdl fuddugol 1938, a pharhaodd y trafod fel y gwelir.

123b

am Dduw. Mae fel y foren o flaen y mul yn ei alwegi i ... fob anhawster – i garu'r Brynian Pell.

Hiraeth am yr Hwn sydd tu ôl i bob peth ydyw mewn gwirionedd. Gwelwn Berdrawdod y Byd ond ni welwn y tu hwnt iddo, ac am hwnnw yr hiraethwn.

123c

Dylid cofio bod emyn telynegol Williams wedi ei ... – yn addas iawn, sreda'i – ar don "HIRAETH" (Protheroe).

Credaf mai thema sydd i'r awdl yw: Mai hiraeth ... dwyn ... i ... ddimensiwn arall i fywyd. Y BYWYD GWIR, sydd tros "y Brynian Pell." Am ... gwell na "Elysing a ... Bethau'r Byd."

Hiraeth anniffiniol sy'n drech nag ... "Ofurhaigaeth yr Afon dywyll."

124. 'Daethai saith nofel i law, a gosododd [Stephen J. Williams] fy nghais yn ail, ond yn ail i nofel fer oedd 'yn hollol ar ei phen ei hun', sef *Y Purdan* gan Gwilym R. Jones, nofel y dyfarnwyd iddo'r Fedal Ryddiaith amdani.'

Y Parchedig Dafydd Owen, a fagwyd yn Ninbych, yn sôn am Eisteddfod Genedlaethol Hen Golwyn yn ei hunangofiant *Yn Palu Wrtho'i Hunan*.

'Y mae un nofel yn hollol ar ei phen ei hun, sef *Y Purdan* gan *Gwynedd*. Y mae hi'n un o'r rhai byrraf, ond ni fu gennyf ronyn o amheuaeth nad yw hi'n tra rhagori ar y gweddill. Y mae yma ddwy stori, neu'n hytrach ddwy wedd ar yr un – hanes ymdrechion Siôn William ar ei wely angau, fel y gwelwyd hwy gan ei wylwyr; ac yn gymhleth â hynny stori bywyd Siôn a chyfrinach ei galon, fel yr ymrithiai'r ddrama dryblith yn ei isymwybod. 'Yr oedd Siôn Wiliam yn ail-fyw'r profiadau a gawsai cyn ei daro'n wael yn sydyn, ond ei fod yn profi pethau'n angerddolach na chynt.' Trwy gydol yr amser arhosai dau i wylio'r claf a'i ddal i lawr ar ei wely pan âi'n rhy rwyfus. Dau gymydog, Tom Arthur a Wil Bet, a'i gwyliai, a Chatrin chwaer Siôn, a'r Parchedig Garth Hywel yn eu cynorthwyo, a'r meddyg, Dr. Dan Rhys, bob hyn a hyn yn ymweld â'r claf. Gwaith undonog sydd ganddynt, heb ddim i dorri arno ond pangfeydd cyffrous Siôn a charwriaeth sydyn Catrin a Wil. Ond portreir cymeriad pob un ohonynt yn ddi-feth gan ymadroddion eu genau, ac fe ddengys y mân siarad hefyd farn y byd am gymeriad Siôn a dirgelwch ei fuchedd.

Symudir yn ôl a blaen o'r naill fyd i'r llall – byd rhyddieithol y bodau byw, a chyfrin fyd isymwybod Siôn. Yn y golygfeydd rhithiol a wêl y claf cawn gip ar brif droeon ei yrfa – nid fel y gwelodd llygaid y byd hwy, ond wyneb yn wyneb â'r gwirionedd. Eithr y maent yn fwy na hen olygfeydd a hen brofiadau, y maent yn gyffes enaid, a hynny'n troi'n buredigaeth. Dyna paham y rhoed y teitl 'Purdan' i'r stori.

Cyngor yr
EISTEDDFOD
GENEDLAETHOL
Hyn sydd i arwyddo bod
*Mr Gwilym R Jones*
yn fuddugol yn Eisteddfod
Genedlaethol *Hen Golwyn* 1941,
yng nghystadleuaeth rhif *18*
*Nofel Fer*
Arwyddwyd dros y Pwyllgor Gwaith
*D. Wyn Evans* Cadeirydd.
*D L Hughes*.
*H Jones (Llynan)* Ysgrifenyddion.

## Cŵyn am ei Farw Cynnar

(Edward Prosser Rhys, 1900-1945)

Â'r haf i Langwyryfon
A'r durtur difyr ei dôn.

*Cyfrannwr sawl cyfrinach*
*Ni ddaw byth i'r Mynydd Bach.*

Daw heddwch, daw prydyddion
I holi am si a sôn.

*Rhy isel fydd Euroswydd*
*A rhy sownd i ruthr ei swydd.*

Daw papur, daw awduron,
Daw hael awr y genedl hon –

*A rhoed y mwyn gymrawd mau*
*Yn y llan digynlluniau!*

Cerddi Gwilym R.

131a

131b

131a/b. Yr Is-olygydd yn cyrraedd Gwasg Gee.

132

Tudalen 9

**MR. GWILYM R. JONES**

**Yn Ymuno â Staff "Y Faner"**

NEWYDDIADURWR A BARDD GWYCH

132. Morris T. Williams yn cyflwyno Gwilym R. Jones i ddarllenwyr *Y Faner*, yn rhifyn Ionawr 4, 1939.

133. ''Roedd gen i bellach ymladdwr gwiw yn erbyn yr hyn a ystyriem yn orthrwm y meistri. Os oedd ei ben yn foel 'roedd ei galon a'i ysbryd yn doreithiog.'

*Afal Drwg Adda*, Caradog Prichard (1973)

133

Bwriadwn roddi sylw arbennig i fywyd a phroblemau gwledydd bychain Ewrop.

Cytunwn . . . bod cwestiwn dyfodol trigolion Affrica yn un o'r pwys mwyaf.

Credwn y dylid ailsefydlu Cynghrair y Cenhedloedd eto.

Ni chredwn mewn rhyfel.

Safwn dros Gristnogaeth.

Credwn y dylid mabwysio mwy ar y system gydweithredol ymhlith awdurdodau lleol.

139. Thomas Gwynn Jones, 1871-1949.

140. Un go dawel oedd Myfanwy P. Jones, priod Is-olygydd *Y Faner* ym 1939. Ym mis Hydref y flwyddyn honno, ymddangosodd llythyr o'i heiddo yn *Y Faner* dan y pennawd 'Atalier y Rhyfel'. Argyhoeddiadau ei phriod oedd ei rhai hithau, ond i'r rheiny a oedd yn adnabod y ddau yn dda, mae'n anodd tynnu gwaed Gwilym R. yr Heddychwr allan o inc y wraig ifanc!

'Barbariaeth yw rhyfel, a chaleda galonnau pobl. Y mae cyfrifoldeb aruthrol ar yr Eglwys Gristnogol i lefaru dros ysbryd Crist yn y dyddiau hyn, i wrthsefyll dial a chas, i roddi balm ar glwyfau dynoliaeth, i alw am borthi'r diymgeledd, ac i bwyso am waith defnyddiol i'r miliynau a ddychwel o'r drin, ac yn bennaf dim, i ymorol na heuir had rhyfel erchyll arall yng nghwrs yr heddychu.'

Erthygl flaen y Golygydd, Gwilym R.,
*Baner ac Amserau Cymru* (Awst 22, 1945)

Prosser Rhys mewn llythyr at Morris T. Williams ym Mehefin 1940:

'Dim ond ambell un fel tydi, Gwilym R. Jones , a J. P. Davies sydd wedi gwrthwynebu rhyfel o dan bob amgylchiad.'

139

140

ATALIER Y RHYFEL

" Y Faner " yn unig o'r holl bapurau Cymraeg (cyn belled ag y sylwais), a welodd wrthuni y rhyfel presennol o'r cychwyn, ac a alwodd am gadoediad a chytundeb heddwch. Oblegid hynny, carwn gofnodi ar ddu a gwyn mai'r papur hwn yn unig o'r papurau a gyhoeddir yn Gymraeg a safodd dros dangnefedd Cristnogol, a thros synnwyr cyffredin, mewn cyfnod pan gollodd y rhan fwyaf o'r bobl eu pennau a myned gyda'r llif imperialaidd. Efallai y bydd y ffaith hon yn ddiddorol i haneswyr y dyfodol—os caniateir dyfodol o gwbl i ddynoliaeth. Y mae polisi'r " Faner " yn hollol gyson a'i gwaith yn gwrthod hysbysebion milwrol dro'n ôl.

Llefodd y papurau eraill yn weddol unfryd—fel y dysgwyd iddynt lefain gan arglwyddi Llundain—fod y " genedl " (ni nodwyd pa genedl) yn gytun ac yn benderfynol o ddinistrio'r " Hitleriaeth " (y math arbennig o Hitleriaeth a geir yn yr Almaen, ac nid y math a geir yma!). Os oedd trigolion y wlad hon mor unol ag y mynnai Mr. Greenwood (Sosialydd?) yn ei araith ryfelgar yn y Tŷ Cyffredin, paham y gorfu i'r Llywodraeth orfodi dynion i'r Lluoedd Arfog?

Ni ddylem golli amser mwyach, ond galw'n daer a di-ildio ar y Llywodraeth i stopio'r cigyddio yn Ffrainc ac ar y moroedd, cyn inni ymdrybaeddu mwy mewn afonydd o waed gwirion. Anfoner miloedd o gardiau post o Gymru —" Gwlad y Diwygiadau "—i'r Prif Weinidog, i grefu arno i dderbyn y cynigion anelwig a gafwyd gan Herr Hitler fel seiliau trafodaeth, ac fel rheswm dros atal y gyflafan.

Oni wnawn hyn fe fyddwn oll yn euog o'r anfadwaith o hyrddio miliynau i feddau cynamserol, a miliynau eraill i gyni a gofidiau annisgrifiadwy.

Gellir anfon cardiau yn Gymraeg a'u cyfeirio fel hyn: Prime Minister, 10 Downing Street, London, S.W.1., ac ni chyst hynny ond ceiniog, a phwy a ŵyr na all ceiniogau y werin achub Ewrop a'r byd?

MYFANWY P. JONES.
Dinbych.

141

141. Sut y daeth George M. Ll. Davies, yr Heddychwr mawr, i'w fywyd.

'Daw i'm cof y Seiat fythgofiadwy honno yng nghapel fy mebyd yn Nhal-y-sarn pan ddaeth gŵr anghyffredin i mewn a ninnau ar ganol y Seiat. Rhaid mai tua diwedd 1916 ydoedd. Eisteddodd y dieithryn yn agos i'r drws: gwisgai hen gôt-law ac esgidiau mawr a llaid arnynt. Tybiasom ni'r plant mai cardotyn ydoedd.

Toc, cododd a gofyn i'r gweinidog, y Parchedig William Williams, am ganiatâd i ddweud gair bach yn hen gapel ei daid. Cafodd ganiatâd, a'r geiriau cyntaf a ddaeth o'i enau oedd : "Mae gwaed ar laswellt Iwerddon heno . . ." Ni chofiaf ddim arall o'i anerchiad dwys ac angerddol, ond deallais wedyn mai apelio am gymod rhwng Prydain ac Iwerddon yr ydoedd. Cyffesodd yr ymwelwr mai George Davies, ŵyr i John Jones, Tal-y-sarn, ydoedd.'

*Rhodd Enbyd*

'Enaid sensitif iawn oedd George Davies, ac yn ystod blynyddoedd olaf ei oes y cefais i fwyaf o'i gwmni. Fe fyddai'n hoff o alw heibio i swyddfa'r *Faner* yn Ninbych, â'i wyneb fel heulwen. Er bod stamp y pendefig ar gorff a gwedd yr heddychwr didwyll hwn, am hen gymeriadau gwerinol Aberdaron ac Enlli yr oedd o'n wastad yn sôn, y Cymry syml "oedd yn ddigon o Gomiwnyddion i rannu cannwyll wêr rhwng dau a thri theulu," chwedl George. Cofiaf ei fod yn benisel iawn tua diwedd ei yrfa; byddai'n torri ei galon mewn cwmnïau bach wrth sôn am gyflwr y byd a rhyfelgarwch arweinwyr y bobloedd. Ar yr adegau pruddglwyfus hynny fe fyddai'n adrodd, mewn llais dwys, ddwy linell Pantycelyn:

Ffordd nid oes o waredigaeth
Ond a agorwyd ar y pren.

Gwilym R. Jones yn *Dynion Dawnus*

'Credem o'r cychwyn mai drwg oedd y rhyfel, ac nad oedd gan Gymru, na'r un genedl arall o ran hynny, ddim i'w ennill trwy fod yn gyfrannog ynddo. Daliwn i gredu hynny, a byddai'n flin gennym feddwl bod *Y Faner* – papur cenedlaethol mewn gwlad fach sy'n proffesu Cristionogaeth – wedi colli cyfle i godi ei llef dros ryddid barn, dros bwyll a rheswm, a thros gymrodedd a chymod.'

Erthygl flaen y Golygydd, Gwilym R. Jones,
*Baner ac Amserau Cymru*, Mai 9, 1945

142. Llythyr oddi wrth Gwynfor Evans, Chwefror 21, 1945, yn llongyfarch Gwilym R. ar ei benodiad 'i un o swyddi pwysicaf Cymru', golygyddiaeth *Y Faner*.

'Roedd *Y Faner* trwy gydol dyddiau blin yr Ail Ryfel Byd (1939–45) dan olygyddiaeth Prosser Rhys ac is-olygyddiaeth Gwilym R. Jones yn gyson yn galw am heddwch.

142

143

143. Saunders Lewis.

Ymddangosodd *Cwrs y Byd* (Saunders Lewis) am y tro cyntaf yn rhifyn Ionawr 4, 1939, o'r *Faner*. O ganlyniad i boblogrwydd y golofn yma, mae Morris T. Williams yn hysbysu'r Golygydd: "Yr ydym wedi ennill yn ystod y flwyddyn ddiwethaf 1500 o dderbynwyr newydd." Yr oedd yr Is-olygydd wedi cyrraedd Swyddfa'r *Faner* ar adeg o gynnydd yn rhif ei ddarllenwyr. Â'r rhyfel yn ei anterth, dywed Morris T. Williams mewn llythyr at E. Prosser Rhys: 'Yr ydym yn argraffu tua 3,700 o'r *Faner* bob wythnos, a chodi'n gyson y mae.' (19/2/1940). Tua diwedd ei oes fer, yr oedd Prosser Rhys o'r farn fod *Y Faner* 'heddiw yn ffynnu fel na ffynnodd er dyddiau anterth Thomas Gee'.

'Byddai'r Swyddfa Hysbysrwydd yn beirniadu rhai o syniadau S[aunders] L[ewis] yn chwyrn mewn sgyrsiau teleffôn, ac yn awgrymu ein bod yn eu newid neu yn eu cymedroli. Ond byddai'r Golygydd (E. Prosser Rhys) yn gofyn am ymateb awdur *Cwrs y Byd* cyn newid sillaf . . . "Dwyf i ddim yn barod i newid un gair o'm sylwadau yr wythnos hon" fyddai yr hyn a geid gan Saunders Lewis. Ychwanegai weithiau ei fod yn barod i ddadlau yn erbyn cyfieithiad y Swyddfa Hysbysrwydd o'i farn ef am y rhyfel. Pan ddywedem hyn wrth y swyddogion yng Nghaerdydd, aent yn fileinig fud.'

*Rhodd Enbyd*

144. Un o lythyrau Saunders Lewis at Gwilym R. Jones.

144

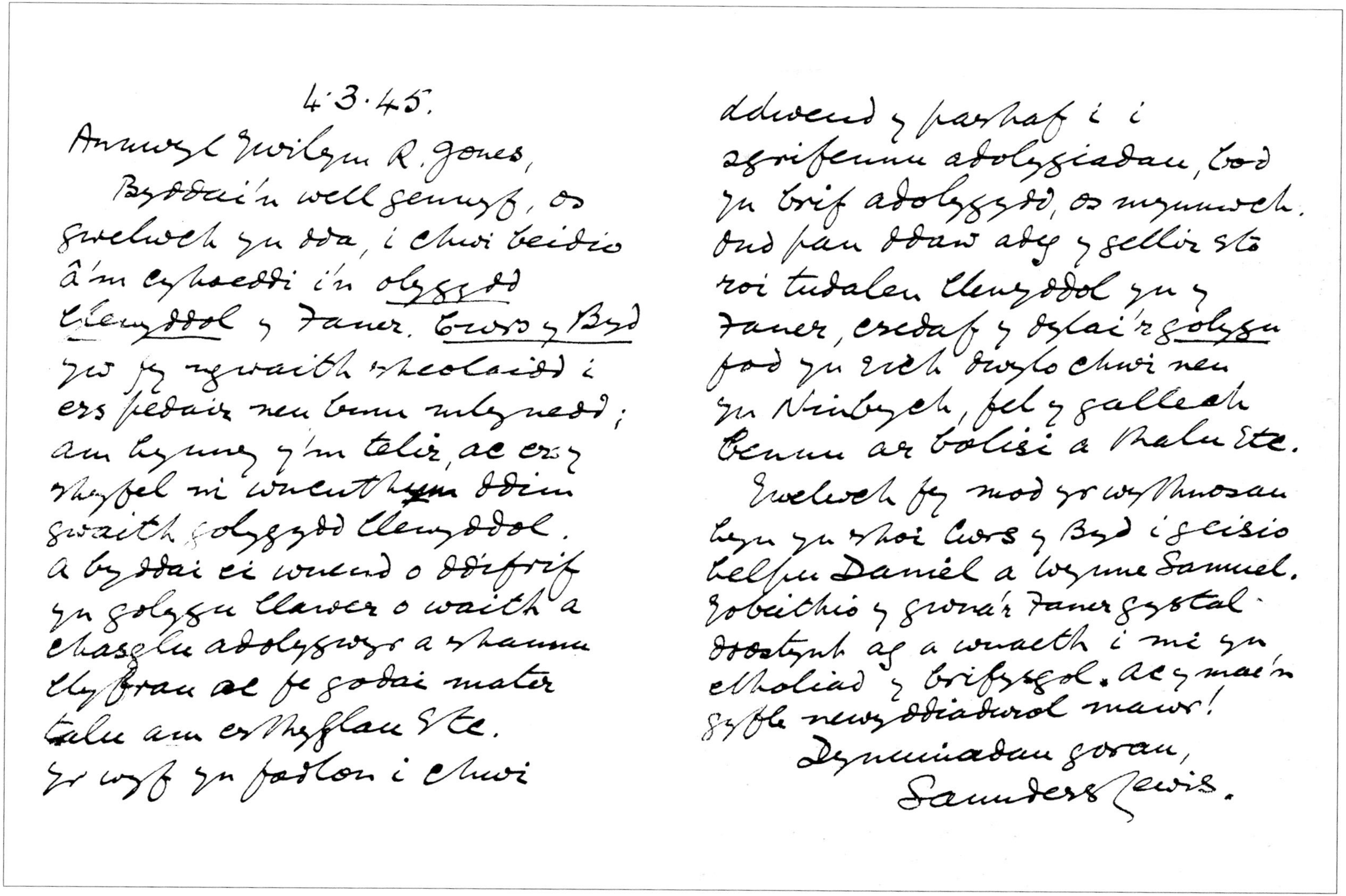

4.3.45.

Annwyl Gwilym R. Jones,

Byddai'n well gennyf, os gwelwch yn dda, i chwi beidio â'm cyhoeddi i'n olygydd llenyddol y Faner. Cwrs y Byd yw fy ngwaith rheolaidd i ers pedair neu bum mlynedd; am hynny y'm telir, ac er y rhyfel ni wneuthum ddim gwaith golygydd llenyddol. A byddai ei wneud o ddifrif yn golygu llawer o waith a chasglu adolygwyr a rhannu llyfrau ac pe godai mater talu am erthyglau etc. Yr wyf yn fodlon i chwi ddweud y parhaf i i sgrifennu adolygiadau, bod yn brif adolygydd, os mynnwch. Ond pan ddaw adeg y gellir sto roi tudalen llenyddol yn y Faner, credaf y dylai'r golygu fod yn eich dwylo chwi neu yn Ninbych, fel y gallech bennu ar bolisi a rhannu etc.

Gwelwch fy mod yr wythnosau hyn yn rhoi Cwrs y Byd i geisio helpu Daniel a llyma Samuel. Gobeithio y gwna'r Faner gystal ddystunb ag a wnaeth i mi yn etholiad y brifysgol. Ac y mae'n syfle newydd diadurol mawr!

Dymuniadau gorau,
Saunders Lewis.

145

### Baner ac Amserau Cymru

AWST 16, 1939

#### CENEDL UNIAITH

DYWEDODD Mr. Saunders Lewis yn blwmp ac yn blaen wrth agor "Seiat" y Llenorion yn yr Eisteddfod yr wythnos ddiwethaf fod Cymru uniaith yn anhepgor i ffyniant llenyddiaeth Gymraeg. Parodd y syniad gryn syndod i rai o lenorion a beirdd yr Eisteddfod, eithr yr oedd yn amlwg fod yr un fwyaf o'r encidiau dethol a ymgynullasai y bore hwnnw yn cytuno ag ef.

Ni ddylai neb frawychu wrth ragweld cenedl y Cymru yn "genedl uniaith" rhyw ddiwrnod. Nid cenedl o bobl heb fedru namyn y Gymraeg, a bid sicr nid cenedl o bobl heb allu siarad, ysgrifennu a darllen ond yn Saesneg, a olygir wrth yr ymadrodd hwn, eithr cenedl rydd, a'i holl adnoddau ar waith yn noddi'r iaith frodorol drwy ei chyfundrefn addysg a'i pheirianwaith llywodraethol. Mewn gair, cenedl a chanddi Lywodraeth Gymreig a Chymraeg. Pwysleisiodd Mr. Saunders Lewis fod cefndir o dafodiaith frodorol gyfoethog ei hidiomau yn hanfodol i greu a chynnal llenyddiaeth fyw, ac ategodd yr Athro Hywel Lewis, Bangor, y syniad drwy ddywedyd:

"Oni chewch chwi Gymraeg yn y cartrefi, yn y siopau ac yn y gweithydd—lle y mae pobl yn profi'r pethau mwyaf angerddol —fe dderfydd llenyddiaeth."

Gosododd y Ffrancwr ifanc hunawdl, a siaradodd yng nghwrs y drafodaeth, ei fys ar agwedd arswydus y bywyd Cymreig heddiw drwy ddangos mor anwybodus yw'r bobl gyffredin, hyd yn oed mewn lleoedd fel Bangor a Phenmaenmawr, ynghylch llenyddiaeth Gymraeg, ac mor ddifater ydynt tuag at yr iaith. Y gwir yw ein bod yn debyg o ddyfod yn genedl Seisnig uniaith am fod holl amgylchiadau ein bywyd beunyddiol o blaid hynny. Ni feddwn Lywodraeth i gynllunio tynged wahanol i'n pobl ac i roddi mynegiant i ewyllys y gymdeithas wir Gymreig—rhuddin ein bywyd cenedlaethol.

Pan fo athrawon ac efrydwyr ein colegau a'n hysgolion yn dysgu pynciau gwyddonol a thechnegol drwy gyfrwng y Gymraeg, a phan fo'r Gymraeg yn iaith ymarferol ein cynghorau cyhoeddus a'r holl swyddfeydd gwladol yng Nghymru, yna bydd ein llenyddiaeth yn gyflawnach, a'r Gymraeg yn gyfoethocach a diogelach. Ni bydd yn rhaid penderfynu, megis y prydera aelodau Urdd y Brifysgol heddiw, ynghylch ffyniant yr iaith Saesneg yng Nghymru. Fe'i haddysgir fel iaith, ac fe astudir ei llenyddiaeth anfarwol, yn ein hysgolion a'n colegau.

Tueddai rhai o'r siaradwyr yn y babell lên fore Gwener i anobeithio am weled sylweddoli'r ddelfryd hon, ond tybed nad oedd rhywbeth yn arwyddocaol yn y ffaith y cyfeiriodd Miss Kate Roberts ati hi—bod cynifer o bobl sylweddol ag a welid yn y babell y bore hwnnw, yn cynrychioli pob cwr o Gymru, yn ymddiddori mewn llenyddiaeth Gymraeg? A chwedl Mr. D. J. Williams (Abergwaun), gallodd cwmni llawer llai greu chwyldro mawr cyn hyn.

Y mae'n bobl sy'n ysgrifennu ac yn darllen llenyddiaeth Gymraeg yn weddol gytun ar yr angen am Gymru Gymraeg. Y broblem fawr bellach fydd pontio'r gagendor sydd rhyngddynt a'r sawl nad ydynt yn darllen nac yn siarad yr hen iaith.

146

### Baner ac Amserau Cymru

MEDI 20, 1939

#### DEISEB YR IAITH I'W CHYFLWYNO AR UNWAITH.

DYMUNA'R Faner roddi croeso mawr i'r newydd ddarfod i Bwyllgor Cenedlaethol Deiseb yr Iaith yn y Llysoedd yn cyfarfod yn Aberystwyth ddydd Sadwrn, benderfynu cyflwyno'r ddeiseb i'r Prif Weinidog ar unwaith. Eisoes fe arwyddwyd y ddeiseb gan dros chwarter miliwn, a buasid wedi mynd ymlaen i gasglu llawer iawn o enwau onibai i'r rhyfel dorri llai greu chwyldro mawr cyn hyn.

Credwn fod y ddeiseb fel y mae, yn dystiolaeth ddigon cadarn, ar gefnogaeth unfrydol aelodau Seneddol Cymru, i hawlio sylw'r Prif Weinidog. Gwyddom ei fod ef yn brysur iawn ar y foment a thrafferthion mwy yn pwyso arno nag a bwysa ar neb arall yn Lloegr. Ond nid yw hynny yn ddigon o esgus dros ohirio'r mater. Dywedodd y Prif Weinidog i Loegr fyned i'r rhyfel hwn i amddiffyn egwyddor rhyddid ac annibyniaeth cenhedloedd, ac y mae eisoes wedi cystal ag addo rhyddid i Tsecoslofacia o'r hyn a alwodd yn iau estron. Nid yw Cymru yn awr yn gofyn am hunanlywodraeth, er y daw'r cais hwnnw yn y man. Gofyn am beth llawer llai a wna Cymru, sef gofyn am roddi chwarae teg i iaith Cymru yn llysoedd Cymru. Ni all Mr. Chamberlain yn sicr, y dwthwn hwn o bob adeg, wrthod cais mor gymhedrol,—gwrthodiad a fyddai'n tanseilio ei holl broffes ynglŷn â'r rhyfel hwn, ac a wnâi ddefnydd propaganda mor effeithiol i elynion Lloegr. Goddefodd Cymru i'w phlant gael eu gorfodi i'r fyddin goddefodd ei gorfodi i dderbyn plant Lloegr i'w cartrefi; rhydd bob cydweithrediad rhesymol i Lywodraeth Loegr yn yr argyfwng hwn. Yn wyneb hyn oll, credwn y cydnebydd Mr. Chamberlain gyfiawnder cais Cymru, ac y dengys werthfawrogiad o'i theyrngarwch drwy addo cydsynio â'r cais yn ddigwestiwn. Barnwn i'r Pwyllgor weithredu'n ddoeth drwy benderfynu cyflwyno'r ddeiseb yn awr—fe roddir cyfle arbennig i Loegr ddangos i'r byd ddiffuantrwydd ei phroffes, ac ymhellach, pe cydsynid a'r cais fe roddid help pwysig i'r iaith yn ei dydd blinaf. Po hwyaf yr erys y noddedigion a'r ffoaduriaid yn ein plith mwyaf yn y byd y peryglir hoedl yr iaith. Gan hynny fe fyddai cydnabod y Gymraeg fel un o ddwy iaith swyddogol llysoedd Cymru yn foddion i roddi bri a phwysigrwydd newydd i'r iaith, ar wahân i sicrhau cyfiawnder i'r rhai a wysier i lysoedd Cymru —beth nas cafwyd bob amser o dan y drefn bresennol. Gwynt teg i'r mudiad cenedlaethol ardderchog hwn.

### Y FANER
#### Awst 30, 1939

# 189 742 WEDI ARWYDDO DEISEB YR IAITH

## CYFARFODYDD Y PWYLLGORAU

Mewn dyddiau pan yw'r digwyddiadau ym mhellafoedd Dwyrain Ewrop yn cynhyrfu meddyliau trigolion Cymru, y mae perygl i ni golli golwg ar fudiadau pwysig yn ein gwlad ein hunain. Un o'r rheini ydyw Mudiad Cenedlaethol Deiseb yr Iaith Gymraeg.

Cyfarfu aelodau Pwyllgorau'r Ddeiseb yn Ninbych yng nghwrs wythnos yr Eisteddfod Genedlaethol, ac wele adroddiad am y gweithrediadau.

145. Adroddiad yn *Y Faner* ar Seiat y Llenorion yn Eisteddfod Genedlaethol Dinbych, 1939.

146. Adroddiad yn *Y Faner* ar Ddeiseb yr Iaith.

147

147. Hen gyfeillion – Morris T. Williams (o'r Groeslon) a Caradog Prichard (o Fethesda).

''Roedd Caradog yn canlyn merch o'm hen ardal i, o Dal-y-sarn, Dyffryn Nantlle, yr adeg honno, a merch atyniadol oedd hi hefyd. O ran direidi, yn fwy na dim arall, fe ymdynghedodd Morris T. Williams, priod Kate Roberts yn ddiweddarach, i 'redeg' Caradog, a chafodd hwyl ar y gorchwyl – aeth am dro efo hi un noson. Y pryd hwnnw yr oedd Caradog wedi troi ei gefn ar grefydd. Ond ar ôl gweld ei ffrind, Morris, yn ymgyfeillachu â'i gariad fe luniodd delyneg sy'n edliw i Morris ei annheyrngarwch. Dyma ddau bennill ohoni:

> Mi drof yn ôl at Dduw
>   Y Duw nad adwaen i,
> Cans er mai Bod anwybod yw,
>   Mae'n gyfaill gwell na thi.
>
> Mae'n gyfaill gwell na thi,
>   Lanc a anwylais cyd,
> A chaiff y ffydd a gollaist ti
>   Fy nghalon oll i gyd.

'Rydw i wedi cyfarfod â llawer o bobl y gellid eu galw nhw'n wŷr neu'n wragedd o athrylith, ond 'dydw i ddim gweld neb eto â stamp diamheuol athrylith mor amlwg arno â Charadog Prichard.'

Gwilym R. Jones, *Rhwng Gŵyl a Gwaith*

148

148.  Ar ôl iddo symud i Ddinbych yn Is-olygydd *Y Faner*, byddai ei arwr, R. Williams Parry, un o feibion disgleiriaf Tal-y-sarn, yn anfon rhai o'i gerddi at Gwilym R. Jones. Yr oedd ei lythyrau ato yn drysorau i'w cadw, ac yn cadarnhau'r hyn a ddywedodd llawer golygydd am Fardd yr Haf. Yn y llythyrau hyn, mae tystiolaeth fod geiriau awdur *Rhodd Enbyd* yn gwbl gywir. Dyma a ddywed Gwilym R. Jones:

'Mi gredaf i fod pob gwir artist yn ddyn ffyslyd, cysáct: o leiaf, 'roedd Robert Williams Parry, y bardd, yn ddyn felly. Mi fyddai'n ymdrafferthu'n hir a gofalus iawn gyda phob llinell o farddoniaeth y byddai'n ei lunio. Fe gafodd *Y Faner* amryw o'i gerddi adeg rhyfel 1939-45. Fe ddôi copi glân, teipiedig, o gân drwy'r post, ar bapur cwarto go denau, fel rheol. Wedyn, fe ddôi fersiwn diwygiedig o'r dernyn efo'r post bore trannoeth, gydag ymddiheuriad llaes. Ac yna, drennydd, fe ddôi Myfanwy, ei briod, ar y ffôn i ddweud fod Bob wedi meddwl ar ôl postio'r gân a'i fod o o'r farn fod "eisio gwelliant bach arall . . ." A thybed a fyddem ni'n barod i newid y lein-a'r-lein "i ddarllan fel hyn . . .?" Cyn bo hir, yr oeddem ni'n gofalu am beidio â dechrau cysodi ei gerddi nes cael y fersiwn terfynol. Ac fe fyddai'r fersiwn hwnnw'n welliant ar y cyntaf bob gafael.'

149a

(mab y mynydd)

~~CLAWSTROFFOBIA~~

Fy hen gyfeillion, pan fo hyn o gnawd
    Wedi ei gynaeafu a'i yrru drwy
Ffwrneisiau'r felin honno, rhowch fy mlawd
    I wynt y nefoedd, nid i gladdfa'r plwy'.
Chwithau rhwng pedair astell weddus ewch,
    Pan eloch, at y llu sydd yn y llan.
O'r herwydd ni thristâf, ac na thristewch
    Oblegid nad af innau i'r un fan.
O! bydd y modd yr af yn burion ddrych
    O'r fêl yr euthum ~~twels pwd~~ *dros y drum* erioed;
A chan na byddwn ddedwydd yn fy rhych,
    Na diddig dan y cysegredig goed,
Rhowch im ddychwelyd rhwng y byd a'r bedd
I'r hen fynyddoedd ar fy newydd wedd.

*Bryufardd.*

149b

MAB Y MYNYDD

("Myned adre i mi sydd raid")

Fy hen gyfeillion, pan fo hyn o gnawd
    Wedi ei gynaeafu a'i yrru drwy
Ffwrneisiau'r felin honno, rhowch fy mlawd
    I wynt y nefoedd, nid i gladdfa'r plwy'.
Chwithau rhwng pedair astell weddus ewch,
    Pan eloch, at y llu sydd yn y llan.
O'r herwydd ni thristâf, ac na thristewch
    Oblegid nad af innau i'r un fan.
I fyny'r drum yr euthum i erioed,
    Suliau a gwyliau, nid i'r eglwys glyd:
A chan na bydd *at* ddedwydd dan ei choed
    Na diddig yn ei chysegredig grud
Rhowch im ddychwelyd rhwng y byd a'r bedd
I'r hen fynyddoedd ar fy newydd wedd.

*Bryufardd.*

149a/b.  Dau fersiwn o'r un soned gan R. Williams Parry.

150

```
                          Coetmor,
                          Bethesda,
                          Bangor.
                          Gorff. 31,'43.

Annwyl Morys/Gwilym,

          Dyma ichwi gerdd a fydd yn rhy hwyr i
ymddangos yn y Faner nesaf os gyrraf hi i Prosser; ac onid ym-
ddengys yr wythnos nesaf bydd ei heffaith wedi darfod, oherwydd
pân dopical ydyw.

          Ym mh'le y rhowch chwi hi? Os oedd fy
ngherdd i Wynfor druan yn deilwng o'i hargraffu mewn teip
trwm ar dudalen Saunders Lewis, yn sicr y mae hon, "thoÖugh
I sez it as oughtÖn't." Ni chymer ei linellau byrion fwy na ½
lled colofn.

          Diolch am y posgerdyn. Ceisiwch eich gorau
"ymgastellu" erbyn chwech union. A ydyw'r Doctor yn dyfod? Os
oes arno eisiau esgus i ddyfod yn ei gar, dywedwch wrtho fod
blwyddyn er pan gefais i overhaul. A pham na allaf newid fy
noctor am wythnos?

                          Cofion cu,

                          Bob Parry.
```

150. Llythyr nodweddiadol o'r math o lythyrau a anfonai R. Williams Parry at *Y Faner*.

151. Ar ôl blynyddoedd y rhyfela blin, tua 1945, mae cyhoeddi *Cerddi'r Gaeaf* yn bwnc trafod rhwng y ddau o Dal-y-sarn. Mae Gwasg Gee, ar ôl marw Prosser Rhys, am argraffu'r cerddi a addawyd i Wasg Aberystwyth. Daw cynnwys llythyr Golygydd newydd *Y Faner* i'r amlwg yn y llythyr teipiedig o Fethesda.

151

```
                          10, Ystad Coetmor,
                          Bethesda,
                          Bangor.
                          Ebrill 2, 1945.

Mr. Gwilym R. Jones,
Golygydd y "Faner"
Dinbych.

Annwyl Gwilym,

          Deliaf â'ch llythyr o fesur brawddeg.

          "Gwyddom ichwi addo'r cynnig cyntaf ar eich llyfrau y
nesaf i Prosser druan." - Do'n wir, ac ni fynnwn ei thorri er dim.

          "Darfu am yr addewid honno heb i neb dorri ei air." -
Nid yw fater am hynny.

          "Yn awr, a gaiff y ffyrm hon - Gwasg Gee - yr addewid
am y cynnig cyntaf ar yr un llyfrau? (Darllener "llyfr". Ni tu yn
fy mryd erioed gyhoeddi mwy nag y un gyfrol arall, a honno'n gyfrol
o drydyddiaeth). - Caiff â chroeso, a chaniatâu fod Gwasg Aberystwyth
dan adain Gwasg Gee, neu fod gweddw Prosser wedi torri pob cysylltiad
â hi (sef G.A.); a chaniatâu hefyd y fod y drindod R.T.W., K.W.,
G.R.J. (neu un ohonynt) yn gysylltiedig â Gwasg Gee y pryd hwnnw.

          Daw hyn â ni at yr hen gwestiwn cas: pa bryd? Yn fyr,
drannoeth fy marwolaeth. Ni bydd raid ichwi aros yn hir, mae arnaf
ofn! Mae'n syndod i mi fy mod wedi cael byw i droi'r trigain; ac os
o gryfder a chyda chymorth Olew Iau Penfras y cyrhaeddaf y 65ain (sef
ymhen rhyw bedair blynedd) bydd yn fwy syn fyth gennyf.

          Beth yw eich ymateb?

                          Cofion cynnes,

                          Bob Parry
```

98

163

163. R. O. F. Wynne, perchennog Garthewin, yn y canol, gyda Syr Cennydd Traherne ar y dde iddo. Tynnwyd y llun ar achlysur ymweliad Cymdeithas Hynafiaethau Cymru â Garthewin ym 1989. Trefor Owen, Llywydd y Gymdeithas ar y pryd, yw'r gŵr ar y chwith.

164. Garthewin, cartref R. O. F. Wynne.

'Pan lwyfannwyd *Tra Bo Dau* (Emrys R. Jones) ym mis Hydref 1946 gan Gwmni Bodffari, gwnaethpwyd elw am y tro cyntaf ers misoedd a theimlai'r ysgwier a Morris Jones yn llawer mwy gobeithiol ynglŷn â dyfodol y theatr.'

'Yr oedd Gwilym R. Jones, golygydd *Y Faner*, wedi awgrymu iddo [Robert O. F. Wynne] yn ystod gwanwyn 1947, y byddai *Blodeuwedd* yn berffaith ar gyfer llwyfan bychan yr ysgubor petai Saunders Lewis yn cytuno i'w chwblhau. Ar 7 Mai 1947, ym mhwyllgor y theatr yn Ninbych, sicrhawyd yr aelodau fod y dramodydd yn awyddus i orffen *Blodeuwedd* a'i fod yn cynnig yr hawliau perfformio i Chwaraewyr Garthewin.'

'Esgorodd y ddarlith ar drafodaeth danbaid ar bwysigrwydd ieithoedd lleiafrifol. Tanlinellwyd pwysigrwydd yr iaith Gymraeg a'r theatr Gymraeg gan Kate Roberts, Gwilym R. Jones ac Amy Parry-Williams. Dywedodd Gwilym R. Jones nad oedd yn honni fod ei ddrama ef, *Yr Argae*, a oedd i'w chyflwyno yng Ngarthewin y noson ganlynol, yn glasur, ond pwysleisiodd ei fod yn ymfalchïo yn y ffaith ei bod yn rhoi cyfle i gwmnïau berfformio gwaith newydd yn eu hiaith eu hunain, yn hytrach na gorfod troi at ddramâu Saesneg mewn cyfieithiadau Seisnig eu naws. Yn anffodus, cynhyrchiad trwsgwl o'r *Argae* a gyflwynwyd ar y nos Fercher gan Gwmni'r Nant, gyda Josephine Jones a Morris Jones yn cyfarwyddo. Er mawr siom i'r awdur ni fedrai'r actorion ifainc gyfleu patrymau'r farddoniaeth na dehongli'r cymeriadau, nac ychwaith symud yn naturiol ar lwyfan.'

*Saunders Lewis a Theatr Garthewin,*
Hazel Walford Davies (1995)

164

165. Gwilym R. Jones ymhlith Cynghorwyr a Swyddogion Cyngor Tref Dinbych – tua diwedd y pedwardegau. Nid yw Morris T. Williams, a'i 'slensiodd' i sefyll etholiad, yn un o'r darluniau. Rhaid ei fod wedi gadael y Cyngor o'i flaen.

Y Cynghorydd Gwilym R. Jones yw'r agosaf at y camera, yn edrych yn llwyr ddwys, os nad yn anghyfforddus! Y wraig yn y rhes flaen (ar y chwith) yw Mrs Eunice (W. A.) Evans, a'r gŵr i'r dde iddi yw Mr John Jones. Mae'r newyddiadurwr wedi troi ei gefn ar y Cynghorwr John Morris Jones, ond rhywdro, mae Gwilym R. y cartwnydd wedi portreadu'r tri yma, llawn cystal â'r camera!

Cynghorydd Tref Dinbych. Perswâd Morris T. Williams:

'Dyn busnes craff oedd Morris T. Williams, cenedlaetholwr go iawn a'r cynghorydd gorau, o bosibl, a welodd tref Dinbych. Un diwrnod fe'm slensiodd i sefyll etholiad am sedd ar y Cyngor Tref gydag ef, a hynny yn enw Plaid Genedlaethol Cymru, fel y gelwid Plaid Cymru yr adeg honno.'

*Rhodd Enbyd*

'Fe gyflawnodd Morris waith da fel Cynghorydd Tref yn Ninbych, ac mae gan bobl y dref barch mawr iddo hyd heddiw, yn enwedig y bobl gyffredin y bu Morris yn dŵr iddynt mewn cyfyngderau . . . Ar bwys ei record ardderchog o ar y Cyngor dymhorau ynghynt, a thrwy rym pleidleisiau cyd-gapelwyr, fe'n hetholwyd – er nad oeddym wedi canfasio'r un tŷ na threfnu ymgyrch etholiadol.

Naw mlynedd buddiol i mi, beth bynnag am drethdalwyr Dinbych, oedd y cyfnod a dreuliais i ar Gyngor y Fwrdeistref. Fe ddysgais i lawer am lywodraeth leol ac am y natur ddynol yn ystod y cyfnod prysur hwn.'

*Y Llwybrau Gynt*

165

166a

166b

166c

166ch

166. Y Cynghorydd Gwilym R. Jones – yn parhau'n gartwnydd.

167. 'Bu'n Gynghorydd ei dref fabwysiedig am naw mlynedd.'

*Awen Gwilym R.*

167

Rhes gefn (o'r chwith): H. M. Lewis, Goronwy Griffith, Mrs H. M. Lewis, Y Maer W. D. Pierce, Henry Jones (Clerc), Morfydd Pierce (Maeres), John Roberts.

Rhes ganol (o'r chwith): T. H. Smith, Ll. Idris Lloyd, W. J. Williams, Merfyn Davies, M. E. Morris, W. T. Williams, Alfred Roberts, Alwyn Roberts.

Rhes flaen (o'r chwith): Hywel Owen, Robert Hughes, J. L. Jones, Eunice Evans, John Jones, Gwilym R. Jones, John Morris Jones, Albert Thomas, R. Freeman Evans, J. Lewis Williams, Evan W. Jones.

168

169

168. Un ar ddeg Brynteg, yr ail gartref yn Ninbych. Llun lliw yw'r gwreiddiol, ac mae'r griafolen sy'n gwarchod y drws ffrynt yn drwm dan aeron. Nid oedd angen iddo fynd ymhell i ganu ei gywydd 'Rhof Fawl i'r Griafolen' –

> Rhof fawl i'r griafolen –
> Gwych yw brig y grawngoch bren
> A'i wyrth o liw wrth y lôn!
> Yn gwyro tan deg aeron.
>
> Comiwnydd y cwm unig!
> Rhydd win i werin y wig . . .
>
> Trwyddi mae fflam yn tramwy,
> Hi yw perthen Moesen mwy.

Un o lu o ffrindiau Gwilym R. a Mathonwy oedd Gwilym Pari Huws, meddyg a diacon ym Mae Colwyn. Canodd lu o englynion i feirdd Dinbych, ac mae nifer yn ei gyfrol *Awen y Meddyg.* Dyma un – 'Ar Amlen Llythyr' –

> I Gwilym R. gael miri – dwg di hwn
> I'w deg dŷ heb oedi:
> Un ar ddeg Brynteg, wyst ti,
> Dinbych, yn Saesneg, Denbigh.

169. Silyn ac Iwan, y naill yn 8 oed, a'r llall yn 3 oed. Y flwyddyn: 1941.

170

171
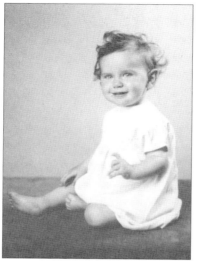

172

173

170. Iwan ym 1941.

171. Olwen yn flwydd oed ym 1941. Fe'i ganwyd hi yn Nyffryn Clwyd.

172. 'Mam efo ni' (G.R.J.).

173. Teulu 11 Brynteg ar ei ffordd i ysbyty Stoke Manderville, Aelsbury, ym 1947. Silyn, sy'n cuddio'i dad, yn mynd am lawdriniaeth.

174

176

175

174. Benthyciwyd modur
Gwasg Gee, a chafwyd cwmni
Yncl Dic.

175. Yng ngardd 11 Brynteg, ym
1946. G.R.J., Iwan ac Olwen.

176. Flynyddoedd yn
ddiweddarach mae'r
drafnidiaeth ar draws yr Atlantig
yn parhau. Huw yw hwn, nai
arall Myfanwy, yng ngorsaf
Y Rhyl, ac yn dychwelyd i'r
cyfandir mawr.

177

178

179

180

177. Y teulu cyfan yn oedi ger wal Castell Caernarfon yn ystod haf 1949. Y pump ar daith ymweld â theuluoedd Llanrug a Thal-y-sarn.

178. Olwen a'i thad yn Llanrug, haf 1952.

179. Yn y rhes gefn, Myfanwy a'i chwaer Hannah, gyda'u rhieni yn Llanrug. Yn y rhes flaen, Olwen, Iwan, Silyn a Gwilym R.

180. Haf 1950: y teulu a Nain Llanrug ar ddydd angladd tad Myfanwy – Thomas Parri Jones.

181. Gwilym R. a Myfanwy, a'r 'hen blant' fel y'u galwai ar eu twf.

### Yr Hen Gartref

Adref o bob rhyw grwydro – deuwn oll
　　Wedi'n hurt dramwyo;
　　Gwin i enaid gawn yno
　　Fin nos dan y diddos do.

1958

182. Myfanwy a Gwilym R. Jones ar eu ffordd i'r Capel Mawr, Dinbych. Bu'n aelod yno am dros hanner can mlynedd.

Caf yno orffwys pêr o stŵr
　　A ffwndwr ffair y byd . . .

A'i Dŷ fydd i mi'n nef.

'Y Bugail Da', *Cerddi Gwilym R.*

183.  Darlun o'r Capel Mawr, Dinbych, a baentiwyd gan Gwilym R. ar gyfer cystadleuaeth yng Ngŵyl Ysgol Sul Dinbych a'r cylch. Byddai Neuadd y Dref yn orlawn yn flynyddol, a chystadlu brwd yn cychwyn ar y nos Wener, ac yn parhau trwy'r Sadwrn, hyd tua chanol nos. Byddai capeli'r fro yn fwrlwm o weithgarwch, a Gwilym R. mor eiddgar â neb, yn hyfforddi adroddwyr, partïon cyd-adrodd, ac yn cystadlu'i hun yn adran yr Arlunio. 'Roedd y cystadleuydd a fu mor llwyddiannus yn awyddus i bawb yn ei gapel ennill marciau, a chipio'r darian hardd; ond er ei frwdfrydedd, ymataliodd rhag cystadlu yn yr Adran Lenyddiaeth. Ond, fe gafodd flas ar baentio'r capel a garai mor fawr. Ac yn niwedd y chwedegau, bu'n selog ar bwyllgor Adeiladau'r Capel Mawr, pan baentiwyd yr adeilad enfawr, a'i weddnewid yn chwaethus. Cyfeiria at hyn yn ei gerdd 'I Fugail Da' (*Y Syrcas a Cherddi Eraill*):

> Ciliodd y rhwd a'r cen
> oddi ar gloddiau'r gorlan
> a'r llwydni
> oddi ar ei llawr
> a phylodd y staen
> oddi ar y pren
> pan dywynnodd blaen-belydr yr atgyfodiad
> o'r porth i'r cyrion.
> Golchwyd y muriau
> â'r porffor brenhinol
> a hufenlliw'r wawr.

Mae'n plethu stori'r paentio a'n profiad yn moduro dros fynyddoedd uchel Awstria, a thrwy dwneli du yr 'eco gwag' – ac yntau'r diwrnod hwnnw fel plentyn yn rhyfeddu, ond mewn dirfawr ofn! Y daith i Oberammergau ym 1970 oedd yr achlysur.

'Rai blynyddoedd yn ôl, cafodd ei godi'n flaenor yn y Capel Mawr (M.C.), Dinbych, a chytunodd i dderbyn y swydd am gyfnod o bum mlynedd yn unig. 'Roedd hynny pan oedd y Parchedig J. H. Griffith yn weinidog ar y Capel Mawr, a stori ddigon diddorol ydoedd. Dyma'r tro cyntaf erioed, mae'n debyg, i neb a godwyd yn flaenor gyda'r Hen Gorff gytuno i dderbyn y swydd ar ei delerau ef ei hun.

Pan ofynnwyd y cwestiwn arferol a oedd y rhai a etholasid yn llwyr-ymwrthodwyr, atebodd G.R.J. yn gwbl onest nad oedd, ac nad ystyriai gymryd llymaid yn gymedrol yn gymaint pechod â chybydd-dod. Wedi clywed tystiolaeth aruchel ei weinidog i'w gymeriad a'i allu a'i ymroddiad i wasanaeth, cytunwyd i liniaru geiriad yr amod dirwestol a'i dderbyn â breichiau agored. Cytunodd yntau a dau o'i gyd-etholedigion i dderbyn y swydd am gyfnod o bum mlynedd yn unig. Ymdaflodd i waith yr eglwys ac ni bu erioed swyddog mwy ymroddgar. Ar ben y pum mlynedd ymddiswyddodd o fod yn flaenor, ond deil mor weithgar ag erioed gyda holl weithgareddau'r eglwys.'

*Awen Gwilym R.*

183

184

184. Y Parchedig J. H. Griffith, gweinidog y Capel Mawr, Dinbych, pan ddaeth Gwilym R. Jones a'i briod i Swyddfa'r *Faner* dros y ffordd i'r capel ym 1939. Heddychwr di-ildio, meddyliwr mawr a phregethwr grymus.

185. Myfyrwyr Coleg Prifysgol Gogledd Cymru, Bangor (ffug-etholiad, 1923).

Y diweddar T. Ceiriog Williams, Yr Wyddgrug, yw'r gŵr ifanc yn y cefn mewn 'bow-tie', a'i eiddo ef oedd y llun hwn. J. H. Griffith sy'n eistedd ar ben y piler ar y chwith. Dyma a ddywedodd T. Ceiriog Williams: 'Fe welwch J. H. Griffith yn eistedd ar ben colofn! Llun o hwyl blynyddol y ffug-etholiad ydoedd, a byddai Jack, fel yr adwaenid ef y dyddiau hynny, yn cymysgu ym mhob hwyl . . . 'Rwy'n meddwl mai Olwen, gweddw J. E. Jones, a fu'n Ysgrifennydd y Blaid, yw'r ferch wrth draed J.H.G., a nith i Syr John Morris-Jones yw'r ferch sy'n y canol yn y rhes flaen, ac yn eistedd ar y llawr. Mae'n

debycach iddo mewn pryd a gwedd na'i ferched . . . Cyrhaeddodd J. H. Griffith safle o barch yn y Cyfundeb, ond dim mymryn mwy nag a fwynhaodd ymhlith ei gyd-efrydwyr.'

'Fe fyddai J.H. yn pregethu pasiffistiaeth ddigyfaddawd a Sosialaeth – ac weithiau Gomiwnyddiaeth – yn agored ym mhulpud ei gapel trwy'r Ail Ryfel Byd. A chlywais i ddim fod yr un aelod o'i eglwys o wedi digio na ffromi llawer oherwydd daliadau eu gweinidog a'i broffes onest ohonynt. Fe wahoddodd bobl fel y Deon Coch a'r Pastor Neimoller, i annerch yn y Capel Mawr ac fe fu'n llywyddu mewn mwy nag un cyfarfod heddwch yn y dref. 'Rydw i'n cofio un cyfarfod tyrfus yn Ysgoldy Bodawen, ac un o Doriaid Dinbych yn heclo siaradwr. Gofynnodd J.H. iddo, yn ddigon cwrtais, i adael i'r siaradwr orffen ei araith cyn gofyn cwestiynau iddo-fo. "Mae gen i hawl i feddwl," meddai'r heclwr. "Oes, i feddwl, ac i ymddwyn yn iawn," oedd sylw'r cadeirydd. Fe roes hynny daw ar yr ymyrrwr – am ysbaid go hir.'

185

'Nid yw hi yn anodd i ddyn arddel cred mewn pasiffistiaeth heddiw, mewn dyddiau pan nad yw Prydain yn rhyfela. 'Roedd pethau'n dra gwahanol yn ystod y rhyfel diwethaf. Hawdd iawn y gallasai gweinidogion oedd yn gwrthwynebu'r rhyfel rwygo'u heglwysi a thynnu gwg yr awdurdodau am eu pennau. Mi sylwais i fod gan y bechgyn o'n capel ni, a oedd yn gwisgo lifrai'r brenin, barch mawr tuag at eu gweinidog – yn un peth am fod ganddo ddigon o iau i arddel ei syniadau a'i argyhoeddiadau pasiffistaidd a gwleidyddol. Fedrwch chi ddim peidio ag edmygu dyn didwyll, er i chwi anghytuno'n ffyrnig â'i ddaliadau o. A dyn felly oedd J. H. Griffith.'

*Rhodd Enbyd*

186

186. Dosbarth Ysgol Sul R. J. Hughes y tu allan i'r Capel Mawr. Mae R. J. Hughes, gof y Glasfryn, Uwchaled, a ymddeolodd yn Ninbych, a byw gyda Gwen ei ferch y drws nesaf i Gwilym R. a'i deulu, yn eistedd yng nghanol y rhes flaen, a thri o'r ysgolheigion o boptu iddo. Y tu cefn iddo, y pumed o'r chwith, mae Gwilym R. Jones, a fu ei hun yn athro Ysgol Sul ar ddosbarth am flynyddoedd, fel y Dr Kate Roberts. Casglwyd englynion R. J. Hughes gan y Prifardd Mathonwy Hughes, a'u cyhoeddi'n gyfrol, *Gwreichion y Gof*. Byddai Gwilym R. Jones a Mathonwy Hughes yn gefnogol iawn i feirdd a llenorion Dyffryn Clwyd, ac yn eu cymell i gyhoeddi'u gwaith llenyddol. 'Roedd Gwilym R. yn nodedig am hybu talentau'r hen a'r ifanc.

Yr 'Ysgolheigion' yn Nosbarth y gof o'r Glasfryn.

Yn sefyll (o'r chwith i'r dde): Mri. Aled Owen, R. E. Edwards, Llew Mawddwy Jones, Evan Jones, Gwilym R. Jones, Dafydd Owen, Joseph Roberts, Glyn Jones, Evan Hooson.

Yn eistedd (o'r chwith i'r dde): Mri. Rodney Williams, William Davies, Thomas Jones, R. J. Hughes (yr Athro), Dan Parry, D. H. Roberts, ac Evan Jones.

187

188

188. Cylch Trafod y Parchedig J. H. Griffith, y pumed ar y dde yn yr ail res. Gwilym R. Jones yw'r olaf ond un (ar y dde) yn y rhes gefn. Y nesaf ato (chwith yn y llun) yw William Humphreys, a'r cyntaf ar y chwith yn yr un rhes yw Emrys Roberts. Y Parchedig Howell Evans yw'r gŵr yn y goler gron. Yn y rhes flaen, o'r chwith i'r dde, mae Stanley Jones, Stephen Davies (tad y Parch. Meirion Lloyd Davies), Olwen William, Eluned Owen a'i brawd, Elwy Owen.

187. Blaenoriaid y Capel Mawr, Dinbych, gyda'r Parchedig J. H. Griffith, y gweinidog, a'r Parchedigion J. Howell Evans ac Owen Pritchard ar y chwith a'r dde iddo. Y Mri. D. C. Hughes, Griffith Owen, R. H. Lloyd, H. T. Davies, A. M. Benson Evans a David Peters sy'n sefyll ar eu traed (o'r chwith i'r dde). Y ddau'n eistedd gyda'r gweinidogion yw Mr Robert Roberts ar y chwith, ac ar y dde, Mr Thomas Jones. Dyma swyddogion yr eglwys tua diwedd y pedwardegau.

189. Y ffilm *Hwn Yw fy Nyffryn i*.

Mr Trefor Jones-Davies, y Cyfarwyddwr (ar y chwith), yn trafod y sgript gyda'r awdur, Mr Gwilym R. Jones. Mr Elwyn Davies yw'r dyn camera.

### Dyffryn Clwyd

(Ar alaw: 'Dyffryn Clwyd')

Yn Nyffryn Clwyd 'rwy'n byw,
Eden werdd Prydain yw:
Mor lân ei lun yw 'nyffryn i!
Mae ôl y Garddwr Mawr
Ar glai Cymreig ei lawr,
A'i Afon Ef fydd Clwyd pan fyddo'n llon ei lli.

Yn Nyffryn Clwyd mae gwig
Las ei bron, lwys ei brig,
Lle cân y gog ei phrolog ffraeth,
Mor fwyn ei wanwyn o
Bryd hau ar fryniau'r fro
Pan ddawnsia'r ŵyn a phan fo'r llwyn yn wyn fel llaeth.

I lendid Dyffryn Clwyd
Daw yr haf gyda'i rwyd
A haul y nef a lawenhâ!
A heddiw lliw y llwyn
Yw mêl yr hydref mwyn,
A'r ddaear fyw a rydd hoen Duw i ddyn a da.

Yn Nyffryn Clwyd mae rhin
I'n bywhau ym mhob hin,
Ond byr a brau yw dyddiau dyn.
Rhyw ddydd o'i ddolydd ef
Yn drwm yr af i dref,
A'i fron fydd yn obennydd braf i'm holaf hun.

189

Lluniwyd y sgript gan Gwilym R. Jones ar gyfer Awr y Plant ar Ddyffryn Clwyd, a'i eiriau ef a lefarwyd yn y ffilm gan Ifan O. Williams, y BBC, un a fu'n weinidog yn Nant-glyn ar un adeg. 'Roedd angen cerddoriaeth addas yn y cefndir, ac felly cyfansoddodd Gwilym R. ei gân gofiadwy, 'Yn Nyffryn Clwyd 'rwy'n byw, Eden werdd Prydain yw . . .' Fe'i canwyd gan Miss Beryl Hughes o Lanefydd, a Beti Clwyd (Mrs R. Mills) oedd y delynores. Ar ôl iddi briodi, parhaodd Mrs Beryl Roberts i ganu, gan ennill llu o wobrau.

Dangoswyd y ffilm yn Ninbych ym mis Ionawr, 1954. Bu'r arbrawf hwn yn un arloesol, a rhoddwyd clod i Gymdeithas Ffilm Amatur Dinbych am gyfoethogi'r diwylliant Cymreig trwy gynhyrchu *Hwn Yw fy Nyffryn i*. Gwilym R. a roddodd i'r ffilm ei theitl, ac mae'n werth nodi na allodd y newyddiadurwr, y bardd, y nofelydd a'r dramodydd, a oedd wedi disgleirio yn yr holl feysydd hyn, ymwrthod â'r cyfle i arloesi ym myd y ffilm Gymraeg.

190

190. Dewis unawdydd ar gyfer y ffilm *Hwn Yw fy Nyffryn i.*
Mae'r ddwy a ymgeisiodd am y fraint yng nghanol y rhes flaen,
sef Nia Rhosier a Beryl Roberts (Hughes y pryd hwnnw).
Wrth ochr Nia Rhosier mae'r delynores, Beti Clwyd, ac yn ymyl
Beryl Roberts, a ddewiswyd, Maggie Dryhurst Roberts (Jones yn
ddiweddarach). Yn yr ail res o'r chwith i'r dde mae Elwyn Davies
(y dyn camera), Gwilym R. Jones a'r Rheithor Hywel Davies.
Yn y cefn, mae W. S. Gwynn Williams (ar y chwith) a'r
cyfarwyddwr, Trefor Davies.

191. 1958, a dyma'r newyddiadurwr yn ei gar cyntaf. Bu ganddo
lawer cerbyd, ambell un yn anffyddlon, ond ynddynt byddai ef a
Mathonwy Hughes yn troi am Y Bala yn wythnosol i roi *Y Faner* yn ei
gwely. Ac yn ei fodur, byddai'n mynd i lu o ddosbarthiadau nos, i
bwyllgorau fil, ac i gyfarfodydd ac eisteddfodau lawer. Byddai wrth
ei fodd yn cael car newydd, fel hogyn wedi cael tegan. Hyn sydd y tu
ôl i ddau englyn Gwilym Pari Huws yn *Awen y Meddyg.*

### Car Gwilym R.

Corn rhybudd, carnau rhwber, – a batri
    Pur betrus ei dymer;
    Llyw diafael lled ofer,
    A naid gafr wrth newid gêr.

Plagus yw'r tipyn plygiau, – an'styriol
    Yw y 'steering' yntau;
    Aflêr yw'r silinderau,
    A chryn 'fake' yw y brêc brau.

191

A'r englyn arall ar yr un dudalen:

## Car Newydd Gwilym R.

Wedi'r gwaith, ar ei deithiau, – boed ynni
  Y byd-enwog falfiau
  A su tiwn y pistonau
  Ar lôn hwyr, i'w lawenhau.

192. Y ras rhwng golygyddion *Y Cymro* a'r *Faner*.

Mae cyn-Olygydd *Y Cymro*, Mr John Roberts Williams, wedi ymddeol yn Llanrug, ond fe glywir ei lais ar y radio yn aml. Byr yw'r pytiau, ond bywiog, melys a phryfoclyd. Bydd edrych ymlaen am 'Dros Fy Sbectol', ac am ei sylwadau proffwydol. Mewn llythyr, mae'n adrodd hanes 'Ras y Golygyddion'.

'Yr oedd Gwilym R. yn olygydd *Y Faner* pan oeddwn i yn olygydd *Y Cymro*, ac er bod cystadleuaeth rhwng y ddau bapur yr oedd Gwilym a minnau'n gryn ffrindiau. Yr oeddem ein dau wedi llwyddo i fyw heb gar nes cyrraedd y canol oed, ond fe brynais i un yn y diwedd. A thipyn ar ôl hynny fe brynodd Gwilym R. un, ac o ran hwyl fe benderfynasom gael ras geir ar safle hen awyrenfa ryfel ar gwr Croesoswallt, lle'r oedd yna ddarn hir ac unionsyth dan goncrid. Daeth y BBC yno i ffilmio'r ras, ac Alan Prothero oedd yn gyfrifol. 'Doedd hi ddim yn ras mewn gwirionedd, ac nid enillodd neb – dim ond rhyw fymryn o hwyl!'

192

193

193.  Dathlu Jiwbili (1894–1954) – Llywodraethwyr Ysgol Ramadeg Dinbych.

18 Tachwedd, 1954.

Mae Gwilym R. Jones, a fu'n Gadeirydd y Llywodraethwyr am dymor, yn sefyll, y trydydd o'r chwith, ac yn bedwerydd, mae Mr E. Harold Clement, y Prifathro, blaenor ac organydd y Capel Mawr. Un o Lansamlet ydoedd, a byddai'n hoff iawn o gyflwyno gweithiau Bach ar yr organ, a byddai'r bardd wrth ei fodd. Yn eistedd wrth y bwrdd, yng nghornel dde'r llun, mae Mrs W. A. Evans, priod y cyn-brifathro. Mae Mrs Gwilym R. Jones yn sefyll â'i chefn at y drws, a'r Parchedig Hywel Davies, Rheithor Dinbych, wrth ei braich dde. Mr Harold Lloyd, Golygydd *Y Free Press*, un a fu'n flaenor fel Gwilym R. am dymor o bum mlynedd, yw'r cyntaf ar y chwith wrth y llenni.

194.  Gwilym R. Jones a Mathonwy Hughes, Golygydd ac Is-olygydd *Y Faner*, y tu allan i Wasg Gee yn y pumdegau.

'Anghytunai ef a minnau'n aml ar lawer cwestiwn. Cytunem cyn amled â hynny. Fel hen gyfeillion bore oes byddai'n annaturiol inni beidio â chael ambell ffrae, ond tynhau ein cyfeillgarwch y byddai'r storm bob tro.'

*Awen Gwilym R.*

I'r dramodydd, 'roedd llefaru cywir a chlir yn hollbwysig, ac erbyn iddo gyrraedd Dinbych ym 1939, 'roedd Gwilym R. Jones am roi arweiniad i bobl ieuainc Cymru, ac am fagu to o adroddwyr. Trwy gydol ei flynyddoedd yn Ninbych, byddai'n hyfforddi cenhedlaeth ar ôl cenhedlaeth i lefaru'n grefftus a synhwyrol. 'Roedd ef ei hun yn ŵr cyhoeddus ledled Cymru, ac yn un o ddarlledwyr gorau'r genedl, a galw mawr arno at y meic.

199

199. Y Dr a Mrs H. T. Edwards, gyda Gwilym R. a'i unig ferch Olwen, yn mwynhau'r cwrs cyntaf ym mrecwast priodas Silyn a Mair.

200. Silyn, ar ddydd ei briodas, yn cael y lle canol. O'r chwith i'r dde: Iwan, Olwen, Silyn, Myfanwy a Gwilym R. Jones. Diwrnod mawr i'r teulu cyfan.

201. Bardd Cadeiriol Eisteddfod Genedlaethol Caerdydd (1938) yn ôl yn y brifddinas ym mis Mehefin 1963 gyda'i briod Myfanwy, ac yn ymweld â Silyn a Mair ar eu haelwyd yn 75 Coryton Crescent, yr Eglwysnewydd. Gyda'r ddau yn y rhes flaen mae Mr Berwyn Roberts, ac ar ei ysgwydd, llaw Olwen, ei briod. Y tu ôl i Myfanwy, mae Dona, priod Iwan, a'i mam, Mrs Gwyneth Griffiths. Ac yn y rhes gefn (o'r chwith i'r dde), mae Iwan a Mair Silyn, ac wrth ochr ei ferch mae Mr Ieuan Hughes, amaethwr diwylliedig o Fryneglwys, a'i ffraethineb yn apelio'n fawr at Gwilym R. Jones. Bu'n byw gyda Mair a Silyn yng Nghaerdydd, yng Nghaer ac yn Ninbych, ac yn gapelwr selog lle bynnag 'roedd yn trigo.

200

201

202

202. Gwilym R. ar ei draed ym mhriodas Silyn a Mair. Mae Dr H. T. Edwards ac Olwen yn gwrando'n astud.

203. Mr a Mrs Gwilym R. Jones gyda'r Dr a Mrs Huw T. Edwards yn Eisteddfod Genedlaethol Y Rhos, 1961.

'A dyma'r fan i sôn am y modd yr arbedodd *Y Faner* rhag tranc yn un o argyfyngau mawr y papur helbulus hwn. Pan oedd Gwasg Gee yn awyddus i gael gwared o'r baich o gynnal *Y Faner*, daeth H.T. (un o gyfarwyddwyr y Wasg honno) i'r adwy a rhoes fwy na dwy fil o bunnau o'i boced i gadw hoff bapur ei dad yn fyw. Ysgrifennodd at lu o'i ffrindiau a oedd mewn swyddi dylanwadol i'w cymell i gefnogi'r papur â'u hysbysebion. Un tro ymosododd gŵr go amlwg ar *Y Faner*: sylwais fod wyneb Huw yn gwelwi a'i ddyrnau'n cau, ac meddai wrth yr ymosodwr. "Dim un gair eto, y diawl! Dyma iti'r papur yr

203

oedd yn werth gan fy nhad gerdded pedair milltir a mwy i brynu'i gopi wythnosol ohono fo!" Cafodd yr ymosodwr fraw marwolaeth.'

Paragraff allan o *Dynion Dawnus* a'r awdur, Gwilym R., yn edmygu haelioni a nwyd yr hen baffiwr a'r Undebwr brwd o Benmaenmawr.

204. Gwilym R. yn cofio cymwynaswr mawr *Y Faner* a'r *Genedl*.

204

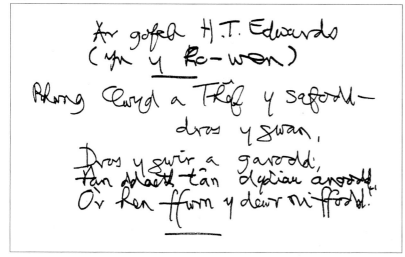

*Cofio Gwilym R.*

I ble yr ei di, fab y ffoëdigaeth . . .

. . . i Wasg y Sir, Y Bala, i roi rhifyn ola'r flwyddyn academaidd o'r *Dyfodol* ei wely. Stiwdants Bangor yn y chwedegau cynnar, fel stiwdants pob oes, yn gwybod y cyfan. Yn yr un wasg, 'roedd y ddau gawr newyddiadurol, Gwilym R a Mathonwy, yn barod i argraffu

rhifyn yr wythnos honno o'r *Faner*. 'Roedd popeth yn ei le ar wahân i dwll tair modfedd wrth ddwy ar y dudalen flaen. Mathonwy at ei benelin mewn bocs yn llawn blociau lluniau; Gwilym R. yn llewys ei grys a gwres diwedd Mai yng Ngwasg y Sir yn dechrau treulio'r amynedd. Yn sydyn, dyma Math yn gweiddi – 'dwi 'di ca'l un! – ac yn rhoi bloc llun yr union faint i Gwilym R. Heb dynnu anadl, dyma Gwilym R yn edrych ar y bloc ac yn troi at y teipiadur efo'r capsiwn i'r llun, 'Golygfa Anghyffredin yng Nghymru Heddiw', a dyna'r *Faner* ar ei ffordd ar gyfer dechrau Mehefin. Un o gampweithiau Robin Griffith, Edern, oedd y llun, Cwm Pennant yn yr eira. A dyna wers bwysig – yn y dechreuad yr oedd y Gair, nid y llun, ac yno y bydd o ar y diwedd hefyd.

Byddai'r *Faner* dan ofal Gwilym R. yn rhoi'r cyfle i ddarpar-sgriblwyr fel fi i gyflwyno syniadau ar glawr. Weithiau 'roedd 'na bwt o lythyr gan Gwilym R. yn cymell a chefnogi. Os oedd y cyfraniad dwaetha' wedi dangos gwreiddioldeb, mi fyddai nodyn arall, yn enwedig yn ystod gwyliau haf, yn rhoi comisiwn i edrych ar ddigwyddiad penodol. Yr un fyddai'r cyfarchiad gan Gwilym R. a Mathonwy, "Rhen, Euryn, y *willing horse* sy'n i chael hi bob tro . . .". Gwers arall: mewn cymuned fechan, mi gewch yn ôl yr hyn a rowch. A mwy; os gwyddoch chi o b'le daethoch, mi fyddwch yn gwybod i b'le 'dach chi'n mynd.

I stiwdant ym Mangor yn y chwedegau, 'roedd Gwilym R. yn fythol ifanc, yn ffres ei syniadau. Gwyddai'n reddfol fod iaith a diwylliant cenedl fechan yn dibynnu ar wreiddioldeb a pharodrwydd i'w hail-greu ei hunain yn ddi-baid o glai meddal ei gorffennol. Peter Pan neu Mao? Na, dest Gwilym R. . . .

*maen nhw ar gael o hyd – yr hen wynebau . . .*

Euryn Ogwen Williams

205

# Welsh speakers get TV treat from yesteryear

WELSH television followers are in for a special treat on S4C tomorrow night – and a reminder of those good old days when Welsh language ITV programmes were in their infancy.

Dewch i Mewn, Granada's trail blazing programme from 1957 until 1962, was the first Welsh language programme to be shown on ITV.

**Admitted**

Granada decided to put on a Welsh series, not for the company's love for the Welsh language, but because a Welsh language programme would be counted as a foreign language programme under the ITA Act, attracting extra advertising revenue.

This is admitted by one of the founders of Granada, Sir Dennis Forman, who was instrumental in putting the series on television, during an interview for tomorrow night's programme.

Dewch i Mewn is regarded in Welsh language television circles today as an important milestone in Welsh television history. Ironically Granada, an English company, was the pioneer of Welsh programmes in the independent sphere, followed in Wales by TWW, Teledu Cymru, and then HTV and other companies.

Extracts from those Granada programmes will be shown in Teledu Ddoe (Yesterday's Television) at 7.30pm, supported by a miscellany of TWW and HTV

☐ Welsh-speaking viewers can enjoy this lively debate which was part of the 1958 St David's Day episode of Dewch i Mewn, Granada's trail blazing programme which started in 1957

programmes from the 60s and 70s.

Dewch i Mewn was transmitted from Granada's Winter Hill to North and Mid Wales to begin with, and later to South Wales.

Sadly only one of the programmes has survived in Granada's archives, the St David's Day edition 1958, found by Emyr Price while researching another programme there for HTV.

Viewers will see the late Welsh novelist, Dyddgu Owen, the poet-blacksmith, R J Hughes, from Cerrig y Drudion, a fashion spot with Janet Evans, and most remarkably for the first time ever on Welsh TV, seven Welsh harpists singing in unison, including Morfudd Maesaleg of Bangor and Frances Mon Jones of Llanfair Caereinion.

There are also recollections from eminent Welsh people, including Richard Burton, Ivor Emmanuel, Cynan, Bob Owen, Croesor, Dr Kate Roberts and Llew Llwydiarth, together with rare archive material.

"Dewch i Mewn was a trailblazer in Welsh television history, despite all its shortcomings, and is a programme well worth seeing again," said Mr Price.

205. *Dewch i Mewn* – 1958. Rhaglen Gymraeg Granada i Gymry Cymraeg. Bu'n rhaglen lwyddiannus o 1957 i 1962, a Gwilym R. yn cymryd rhan ynddi'n aml. Yn y darlun, yn sefyll o'r chwith i'r dde: Tomi Eyton Jones, Bobi Morris Roberts, ac Owen Edwards. Yn eistedd (o'r chwith i'r dde): Tecwyn Parry, Moses J. Jones, Gwilym R. a Bob Owen.

Erthygl yn y *Daily Post*

Mae Bobi Morris Roberts yn cofio'r cyfnod, a'r gwahoddiad a gâi ef i ganu 'calypsos'. Rhydwen Williams , Huw T. Edwards a Gwilym R. a'i gwahoddodd, a Gwilym R. a fyddai'n cyfansoddi'r 'calypsos' iddo. Rhai eraill a fyddai'n aml ar y rhaglen oedd Gilmour Griffiths, Colin Jones, Y Rhos, ac Idwal Jones, Llanrwst. Meddai Bobi Morris Roberts: 'Fel yn yr hen fro, sef Dyffryn Clwyd, 'roedd stamp a dylanwad Gwilym R. yn drwm iawn ar y rhaglen *Dewch i Mewn*.'

206. *Pawb a'i Farn* (BBC Cymru), dydd Sul, Mehefin 26, 1966. Lluniwyd y cwestiynau gan Gylch Llenyddol Dyffryn Clwyd. Aelodau'r Panel (o'r chwith i'r dde) yw: Dr Douglas Bassett, Syr T. H. Parry-Williams, Mrs Nia Hall Williams, Mr Gwilym R. Jones, a'r Athro Alun Davies, Cadeirydd.

206

207

207. Ffilmio cyfweliad gyda Gwilym R., ar y wasg wythnosol Gymraeg, ar gyfer y rhaglen deledu *Heddiw*, tua 1970. Yr holwr yn y llun yw Geraint Wyn Davies.

208. Gwilym R. Jones yn ateb y Dr Geraint Gruffydd yn stiwdio HTV, Pontcanna. Huw Davies oedd y cynhyrchydd, un a gafodd aml wobr am adrodd gan G.R.J.

209. Ysgol Undydd i drafod y wasg a newyddiaduraeth. Trefnwyd y cyfarfod gan fyfyrwyr Bangor ym 1972. Yn y llun (o'r chwith i'r dde), mae Gwilym R. Jones (*Y Faner*), John Eryri Hughes (*Chronicle*), Dyfed Evans (*Y Cymro*), a T. G. Mathews (Rheolwr Hysbysebion *Y Cymro*).

208

209

210

210. Rhieni a chyfeillion yng Nghyfarfod Sefydlu Ysgol Uwchradd Gymraeg Gyntaf Cymru, Ysgol Glan Clwyd. Mae Golygydd ac Is-olygydd *Y Faner*, Gwilym R. Jones a Mathonwy Hughes, yn cofnodi'r achlysur a fu'n drobwynt yn hanes Addysg yng Nghymru.

Safbwynt cynnar Gwilym R. Jones.

'Ar bwnc addysg Gymreig, y mae Whitehall yn gryfach dros ddysgu'r iaith Gymraeg yn drwyadl yn yr ysgolion, dros roddi'r lle priodol i hanes a daearyddiaeth Cymru, nag yw cynrychiolwyr y genedl ar yr awdurdodau lleol. Chwith yw gorfod cyfaddef hyn, ond dyna'r gwir.'

Erthygl flaen y Golygydd, Gwilym R. Jones,
*Baner ac Amserau Cymru*, Tachwedd 7, 1945

211. Agoriad Ysgol Uwchradd Glan Clwyd. Eiddo'r cyn-Brifathro, Mr Desmond Healy, yw'r llun, ac ef piau'r geiriau sy'n deyrnged i gefnogaeth Gwilym R. Jones i'r ysgol, a'i ddiddordeb byw yn ei chynnydd.

'Hyd y gwn i, nid oedd a wnelo Gwilym R. â'r ymgyrch i sefydlu ysgol uwchradd Gymraeg gyntaf Cymru, sef Ysgol Uwchradd Glan Clwyd (Medi 1956). Awdurdod Addysg hen Sir y Fflint oedd yn gyfrifol amdani hi ac yn yr hen Sir Ddinbych y trigai'r Prifardd. 'Roedd y ffin sirol yn dra phwysig yn y dyddiau hynny. Ond 'roedd ei ddiddordeb yn Ysgol Glan Clwyd o'r cychwyn cyntaf yn un brwdfrydig a chefnogol. Mynychai bob achlysur cyhoeddus o'i mewn hyd y gallai gan wylio'i datblygiad a chofnodi ei chyfraniad. Ac oedd, mi oedd o yn y cyfarfod cyntaf hwnnw pan agorwyd yr ysgol yn swyddogol ym 1957 gan neb llai na Syr Ben Bowen Thomas. Yn y llun 'does 'na ddim modd peidio ag adnabod gwegil gadarn a phen moel

211

Gwilym R. (a'i gyd-olygydd ar *Y Faner*, y Prifardd Mathonwy Hughes ar ei law ddehau â'i sbectol ar ei drwyn yn cofnodi sylwadau'r Dr H. R. Thomas, cadeirydd llywodraethwyr yr ysgol newydd a chadeirydd cyntaf Cyd-Bwyllgor Addysg Cymru). Fel cyd-olygyddion, gwnâi Gwilym R. a Mathonwy yn siŵr y byddai adroddiad llawn a ffafriol yn ymddangos yn rhifyn nesaf *Y Faner* er mwyn i Gymru gyfan fod yn ymwybodol o'r cam pwysig a radical hwn yn hanes addysg plant y cenedl.

Ar y llwyfan 'roedd rhai o fawrion y sefydliad. Y Dr Haydn Williams, Cyfarwyddwr Addysg ysbrydoledig hen Sir y Fflint, yw'r gŵr sydd ar y pen chwith, gyda'i ddirprwy y pen arall i'r llwyfan â'i law ar ei wyneb. Y Dr Huw T. Edwards yw'r trydydd o'r chwith a Syr Ben Bowen Thomas y tu cefn i'r bwrdd ar y dde.

Erbyn 1969, a'r ysgol wedi symud o'r Rhyl i adeiladau yn Llanelwy (am y clawdd â Sir Ddinbych), 'roedd amryw o rieni'r sir honno yn llygadu manteision addysg trwy gyfrwng y Gymraeg i'w plant ac yn pwyso'n drwm ar y ddau Awdurdod Addysg i gydweithredu a chaniatáu i ddisgyblion groesi'r ffin. Tri disgybl yn unig a lwyddodd i wasgu drwy'r bwlch cul a grewyd yn y flwyddyn gyntaf, 1969. Ond erbyn Medi 1970 fe'u dilynwyd gan dri ar ddeg ar hugain eiddgar. Gwn i'r datblygiad hwn achosi llawenydd di-ben-draw i Gwilym R. Onid oedd ei wyrion a'i wyresau yn ddisgyblion yn Ysgol Twm o'r Nant, Dinbych? Oni chaent hwythau fynychu ysgol uwchradd Gymraeg gyntaf Cymru? 'Roedd ar gefn ei geffyl a'i adroddiadau cyson yn *Y Faner* yn loywach nag erioed.

Do, bu'n hynod o gefnogol i Ysgol Glan Clwyd gan alw'n fynych i holi hynt a helynt ei disgyblion. Ac wrth gwrs, manteisiodd yr ysgol ar ei garedigrwydd anarferol trwy sicrhau ei fod yn annerch y disgyblion hŷn naill ai ynglŷn â'i waith fel golygydd *Y Faner* neu ar bwnc llenyddol. Bu'n gyfaill cywir iawn i ni.'

212

212. 'Y cam rhesymol nesaf fu galw am Ysgolion Uwchradd Cymraeg i dderbyn to ar ôl to o ddisgyblion yr ysgolion cynradd. Cofiaf yn dda am y nosweithiau haf a dreuliodd Gwilym R. a minnau ac eraill yn canfasio pentrefi ac ardaloedd Dyffryn Clwyd i sicrhau'r nifer angenrheidiol o ddisgyblion i gychwyn Ysgol Uwchradd Gymraeg Glan Clwyd yn nydd y pethau bychain. Bellach y mae'r fesen wedi tyfu a phraffu'n dderwen go gadarn.'

*Awen Gwilym R.*

Gwŷr llên Dinbych, ac eraill, yn brwydro i gael Ysgol Gymraeg i'r dref. Ychydig o hanes y frwydr gan Mathonwy Hughes. Mae Gwilym R. Jones yn amlwg yn y frwydr, ac ef a roddodd arwyddair i'r ysgol, sef 'Da yw ein Hiaith, Cadwn Hi'. Dyma arwyddair personol Gwilym R. trwy gydol ei oes weithgar. Gwelodd agor yr ysgol yn Ysgoldy'r Capel Mawr. Yn ddiweddarach, adeiladwyd ysgol ysblennydd yng ngwaelod y dref.

## Diwrnod Mawr yn Ninbych

'Yr oedd dydd Mawrth, Medi 19, 1961, yn ddiwrnod mawr yn nhref Dinbych, oblegid y diwrnod hwn oedd diwrnod agor yn swyddogol yr Ysgol Gymraeg yn Ysgoldy'r Capel Mawr. Ysgol sydd wedi cychwyn yn addawol iawn eisoes, ac yn argoeli'n dda, a barnu oddi wrth y gwaith rhagorol a gyflawnodd yn ystod y deuddeng mis y bu ar fynd.

Dair blynedd union i'r diwrnod hwn y cafwyd y cyfarfod cyhoeddus cyntaf yn y dref a Miss Norah Isaac o Gaerfyrddin a'r Parch T. Glyn Thomas o Wrecsam i'w annerch.

Cyfarfod oedd hwnnw a drefnwyd gan y rhai a deimlai i'r byw fod angen am ysgol Gymraeg i dref y bu'r Gymraeg yn groyw ynddi ar un adeg, ond a oedd bellach yn prysur ymseisnigo.

### Ymhen Tair Blynedd

Hyfrydwch pur, ymhen tair blynedd union, oedd gweld llwyfan llawn o wŷr a merched amlwg, yn eu plith Aelod Seneddol yr etholaeth, y Cyfarwyddwr Addysg, Cadeirydd y Pwyllgor Addysg, arolygwr ysgolion ac eraill, a chynulliad da o rieni, plant a chefnogwyr yr achos, a'r plant a'u hathrawesau, wedi dyfod ynghyd ar ddiwrnod cyhoeddi'r ysgol yn agored, a chyflawni'r breuddwyd y buasent mor ymroddgar i'w droi'n ffaith.'

Mathonwy Hughes

213. Rhan o'r stori yn llawysgrifen yr ysgrifennydd, y Dr Kate Roberts, i Olygydd *Y Faner*.

'Datblygiad naturiol a chwbl resymegol iddo ef fu cefnogi addysg ddwyieithog yng Nghymru . . . Gall Dinbych ymfalchïo yn y ffaith fod Ysgol Gynradd Gymraeg Twm o'r Nant ymysg yr ysgolion cyntaf o'i math yng Nghymru, a phobl fel y Dr Kate Roberts, y diweddar Barchedig J. H. Griffith, Gwilym R. Jones ac eraill o gyffelyb fryd yn Ninbych ac yn Nyffryn Clwyd fu'n ymdrechu'n ddi-ildio i'w sefydlu.'

*Awen Gwilym R.*

213

(Ysgol Gymraeg Dinbych.)
(Llaw KATE ROBERTS)

Mis Mai 1960 y cafwyd caniatâd swyddogol y Pwyllgor Addysg i agor Ysgol Gymraeg yn Ninbych. Dewiswyd Mr R. W. Roberts i wneud y gwaith yn y Capel Mawr, a dechreuwyd arno. Modd bynnag bu'n rhaid i'r plant fyned i adeilad yn perthyn i Ysgol y Fron Goch o fis Medi, 1960, hyd y Nadolig. 38 oedd nifer y plant yn yr Ysgol ym mis Medi 1960. Symudwyd hwy i Ysgoldy'r Capel Mawr ym mis Ionawr 1961. Apwyntiasid Miss Katê Davies o Ysgol Caledfryn yn brifathrawes a Mrs Elizabeth Hughes o Ddinbych yn athrawes gynorthwyol. Yn nechrau Medi 1961, yr oedd 48 o blant yn yr ysgol.

Tameidiau allan o lyfryn a gyhoeddwyd gan Wasg Gee, *Rhywbeth i Gofio Ysgol Twm o'r Nant, Dinbych*. Adrodd stori'r ymgyrch i gael yr Ysgol Gymraeg, a'r dathlu a fu wedi i Ysgol Twm o'r Nant gynyddu ac ailsefydlu yng ngwaelod tref Dinbych oedd pwrpas y llyfryn:

'Anfonwyd at ymddiriedolwyr y Neuadd Goffa, swyddogion y Capel Mawr a Chapel Pendref i ofyn iddynt a fyddent yn fodlon rhoi lle inni dros dro. Oherwydd anawsterau ynglŷn â'r Neuadd Goffa a Chapel Pendref, y Capel Mawr oedd yr unig un a allai gynnig ystafelloedd inni. Casglwyd ffurflenni oddi wrth y rhieni a oedd yn fodlon anfon eu plant i'r Ysgol Gymraeg, tua 60 ohonynt. Yna galwyd cyfarfod o'r rhieni i dynnu allan y cais i'r Pwyllgor Addysg. Dewiswyd y Parch. J. H. Griffith, y cadeirydd (Mr Emrys Roberts) a'r ysgrifennydd (Kate Roberts) i dynnu allan fraslun o'r cais i'w roi o flaen y rhieni yn ddiweddarach. Derbyniwyd y cais gan y rhieni a dewiswyd dirprwyaeth i fynd o flaen y Pwyllgor Addysg, sef y Parch. J. H. Griffith, Yr Henadur Emrys Roberts, Mr David Jones a Mr Alun Williams. Ym mis Mai 1959 y derbyniwyd y ddirprwyaeth gan y Pwyllgor Addysg.

Bu dirprwyaeth wedyn – y cadeirydd, yr ysgrifennydd a Mr Gwilym R. Jones – yn Rhuthun yn gweld y Cyfarwyddwr Addysg a phensaer y sir ynglŷn â'r Ysgoldy ym mis Gorffennaf 1960. Cafwyd gwybodaeth ar ôl hyn fod pob anhawster ynglŷn â'r garthffos yn y Capel Mawr drosodd, a mynegodd y ddirprwyaeth y byddai rhybudd yn y papur lleol yr wythnos honno y byddai'r ysgol yn agor ymhen dau fis. Rhoddwyd y gwaith o atgyweirio'r Ysgoldy i Mr R. W. Roberts, aelod o'r pwyllgor. Cynhaliwyd y ffair ym mis Hydref 1960, Miss Cassie Davies yn ei hagor. Gwnaed elw clir o £153/17/7.'

Adlewyrchir y trafferthion a gafwyd i gael cartref i'r Ysgol yn stori fer-hir y Dr Kate Roberts, *Tywyll Heno*. Yr oedd Gwilym R. Jones, un a fu'n flaenor yn y Capel Mawr, wedi dylanwadu'n dawel a chwrtais, fel y medrai ef, ar weinidog a blaenoriaid yr eglwys. Ond, byddai

Aelwyd y Chwiorydd yn cyfarfod brynhawn Mercher, ac nid ystyriodd y blaenoriaid, gwŷr rhai o'r gwragedd mwyaf dylanwadol a oedd yn rhedeg yr Aelwyd hon, na allent gyfarfod bellach ar eu hawr arferol! Gwrthryfelodd y merched yn ffyrnig, a chynhyrfodd y nofelydd yn naturiol. Nid oedd ganddi lawer o amynedd gyda'r rhyw deg, yn enwedig y rheiny na allai dderbyn ei safbwynt ar fater yr iaith. Dyma arwyddocâd brawddeg Bet pan gollodd arni'i hunan yn y festri – 'Y peisiau sy'n teyrnasu'. Brawddeg arall o eiddo'r nofelydd, nad yw'n y stori hon, oedd 'Fi oedd Bet'. Fe'i clywsom droeon! Yn y cefndir, fel y gallai, bu Gwilym R. yn cymodi, ac yn parhau i genhadu ar air ac mewn print dros yr iaith Gymraeg yn ysgolion Cymru, ac ym mhob cylch arall o fywyd y genedl. Gwelodd ef, a rhyw ddyrnaid o'i gyfeillion cyn yr Ail Ryfel Byd, fod yn rhaid i'r iaith gael statws.

214

215

214. Y Doctor Kate Roberts yn agor Ysgol Twm o'r Nant, Ebrill 23, 1968. Mae'n ddiwrnod llawen, ond mae pawb yn edrych yn ddifrifol iawn! Miss Kate Davies, y Brifathrawes, sydd yng nghornel dde'r llun, a'r Faeres a'r Maer rhyngddi hi a Mr Emrys Roberts. Wrth ymyl y Rheithor, y Parch. Cyril Williams, mae Clerc Cyngor y Dref, Mr W. T. Williams, sy'n cofio Dinbych a'i phobl ddoe yn well na neb sy'n fyw.

215. Criw o bobl ieuainc yng Nglan-llyn yn dilyn cwrs mewn llenyddiaeth. Y gŵr ifanc barfog ar y chwith yw Mr Dei Tomos, BBC Cymru.

'Os bu rhywun erioed yn gefnogol i bobl ifanc, Gwilym R. fu, a deil i fod felly. Ar boen eich bywyd gwyliwch eu beio am odid ddim a wnânt neu gwae chi! Bûm yn teimlo rai gweithiau fod ei edmygedd o bobl ifanc yn ymylu ar fod yn eilun-addolgar a braidd yn unllygeidiog ar adegau. Beth bynnag am hynny, mae'r cyfaill hwn yn nodedig o weithgar gyda'r to sy'n codi, a gall yntau ymfalchïo yn y ffaith fod ei hyfforddiant cyfeillgar yntau bob amser yn ennill eu cyfeillgarwch a'u hedmygedd hwythau. Daeth bellach i gael ei ystyried yn gefn cadarn i'r ifanc yn eu brwydr i achub Cymreictod a gorseddu'r iaith. Ato ef yn anad neb o'r to hynaf y try'r iaithgarwyr eirias hyn am gefnogaeth i'w hachos yn nydd y ddrycin, a balch fu yntau bob amser o sefyll gyda hwy yn y bwlch.'

*Awen Gwilym R.*

216

216. Cwrs mewn llenyddiaeth Gymraeg yng Nglynllifon, ym mis Mai 1961. Mae Gwilym R. Jones ar y dde yn y darlun. Gan ddechrau'r pen arall i'r rhes flaen, mae Ann Povey a Manon Davies, a Delyth Davies yn pwyso arnynt. Margaret (née Roberts) sydd nesaf, yna Richard Morris Jones, Olwen (merch y darlithydd), Ann (née Humphreys), a fu yn nosbarth Ysgol Sul Gwilym R. yn Ninbych – Mrs Ann Parry, priod Dr Emyr Parry. Rhwng Olwen ac Ann mae'r diweddar Dan Lyn James, yn pwyso ar ei rwyf.

217. Gwilym R. a chyrsiau penwythnos yr Urdd.

Mrs Gwennant Gillespie yn cofio'r penwythnosau yng Nglan-llyn:

'Go brin bod dim yn rhoi mwy o bleser i Gwilym R. Jones na chael trafod barddoniaeth gyda phobl ifanc. Ac o ddiwedd y pumdegau ymlaen, fe gâi e gyfle ysbeidiol i fwynhau'r profiad yng nghyrsiau penwythnos yr Urdd i aelodau chweched dosbarth yng Nglan-llyn. Deuent yno ar anogaeth eu hathrawon o Ysgolion Uwchradd yn cynnwys Llanidloes, Y Drenewydd, Bro Ddyfi a'r Bala.

Weithiau byddai athrawon yn gofyn am drafod un o'r llyfrau-gosod, neu ddetholiad o gerddi; dro arall gadewid i Gwilym R. ddewis rhai o'i hoff awduron – R. Williams Parry, Waldo neu Gwenallt. Nid darlithio a wnâi Gwilym R. ond eistedd yng nghanol y grŵp a'u symbylu *nhw* i drafod.

Wedi cyflwyno'r awdur, y gyfrol neu'r detholiad, byddai'n sôn ychydig am y cefndir, ac yn aml, yn nodi cefndir y cerddi unigol; ac achlysur eu cyfansoddi. Cyfle wedyn i ddarllen cerdd ar goedd, ac yna ddechrau trafod gyda chwestiwn – "Pwy sy'n hoffi'r gerdd? Pam? Beth sy'n arbennig ynddi? neu Pam *nad* yw hi'n apelio?" Weithiau byddai hynny'n arwain at gwestiwn cyffredinol – "Beth yw'r gwahaniaeth rhwng barddoniaeth a rhyddiaith? Beth sy'n gwneud cerdd yn farddoniaeth dda? A all emyn fod yn farddoniaeth dda? Ai help neu rwystr yw cynghanedd? A oes raid cael odlau?" A byddai ambell drafodaeth yn cymryd sesiwn gyfan! Weithiau byddai yn cymell yr aelodau i ddewis eu hoff gerdd i'w chyflwyno drannoeth gan nodi pam y'i dewiswyd.

A chyn diwedd y penwythnos, byddai Gwilym R. wedi trafod llawer mwy na barddoniaeth! Rywsut, fe fyddai Cymru a Chymreictod wedi dod i'r sgwrs. A'r aelodau yn mynd adre â'u Cymreictod yn gadarnach a hwythau yn barotach i ymgodymu â Seisnigrwydd agwedd ambell unigolyn mewn ysgol ac ardal. A aeth rhai o'r aelodau ati yn ddiweddarach i ysgrifennu eu cerddi eu hunain? Wn i ddim. Ond os ydynt yn dal i ddarllen barddoniaeth a'i fwynhau, fe fyddai hynny yn fwy na digon o dâl i Gwilym R. Jones.

Ac yn anfwriadol, mae'n ddigon posib fod yr Urdd hithau, trwy gyfrwng ysbrydiaeth y cyrsiau, wedi cyfrannu rhywfaint at sefydlu Cymdeithas yr Iaith, ac yn ddiweddarach at lwyddiant memorandwm y Cynulliad!'

## Gwilym R. yng Nglan-llyn

Bachgen ysgol oeddwn i pan gefais gyfle i dreulio wythnos yng ngwersyll yr Urdd yn Nglan-llyn, Llanuwchllyn. 'Roedd pob mathau o bethau wedi cael eu darparu ar ein cyfer, ond ni allaf gofio'r un ohonyn nhw erbyn hyn: ac eithrio un. 'Roedd Gwilym R. Jones yno yn darlithio ar farddoniaeth. 'Does gen i fawr o gof am y ddarlith ei hun ychwaith, dim ond i mi gael fy ngwefreiddio gan ei chynnwys, a chan y llais coeth a chyfoethog a'i traddodai. Cofiaf iddo sôn am R. Williams Parry, ac adrodd rhai straeon amdano, am ei hydeimledd a'i ofnusrwydd. 'Roeddwn wedi cael fy nghyfareddu gan y ffaith fod y darlithydd yn adnabod Bardd yr Haf. Gwyddwn y rhan fwyaf helaeth o *Yr Haf a Cherddi Eraill* ar fy nghof, ar ôl i mi fod yn astudio'r gyfrol yn yr ysgol. 'Roeddwn i hefyd wedi darllen cerddi Gwilym R., ac 'roedd ei awdl fuddugol yn Eisteddfod Genedlaethol Caerdydd ym 1938, ''Rwy'n Edrych dros y Bryniau Pell', yn ffefryn gen i. Ar ôl y ddarlith dywedais wrtho fod gen i ddiddordeb mawr mewn barddoniaeth, a dywedais fy mod yn gyfarwydd â'i waith, yn enwedig yr awdl arobryn. Ni fynnai sôn am ei farddoniaeth ei hun, a buom yn siarad am Williams Parry wedyn. Deuthum i'w adnabod yn dda flynyddoedd yn ddiweddarach, gan mai fi a gyhoeddodd ei gasgliad olaf o farddoniaeth, ac 'roedd o hefyd yn un o golofnwyr sefydlog *Barddas* ar un cyfnod. 'Roedd gen i feddwl mawr ohono, fel person ac fel bardd.

Alan Llwyd

## Stori Serch

### (O Wersyll Glan-llyn)

Cellweirus oedd ei thraed
ar lawnt Glan-llyn
a melys ei Chardïeg
wrth weu patrymau
hen synhwyrau serch
ac egin nwyfus pum plwy Penllyn
yn dawnsio'r nos yn ddydd.

217

## URDD GOBAITH CYMRU

Tan Nawdd

Cwmni Urdd Gobaith Cymru (Corfforedig)

THE WELSH LEAGUE OF YOUTH [Incorporated]

Pennaeth Adran Hyfforddi
a Materion Cydwladol
**GWENNANT DAVIES, B.A.**

GD/CF

SWYDDFA'R URDD
ABERYSTWYTH
Tel. 579 : 7747

Medi 22, 1965.

Mr. Gwilym R. Jones,
11 Bryn Teg,
DINBYCH.

Annwyl Gwilym R.,

**Cyrsiau Ysgolion Uwchradd Glan Llyn**
**Hydref 15 - 17 a Tachwedd 26 - 28**

Mae'n siwr y cofiwch inni ofyn i chi a fyddech yn fodlon gweithredu fel hyfforddwr i'r Grŵp Llenyddiaeth yn y gyfres gyrsiau penwythnos a drefnir gan yr Urdd i fechgyn a merched Ysgolion Uwchradd yn ystod 1965 /66, ac i chithau, yn garedig iawn, gydsynio â'r cais.

Gobeithio eich bod chi wedi gallu cadw'r ddau benwythnos cyntaf, Hydref 15 - 17 a Tachwedd 26 - 28 yn rhydd, a gobeithio eich bod wedi cael munud i ddethol y llyfrau y byddwch yn ymdrin â nhw yn ystod y ddau gwrs. Fe fyddwn yn falch dros ben pe gallech chi nodi'r rhain er mwyn i mi gael gwneud yn siwr fod y rhai sy'n dod i'r Cwrs ar gyfer y Grŵp Llenyddiaeth yn dod â'r llyfrau gyda nhw. Os teimlwch y dylid eu bod wedi eu darllen cyn dod, hoffem i chi nodi hynny hefyd.

A gaf i air bach o hyn i ddechrau'r wythnos, os gwelwch yn dda ? Rwy'n amgau amlen i hwyluso hynny.

Synnwn i ddim na chawn ni Gyrsiau eitha' llwyddiannus.

Gyda chofion caredig atoch,

(Gwennant Davies)
Pennaeth Adran Hyfforddi

'Roedd yntau'n llon-ryfygus
pan ganai ei ewynnau
megis tannau telyn
wrth godi llafn ei rwyf
i lwybr y lloer;
ac wedyn pan oedd dŵr y llyn
yn lapio'n braf amdano
'run fath â breichiau'i fam.

Dodasant goron ar ben y nos,
hyd awr gwahanu . . .

Cwsg heno, Tegid,
nac wylwch chwithau'r sêr yn eich pellteroedd:
ni ddaw eich dagrau fyth
â'r ddau ynghyd.

*Y Syrcas a Cherddi Eraill*

218. Penwythnos llenyddol Urdd Gobaith Cymru yng Ngwersyll Glan-llyn. Cynhaliodd yr Urdd y cwrs yng ngofal Gwilym R. Jones, Islwyn Ffowc Elis ac Alan Llwyd. Daeth 60 bobl ieuainc (Dosbarth 6) i'r cwrs o un ar ddeg o ysgolion Gogledd Cymru. Hwn oedd y cwrs cyntaf o'i fath i'w gynnal yn y gwersyll. Rhagfyr 1973 oedd y flwyddyn.

Gwahoddwyd Gwilym R. Jones i fod yn aelod o'r Academi Gymreig yn fuan ar ôl ei sefydlu. Mae D. Gwenallt Jones, Golygydd *Taliesin*, yn adrodd yr hanes yn ei 'Sylwadau Golygyddol' i'r rhifyn cyntaf:

218

## Yr Academi Gymreig

'Fe welodd rhai llenorion fod angen Cymdeithas Lenyddol, Cymdeithas Lenyddol genedlaethol: Cymdeithas lle y gallent gymdeithasu â'i gilydd a thrin a thrafod llenyddiaeth Gymraeg.

Gwahoddodd Mr Bobi Jones a mi ddeg llenor i gyfarfod yn Aberystwyth ar 3 Ebrill, 1959: ac wrth ddewis y deg cadwyd un llygad ar Gymru – Gogledd, Canolbarth a Deheudir; a'r llygad arall ar oedran – hen, canol-oed ac ifanc.'

219. Y diweddar Ddr D. J. Williams, Abergwaun, yn cyflwyno Gwobr yr Academi i Mr Emyr Jones, Ysgolfeistr Betws-yn-Rhos, Abergele. Beirniaid y gystadleuaeth oedd y Dr Islwyn Ffowc Elis a'r Dr D. Gwenallt Jones. Yn y llun, o'r chwith i'r dde, y Parchedig Euros Bowen, Gwilym R. Jones, Tecwyn Lloyd, y Dr D. J. Williams, yr Athro Bedwyr Lewis Jones, Emyr Jones a'r Dr Kate Roberts.

220. Gwilym R. Jones yn llongyfarch Emyr Jones.

221. Pwyllgor Gwaith Eisteddfod Rhuthun Urdd Gobaith Cymru, 1962, a gynhaliwyd yn nhref Rhuthun.

Y rhes flaen (o'r chwith i'r dde): Dr Trefor Jones, Mrs Beryl (Bryn) Williams, Dafydd Jones (Trefnydd yr Urdd), Idris Jones, Gwilym R. Jones (Is-gadeirydd), Elfed Williams (Ysgrifennydd Cyffredinol), Ms. Ella Williams, R. D. Jones, a J. Cyril Hughes.

Y tu cefn i'r Trysorydd, Idris Jones, mae Miss Kate Davies a Miss Gwyneth Owen, ac yn y rhes yma mae Mrs Margaret Roberts (Rhuthun), Ms. Rhiannon Davies, Miss Ella Ingman, Ms. Iola Jones, a Miss Dilys S. Davies.

Ymhlith y rhai yn y drydedd res mae'r Mri. Caradog Owen, Gwilym Edwards, Saunders Davies, Bob Lloyd, Llewelyn Williams, Mathonwy Hughes, ac Emrys Jones o Lanrhaeadr.

220

221

219

Yn y bedwaredd res ymhlith eraill mae'r Mri. Alun Roberts, Trebor Hughes, Aubrey Roberts a B. Sloman.

Yn y rhes gefn, mae'r Dr Aled Lloyd Davies, i'r chwith i'r gŵr ordeiniedig, yna Ieuan Griffith ac Elwyn Wilson Jones, Prifathro Ysgol y Rhewl.

A dyma a ddywed y diweddar R. E. Griffith, Cyfarwyddwr Urdd Gobaith Cymru, am yr Eisteddfod hon yn ei lyfr sy'n adrodd hanes y Mudiad:

'I Ddyffryn Clwyd yr aeth yr Urdd i gynnal Eisteddfod Genedlaethol 1962, gan godi ei phabell yng nghanol tref Rhuthun. 'Roedd yr ŵyl hon, yn sicr, ymhlith goreuon y gyfres ym mhob ystyr ac am lawer rheswm. Cafwyd tywydd ffafriol ar y cyfan; heidiodd y cystadleuwyr a'u cefnogwyr o bob rhan o Gymru i'r 'dyffryn clodfawr'; dylifodd y torfeydd i bob un o'r cyfarfodydd a theimlid bod cefnogaeth gadarn cylch eang y tu ôl i'r ymdrech; 'roedd y maes, er yn fychan, yn hynod ddymunol a chyfleus; 'roedd y cystadlu'n raenus a'r trefniadau ar gyfer yr ymwelwyr yn arbennig o effeithiol; ni chafwyd y ffwdan lleiaf i sicrhau llety rhad i ddwy fil o gystadleuwyr o bell ac 'roedd balchder ac urddas yn y croeso a roed iddynt. Nid ar chwarae bach y cyflawnwyd hyn oll. 'Roedd yn ganlyniad dwy flynedd o waith caled ar ran dau gant o wirfoddolwyr a weithredai ar bymtheg o bwyllgorau. Cymry eiddgar oedd y rhain, pobl 'y pethe' o ddifrif, a phobl a gredai'n ddiysgog yng nghenhadaeth yr Urdd ymhlith plant a phobl ifanc y genedl. Arweiniwyd y gweithwyr hyn gan Mr T. Glyn Davies, Cyfarwyddwr Addysg Sir Ddinbych, a weithredai fel Cadeirydd y Pwyllgor Gwaith. Hawdd y gallai yntau ddirprwyo rhai dyletswyddau i'r Is-gadeirydd, Mr Gwilym R. Jones, Golygydd *Y Faner*. Bu'r Trysorydd, Mr G. Idris Jones, yn ffodus i gael Pwyllgor Cyllid cryf i'w gefnogi ym mhopeth, a thrwy eu hymdrechion hwy y codwyd cronfa o £2,500 ymlaen llaw – pum can punt yn fwy na'r nod. Ar ysgwyddau Mr Elfed Williams y syrthiodd baich

222

Ysgrifennydd Cyffredinol, ond fel arfer bu staff profiadol yr Urdd yn dŵr o nerth iddo; erbyn hyn J. Cyril Hughes oedd yr angor yn y pencadlys, Dafydd Jones yn cynnal Swyddfa'r Eisteddfod.'

'Gyda'r blynyddoedd cafodd Gwilym R. ddigon o dröedigaeth i fod yn grefyddwr selog teirgwaith y Sul, peth nas cefais i, mwyaf fy nghywilydd.'

*Awen Gwilym R.*

222. Mis Mai, 1965. Y Parchedig J. H. Griffith wedi iddo ymddeol yn cyfarch ei olynydd y Parchedig Cynwil Williams yn y sêt fawr yn y Capel Mawr, Dinbych. Y Parchedig Bryn Williams sy'n sefyll rhwng y ddau. Ef oedd Llywydd yr Henaduriaeth ar y pryd. E. C. Richards, Ysgrifennydd yr Eglwys, sydd ar y dde, Prifathro Ysgol Uwchradd Caledfryn.

223

Tel.: Dinbych 383

Awst 27, 1966.

SWYDDFA'R FANER
MIDLAND BANK CHAMBERS
DINBYCH

A.G.,-

      Pan fyddi'n rhwym dan dwymyn, - y trwyn cain

         Fel trwyn coch y meddwyn! -

        Daw i warchod dy erchwyn

        Lon gôr o angylion gwyn!

        Y cofion a'r dymuniadau gorau,

              Gwilym R.

223. Dri mis yn ddiweddarach, mae'r gweinidog newydd wedi cael annwyd trwm! Ond mae gan y Golygydd prysur hamdden i anfon englyn i'w gyfarch!

224

224. Y tu mewn i'r Capel Mawr, Dinbych.

## Alaw Enwog gan Bach

(Ar ôl clywed perfformiad gwefreiddiol
o'r alaw Rhif 3 gan Bach)

Ei nodau fel petalau teg
a ddisgyn yn hardd osgordd
ar y lawnt yn arlwy haf
i'n cynnal yn nydd cyni.

Seiniau cynnes y crythau
sy'n iacháu briwiau bron;
y diflin fioliniau
yn procio, yn chwilio a chwalu
ein di-nwyd gredoau ni.

A'r bas sy'n sgwrio ein byd
yn rhoi inni bwys dyfnder ein bod.

Daw â breuddwyd boreddydd
inni yn hedd diwedd dydd,
serennedd y sêr unig,
diamser bleser i'r blin.

Gwilym R. Jones,
*Barddas*, Gorffennaf/Awst, 1986

225

Y CAPEL MAWR DINBYCH

Y WYNTYÊL

225. Syniad Gwilym R. oedd cael 'Papur Capel'. A chosbwyd Golygydd Y Faner â'r gwaith o gynorthwyo i'w gyhoeddi. Ond ni fyddai ef byth yn cwyno pan fyddai'r gwaith yn mynd ar gynnydd. Cynlluniwyd y clawr gan Berwyn Roberts.

## Y Babell a'r Bwthyn

Patrwm pob mis Awst – Y Babell (yn yr Eisteddfod) a'r Bwthyn (draw yn Llŷn). Ond ni fyddai gwyliau heb gwilsyn i'r beirniad a'r newyddiadurwr.

Byddai'r beiro inc glas yn ei ddilyn i bob cornel o'i fywyd.

Ym mhob Eisteddfod Genedlaethol, byddai ef a Mathonwy Hughes yn gofalu am Babell Y Faner ar faes y Brifwyl, gyda'u gwragedd, Myfanwy a Mair. Byddai Gwilym R. yn cofnodi popeth, yn mwynhau protest a stori, ac yn rhedeg rhwng y sgyrsiau i roi beirniadaeth yn y Pafiliwn a'r Babell Lên, neu i annerch rhyw gymdeithas yn rhywle. Am flynyddoedd, 'roedd Y Faner yn rhannu pabell â Chymdeithas y Cymod. Erbyn hyn, mae rhywun yn gweld mor naturiol oedd y dewis yma i'r heddychwr hirymarhous.

226. Y Babell – a'r cwmni croesawgar wrth y fynedfa. O'r chwith i'r dde: Gwilym R., Mathonwy Hughes, a'i briod Mair, Myfanwy a'i chyw melyn olaf hi a'r Golygydd, Mrs Olwen Roberts.

Lleolir y babell yn bur agos i Lŷn – ym Mro Dwyfor, 1975. Fe ddisgrifiodd Rhydwen Williams awyrgylch Pabell

Y Faner yn hiraethus a digrif yn Barddas, Rhif 199, yn Nhachwedd 1993, rhyw dri mis wedi marw ei gyfaill, Gwilym R. Jones:

'Y brifwyl oedd y man cyfarfod blynyddol – bydd ei absenoldeb, o hyn ymlaen, fel gŵyl heb na phebyll na Phafiliwn mawr! Pabell Y Faner oedd ein llys. Anelai'r cwmni tuag yno: beirdd, llenorion, athrawon, gweinidogion, eisteddfodwyr o bob rhyw, a'r sgwrsio a'r chwerthin fel trydar adar cerdd – fan hyn 'roedd Kate, Morris,

226

D.J., Valentine, Tecwyn (Evans), Capel Als, Cynan, Wil Ifan, D. R. Hughes, Trefin, Dr Haydn, Moses, J.E. (Jones), Gwynfor! Eisteddfodwyr o'r iawn ryw! A Gwilym R. a Mathonwy y tu ôl i gyrten yn ysgrifennu hanes yr ŵyl i'r rhifyn nesa' o'r Faner rhwng clonc a phaned o de, a Myfanwy a Mair, y gwragedd ffyddlon, yn berwi tegyll ac yn arllwys cwpaneidiau mor siriol â'r bachgennyn hwnnw a roes help llaw i borthi'r pum mil – "Gymi di ddarn o fara-brith, Kate?"

Bu newid perchenogaeth *Y Faner* yn brofiad mawr i'r golygyddion, Kate mor ddwys, Huw T. (Edwards) mor ddireidus. Daeth un o ddynion papur newydd Llundain ar ymweliad â'r Eisteddfod; Huw T. yn ei dywys yn syth i babell *Y Faner*, a chyflwyno'r golygyddion iddo. "What does the R stand for, Mr Jones?" A Huw T. yn ateb fel fflach, "Rupert!" Ac nid oedd dim yn rhoi mwy o bleser i'r hen rebel Sosialaidd na phlagio Gwilym Richard mai Rupert oedd ei enw.

Bu gan Gwilym a Huw T. stori fawr yn rhedeg am hydoedd – Huw ni oedd targed y tynnu coes hwn – bod Mathonwy yn cadw mochyn mawr oedrannus yn y tŷ, methu'i ladd, a phan gafodd y creadur bowt o annwyd, fe'i rhoed ar y soffa, côt fawr Math drosto, a Mair yn ei dendio'n dyner â llwyed o foddion, *Metatone!* A Gwilym R. a Math yn taeru mai gwir oedd y stori.'

227

227. Pennant, Uwchmynydd, hoff gyrchfan Gwilym R. a'i deulu hyd y dydd heddiw.

''Maen nhw'n ddigon drwg, mi wn, ond 'roedd y ddau hogyn yma efo'u mam a finna ym Mhwllheli nos Sadwrn. Fe aethom yno'n gynnar yn y p'nawn – mi fyddwn ni'n mynd bob amser gŵyl draw i Lŷn, wyddoch chi.''

Geiriau tad Gwilym R. Jones wrth Ifans, plismon y pentref

(*Yn Nhal-y-sarn Ers Talwm . . .*)

## Yr Eisteddfodwr Mawr

Ar ôl cystadlu'n selog yn ystod y tridegau, a chipio prif wobrwyon y Genedlaethol – Coron, Cadair, y Fedal Ryddiaith, a gwobrau am nofelau, traethodau, a cherddi, a chyfansoddi nifer o ddramâu, rhai ar y cyd ag Emrys Cleaver, dewisodd Golygydd prysur *Y Faner* ganolbwyntio ar newyddiaduraeth, a gwyntyllu rhai o broblemau mawr Cymru a'r byd. Bu'n cyfrannu i bob papur Cymraeg, ac yn aml i bapurau fel y *Daily Post* a'r *Chester Chronicle*. 'Roedd golygyddion y cylchgronau llenyddol, a fu'n niferus yng Nghymru, yn galw am erthyglau ganddo yn rheolaidd, a *Barddas* yn derbyn ysgrifau difyr ac atgofus ganddo pan oedd yn ei wythdegau. Bu Alan Llwyd yn hynod o garedig wrtho, gan ei annog i ysgrifennu cerddi ac atgofion. Yn ei henaint, bu hyn yn werthfawr yn ei olwg.

Bu'r Eisteddfod Genedlaethol yn gyfrwng i'w ddwyn i sylw gwlad, a theimlai'n ddyledus iawn i'r hen sefydliad hwn. Felly, trwy gydol ei yrfa hir a phrysur, rhoddodd gefnogaeth frwd i'r Eisteddfod, gan feirniadu mewn Eisteddfodau bach a mawr, ym mhob rhan o Gymru. Byddai'n beirniadu Llên ac Adrodd, a phob amser yn garedig iawn wrth bawb oedd yn cystadlu. Byddai'n rhoi hyder i'r rheiny a fyddai'n colli i ddal ati. Rhoddai hwb ymlaen i bopeth, ac ni wrthodai help llaw a gair cynnes i neb a ddeuai ato.

Un eithriad oedd Gorsedd y Beirdd. Ni allai dderbyn gwahoddiad taer Cynan. A bu sawl un ar ôl Eisteddfod Caernarfon 1935!

228a/b

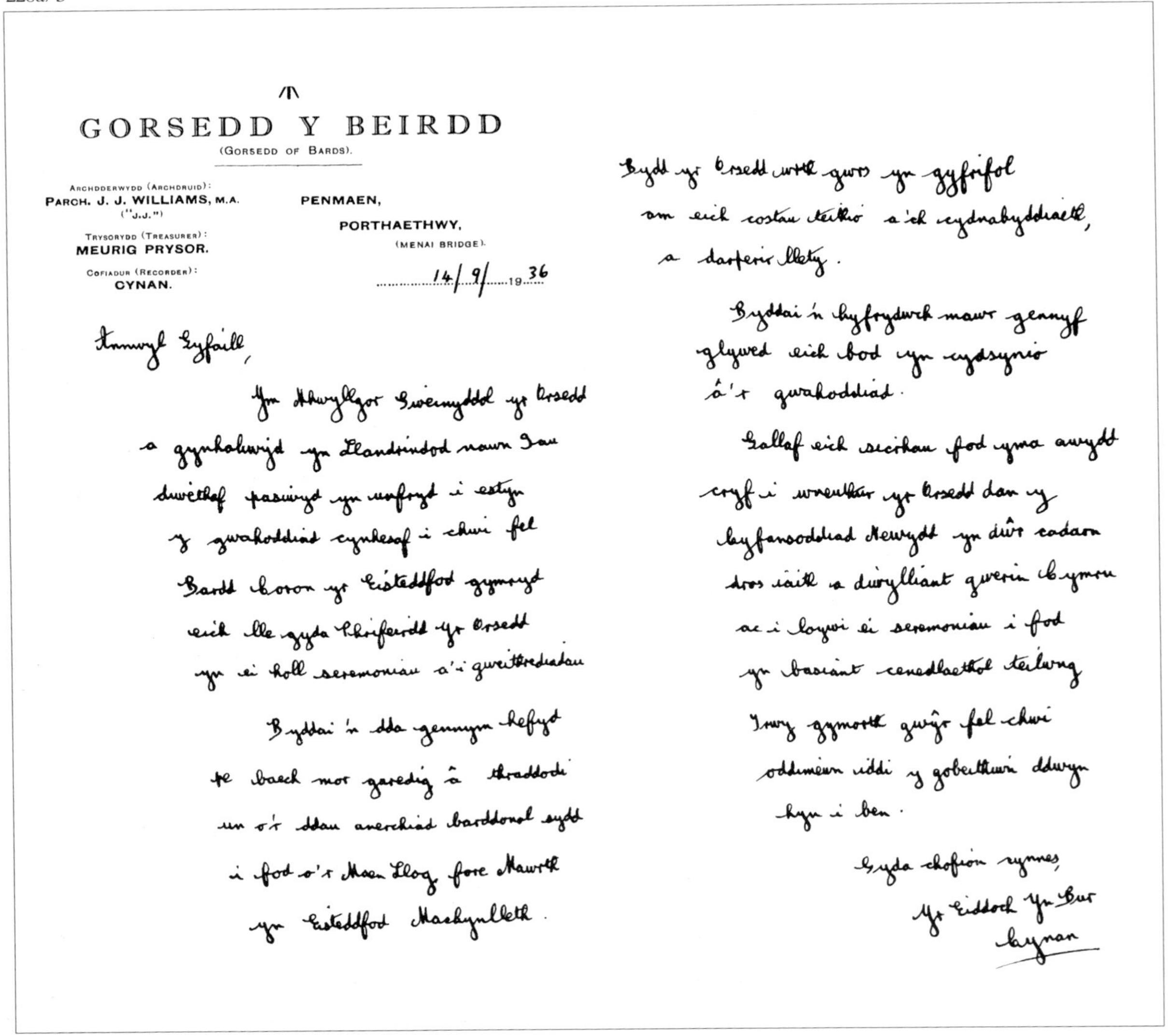

GORSEDD Y BEIRDD
(GORSEDD OF BARDS).

ARCHDDERWYDD (ARCHDRUID):
PARCH. J. J. WILLIAMS, M.A.
("J.J.")

TRYSORYDD (TREASURER):
MEURIG PRYSOR.

COFIADUR (RECORDER):
CYNAN.

PENMAEN,
PORTHAETHWY,
(MENAI BRIDGE).

14/9/1936

Annwyl Gyfaill,

Yn Nhwyllgor Gweinyddol yr Orsedd a gynhaliwyd yn Llandrindod nawn Iau diwethaf pasiwyd yn unfrydol i estyn y gwahoddiad cynhesaf i chwi fel Bardd Coron yr Eisteddfod gymryd eich lle gyda Phrifeirdd yr Orsedd yn ei holl seremoniau a'i gweithrediadau.

Byddai'n dda gennym hefyd pe baech mor garedig â thraddodi un o'r ddau anerchiad barddonol sydd i fod o'r Maen Llog fore Mawrth yn Eisteddfod Machynlleth.

Bydd yr Orsedd wrth gwrs yn gyfrifol am eich costau teithio a'ch cydnabyddiaeth, a darperir llety.

Byddai'n hyfrydwch mawr gennyf glywed eich bod yn cydsynio â'r gwahoddiad.

Gallaf eich sicrhau fod yma awydd cryf i wneuthur yr Orsedd dan y Cyfansoddiad Newydd yn dŵr cadarn dros iaith a diwylliant gwerin Cymru ac i loywi ei seremoniau i fod yn basiant cenedlaethol teilwng. Trwy gymorth gwŷr fel chwi oddimewn iddi y gobeithiwn ddwyn hyn i ben.

Gyda chofion cynnes,
Yr Eiddoch Yn Bur
Cynan

228a/b. Llythyr Cynan at Gwilym R. yn ei wahodd i ymuno â'r Orsedd.

229. Byddai beunydd beunos ar ei ffordd i eisteddfodau bach y wlad, ac yn cystadlu yng Ngŵyl yr Ysgol Sul yn flynyddol. Yma, fe'i gwelir yn helpu yn seremoni cadeirio Mr Lewis T. Evans, Cyffylliog, yn Eisteddfod Llangwm, 1954. Gwilym R. oedd y beirniad, a chanmolodd y 'Cywydd i Uwchaled'. Byddai'i gefnogaeth yn ddi-ball.

230. Wrth fwrdd y Wasg yn Eisteddfod Y Rhyl, 1953. Yn gwmni iddo mae Mr Emrys Roberts.

230

229

231

231. Yn Eisteddfod Genedlaethol Aberdâr, 1956: Gwilym R. Jones ar y chwith, un arall o lenorion Dyffryn Nantlle, Gwilym Eryri, ar y pen arall, ar y dde. Silyn a Mair yn y blaen.

232. Maer Dinbych, rhai o gynghorwyr y dref, ffrindiau a gwŷr llên yn anrhydeddu y Prifardd Mathonwy Hughes ar ôl iddo ennill y Gadair yn Eisteddfod Aberdâr ym 1956. Testun yr awdl oedd 'Y Wraig', ac ar y chwith iddo mae ei briod, Mair.

232

233

233. Côr cyd-adrodd o'r Capel Mawr, Dinbych, yn cystadlu yn Eisteddfod Genedlaethol Y Fflint, 1969. Yn sefyll gyda Gwilym R. yn y rhes gefn (o'r chwith i'r dde) mae Gwyneth Clwyd, Beti Rowlands, Eryl Davies, Gwyneth Jones, Nan Lloyd Roberts, Berwyn Roberts, a Glyn Williams. Ac yn y rhes ganol (chwith i'r dde): Olwen Roberts, Eluned Davies, Dilys Hefina, Meirwen a John Eric Hughes. Yn y rhes flaen (eto o'r chwith i'r dde): David Glyn Jones, y ddiweddar Norah Hughes, Nansi Jones a Phyllis Lloyd. (Yr enwau uchod ar ddydd y cystadlu.)

234

234.  Aelodau Pwyllgorau Eisteddfod Rhuthun, 1973.

Gwilym R. Jones (Cadeirydd Adran Llên) yw'r cyntaf ar y chwith yn y rhes flaen. Gydag ef mae Edgar Rees, y Dr Kate Roberts, Emrys Roberts (Is-gadeirydd), John Roberts (y Trefnydd yn y Gogledd), D. E. Alun Jones (Cadeirydd y Pwyllgor Gwaith), Tom Hughes (Is-gadeirydd), Arthur Roberts (Is-gadeirydd), Edgar Hughes, J. B. Idris Williams (Ysgrifennydd Ariannol), a Ms. Betty Squire.

235

# Er Cof Serchog

am

# Myfanwy Parri Jones

annwyl briod
Gwilym R. Jones
11, Bryn Teg, DINBYCH

a mam hoff
Silyn, Iwan ac Olwen,

a nain garedig
Bethan, Gethin, Meinir,
Geraint, Dylan, Llinos
a Chatrin

———————

Hunodd
Ionawr 23, 1977, yn 73 mlwydd oed.

———————

Rhoddir ei gweddillion i orffwys
ym Mynwent y Dref, Dinbych,
dydd Mercher, Ionawr 26, 1977

———————

*Ei gofal dihafal hi*
*Heddiw sy'n gofeb iddi.*

M. H.

235. Cyn Eisteddfod Wrecsam, yn nechrau'r flwyddyn, cymerodd Ionawr ei Fyfanwy oddi wrtho a'i adael i'w anrhydeddu ym Maelor gyda Mathonwy. Anrhydeddwyd y ddau, a theyrngedwyd Myf gan ei gyfaill.

Addfwynaf un a hunodd, – un deilwng
O'n dwylo ddiflannodd,
Ac er yn wan hi rannodd
Ei bywyd â'r byd, o'i bodd.

Mathonwy Hughes

236. Teyrnged Mathonwy Hughes i Myfanwy Parri Jones yn *Y Faner*.

236

# Myfanwy

(Myfanwy Parri Jones,
11, Bryn-teg, Dinbych)
"Ni sieryd oes a wyr dau,
Rhy fawr yw ef i oiriau."

Ddwedodd neb erioed fwy o wir nag a ddwedodd Bardd yr Haf yn y llinellau yna.

Os amheuwch hynny, gofynnwch i Gwilym R. y dydd hwn, dydd y dryllio a'r mawr drallod.

Colli cymar bywyd a wnaeth ef wrth golli Myfanwy; colli mam a wnaeth ei phlant, a cholli nain a wnaeth ei hwyrion. Hwynthwy, y teulu'n unig, a wyr ddyfnder y colli a'r chwithdod. Cawn ninnau a'i hadnabu dros gyfnod maith o flynyddoedd gyd-gyfranogi rhywfaint â hwy o'r golled hon.

Bydd gen i atgofion byw iawn am Myfanwy byth. Mae'r cof cyntaf sy gen i amdani yn mynd yn ôl i flynyddoedd y tri degau cynnar, yn wraig ifanc fy nghyfaill Gwilym. Fe'i gwelaf y munud yma, yn wenithen o ferch osgeiddig, eiddil, a dau lygad mawr, glas, gyda'r tlysaf a'r siriolaf a welwyd erioed. Saf ai'n groesawus-wylaidd yn nrws y Neuadd Frethyn yn Nhal-y-sarn gyda'i phriod, a'u cyntafanedig Silyn yn fwndel bach o sirioldeb ar ei braich. Gwraig ifanc swil a chynhesrwydd ei gwên yn bradychu tynerwch ei natur fonheddig.

Gyda'r blynyddoedd deuthum i'w hadnabod yn well, a dyfod i wybod, nid trwyddi hi, ei bod o linach y marchog tywysogaidd hwnnw, Syr John Morris-Jones.

Y cof nesaf sydd gen i yw dyfod i aros noson yn nechrau haf 1945 ar aelwyd Gwilym R. a hithau yn Ninbych ar fy ffordd yn ôl o Ben y Groes i Wrecsam drannoeth. Mae'r croeso cynnes, di-ffwdan a gefais gan y ddau'r adeg honno yn fyw iawn yn fy nghof. Roedd yn rhaid imi ddal bws pur forc o Ddinbych i fedru cyrraedd Wrecsam at fy ngwaith mewn pryd, ond nid cyn bod Myfanwy wedi cael y blaen arnaf. Roedd hi wedi codi ers meityn ac wedi paratoi brecwast teilwng o dywysog imi.

Cybiau ysgol oedd yr hogau, Silyn ac Iwan, bryd hynny, a chroten fechan chwareus, cyn dlysed â'i mam, oedd Olwen.

Bychan feddyliwn bryd hynny y byddwn innau'n gweithio yn yr un gwaith a'm cyfaill bore oes, ac y byddwn innau'n ymgartrefu'n fuan iawn yn yr un dref â hwythau.

Buan y dysgais fod gan ei chyfeillion a'i chymdogion feddwl go fawr o Myfanwy, y gymdoges dawel, ddi-absen, na fynnai ar boen ei bywyc fod yn yr amlwg.

Buan y gwelwyd hefyd fod gan y wraig egwan ac eiddil hon argyhoeddiadau cryfion, ac nad oedd arni fymryn o ofn sefyll ar gadarn trostynt. Da y cofia ei chyfeillion, a'm gwraig innau yn eu plith, fel y safai'n ddigymrodedd dros Gymreictod. Gwnai hynny, nid am ei bod yn wraig i Gwilym R. Jones, ond oherwydd ei bod yn Gymraes o'r iawn ryw ac yn credu'n angerddol yn ei chenedl, ei mamiaith, a'i thraddodiadau gorau.

Bu'n ffyddlon i'r gwerthnedd uchaf Sul, Gŵyl a Gwaith. Dilynodd yr Eisteddfod yn ddi-fwlch o flwyddyn i flwyddyn, a bydd chwith calon gennym ni, griw bach Pabell 'Y FANER', a fu'n Babell y Cyfarfod bob amser, na bydd hi gyda ni mwy. Melys fydd cofio, er hynny, am y dyddiau na ddônt yn ôl a'r gwmniaeth glos, ddireidus, a chroeso gwragedd o'r fath.

Er cefnogi'r pethau gorau drwy'i hoes, cymar bywyd i'w gŵr, a mam ei phlant fu Myfanwy yn anad unpeth arall. Cafodd hithau fyw i weld yn ei phlant nad yn ofer y bu ei mawr ofal. Teulu cyfan fu'r teulu hwn. Dyna pam y gedy torri'r cwlwm galonnau toredig hefyd nas cyfannir yn fuan. Heddwch i'w llwch.

Un egwan â ffydd ddiogel,—
anwylodd
Ei theulu a'i chapel;
Dros ei hiaith bu'n daer ei sêl
I'r diwedd, cymar dawel.

Mathonwy

148

237. Yn Eisteddfod Wrecsam, 1977, anrhydeddwyd y ddau brifardd, Gwilym R. a Mathonwy Hughes. Rhoddodd y ddau wasanaeth clodwiw i'r Eisteddfod, fel i'r *Faner*. Mae Mr John Thomas, Y Rhos, yn cofio'n dda y cyfarfod, gyda'r diweddar Barchedig Elwyn Hughes yn y gadair. Cafwyd atgofion a sylwadau pwrpasol gan eu cyfeillion, y Mri. John Roberts Williams, D. Tecwyn Lloyd a John Idris Owen. Gosodwyd y cyfan o fewn fframwaith tair canolfan bwysig i'r newyddiadurwyr, Caernarfon, Lerpwl a Dinbych.

238. Dau feirniad o Fro'r Chwareli: yr Athro Thomas Parry yn rhoi'r feirniadaeth ar ran ei gyd-feirniaid, Gwilym R. Jones a'r Parchedig William Morris (sydd allan o'r llun), yn ystod seremoni cadeirio Bardd y Gadair, Emrys Roberts o Bontrobert (Emrys Deudraeth), yn Eisteddfod Bangor, 1971.

'Fel y gallesid disgwyl, ac yntau, fwy na heb, yn gynnyrch y sefydliad cenedlaethol hwnnw, bu'r Eisteddfod yn agos iawn at galon Gwilym R. erioed. Wedi gyrfa gystadleuol mor llwyddiannus ag a gafodd ef, nid rhyfedd gweld ei enw ymhlith beirniaid y Brifwyl gynifer â deg ar hugain o weithiau er 1940 pan alwyd arno gyntaf i feirniadu.'

*Awen Gwilym R.*

238

237

239

239. Dau wrandawr eisteddfodol astud! Y beirniad cyson (Gwilym R. Jones), a'r arweinydd cyson, y Parchedig Huw Jones, Y Bala (Rhuddlan erbyn hyn). Eisteddfod Machynlleth, 1981.

240. Creigiau Aberdaron.

'Gwelaf mewn atgof oleuadau lliw tafarnau Aberdaron yn ymrithio drwy'r tywyllwch pan gyrhaeddai y cerbyd ben y siwrnai. Teimlwn fy mod wedi cyrraedd gwlad hud a lledrith, a gwlad felly fu Llŷn i mi byth er hynny. Mae'n anodd i un a fagwyd gan fam o Uwchmynydd, Aberdaron, ac a ddysgodd garu llawer llannerch y tu mewn i'r darn yma o Gymru, feddwl am Lŷn yn oer a diduedd.'

*Rhodd Enbyd*

240

241

242

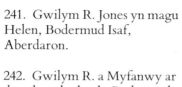

241. Gwilym R. Jones yn magu Helen, Bodermud Isaf, Aberdaron.

242. Gwilym R. a Myfanwy ar draeth gyda theulu Bodermud Isaf.

243. Gwilym R. â'i freichiau am John a Mary, Bodermud Isaf.

244. Catrin, 'Tŷ'r Glyn'.

245. Y trefwr: ymsythu y tu cefn i ysgubor Bodermud Isaf.

243

244

245

246

248

247

246.  Gwilym R., Myfanwy a
Helen, tua 1954.

247.  Y pysgotwr (G.R.J.) yn
Aberdaron.

249

248.  Ac 'roedd yno 'bysgotwyr dynion'!

Y Parchedig T. G. Ellis a'i briod, a Menna Parry (ei ferch)
rhyngddynt, a Nellie Morris ar bont go simsan yn Aberdaron. Byddai
Gwilym R. Jones a'i deulu yn mwynhau seibiant ym Mhen Llŷn bob
mis Awst ar ôl yr Eisteddfod. Yno, 'roedd cwmnïaeth ddifyr a hwyl, a
phregethwyr fel T. G. Ellis, Tom Nefyn ac O. R. Parry (a dynnodd y
llun hwn), yn adrodd storïau ac yn ymlacio. Hyd y dydd heddiw,
mae'r cerddor Osian Ellis (mab y Parch. a Mrs T. G. Ellis) yn dal i droi
am 'ben draw'r byd' chwedl Cynan.

249.  Ym Mhen Llŷn ac yn Eifionydd, dywed Gwilym R. Jones iddo
gael trwy'r blynyddoedd gan y 'gwymp (hardd) wragedd' y gofal a'r
tynerwch mwyaf, a'r rhain bob amser 'mor barod i gyweirio gwely a
hulio bwrdd' iddo ef, Myfi a'r teulu. 'Ei berthnasau calon gynnes'
oedd y rhain. Y tu cefn i'r darlun hwn, yn ei lawysgrif, mae'r geiriau:
'Picnig yn Abersoch – Meri 'Dermud Isa a'i ffrindiau a mi'.

252

250

251

250.  Gwilym R., Myfanwy a
Silyn yn Aberdaron, wrth gwrs!

251.  Myfanwy a Silyn ym
Mhorth Meudwy.

252.  Donna, Cadi, Mair a Silyn o
flaen 'Moryn'. Am flynyddoedd
bu Gwilym R. a Myfi yn aros yn
Nhy'n Gamdda, ac wedyn wedi
iddo fethu dreifio, bu Silyn a
Mair yn ei gymryd i 'Moryn'
hyd ryw ddwy flynedd cyn ei
farw.

253

254

253. Yr Eisteddfod Genedlaethol, 1972, yn Hwlffordd, Sir Benfro.

Yn gystadleuydd cyson, yn enillydd y prif wobrau llenyddol, yn
feirniad cystadlaethau'r Gadair, y Goron a'r Fedal Ryddiaith, a llu o
gystadlaethau trwy'r blynyddoedd, yn bwyllgorddyn ac yn
newyddiadurwr selog – ymddangosodd ar lwyfan Eisteddfod Sir
Benfro fel Llywydd y Dydd. Mae ei briod Myfanwy yn gwaelu, yr
iaith Gymraeg yn gwanychu, ac mae llu o elfennau bygythiol iawn yn
ymosod ar bopeth a fu o bwys iddo trwy gydol ei yrfa. Mae ei law
chwith yn anelu at ei araith, sy'n llosgi yn ei boced ac yn ei galon.
Gwelodd ei gyfle i roi 'gwaedd dros Gymru' ac i gefnogi'r ifanc a
oedd yn fodlon dioddef dros eu gwlad, a'u cosbi am eu safiad dewr. O
hyn ymlaen, byddai'n eu canol, ac ar flaen y gad dros iawnderau
Cymru.

Ar drothwy 'oed yr addewid', trodd y newyddiadurwr yn
wrthryfelwr, a'r bardd yn bropagandydd.

254. Traddodi'r araith wladgarol yn ddiflewyn-ar-dafod.

255

## Dawnsio yn y llofft a'r ty ar dân

DYLAI cynulliad o Gymry ar faes eu prifwyl fod yn weddol gytun ar dair nod, yn ôl Mr Gwilym R. Jones, golygydd 'Y Faner', a llywydd y dydd yn Hwlffordd ddydd Mercher. Dylent gredu mewn adfer yr iaith Gymraeg yn brif iaith Cymru, sefydlu senedd ar ddaear Cymru, a chreu trefn gymdeithasol fwy cyfiawn, sef gwir Sosialaeth, yng Nghymru.

Dylid dod ynghyd ar frys i gytuno ar y tri am ei bod hi'n argyfwng ar y pethe yng Nghymru heddiw, meddai. Oherwydd bod y daith tua'r ddelfryd o Gymru rydd yn un mor ara deg yr oedd rhai o'n pobl ifainc gorau mewn carcharau.

"Nid am eu bod nhw'n cithafwyr anghyfrifol, sy'n caru tor-cyfraith er ei fwyn ei hun y mae nhw yn eu celloedd, ond am u bod nhw'n Gymry rhy ddilffuant i wylio tranc eu hiaith heb ymdrechu i'w hachub hi".

Ofnai fod miloedd o Gymru'n dyheu, yn any mwyfodol, am farwolaeth yr iaith Gymraeg. Cymharodd hwy a mintai o iddewon yn yr Almaen a orfodwyd gan y Gestapo i orymdeithio gan gludo baner ac arni'r geiriau diraddiol: "I lawr a Hi", heb wybod eu bod yn gorymdeithio tua'r siamberi nwy.

"Rwy'n ofni bod yn ein plith ni'r Cymry rai sy'n hyrwyddo difodiant ein cenedl ac sy'n barod i gerdded yn angladd yr iaith Gymraeg, gan anghofio y byddai popeth a ystyriwn ni'n werthfawr o tan gaead arch ein hiaith".

Dinasyddion eilradd oedd Cymry yn eu gwlad eu hunain heb yr hawl i benderfynu ar bethau o bwys iddynt. "Dim hawl i godi a gwario arian heb gydsyniad Llundain. Dim hawl i godi llais yng nghynghadleddau'r byd dros heddwch a chymod. A heb yr hawliau yma y mae popeth sy'n rhoi ystyr inne

Gwilym R. Jones.

fel personau yn y fantol".

Roedd yn beth rhyfedd bod Cymry yn cynnal "uchel wyl o lawen chwedl" a'u cenedl yn wynebu tranc. "Mae hyn yn union fel pe bai gwraig yn dawnsio yn ei llofft a stafelloedd isa'i thy hi ar dân".

255. Adroddiad ar araith Gwilym R. Jones yn Eisteddfod Genedlaethol Hwlffordd.

256. Yr adroddwraig o Lannefydd, Nerys Haf Williams (Biddulph ar ôl priodi), Goleufan. Y Prifardd Gwilym R. Jones a'i hyfforddai i adrodd, ac fe'i gwobrwywyd yn Eisteddfodau Cenedlaethol Aberafan, 1966, Y Bala, 1967, a'r Barri, 1968, yn y gystadleuaeth Adrodd i Ferched Dan 25. Yn nechrau'r saithdegau, byddai Nerys Haf yn cadw Cofnodion Cyfeillion yr Iaith, Cangen Dyffryn Clwyd, a ffurfiwyd ym Mai 1971. Ac yntau'n arwain y Cyfeillion hyn, byddai'n gwybod at bwy i droi, rhywun a fu dan ei ddylanwad, ac wrth gwrs, yn ei ddyled. Bu ei ddylanwad ar bobl ieuainc Dyffryn Clwyd o fantais i'r holl achosion a oedd mor agos at ei galon gynnes.

256

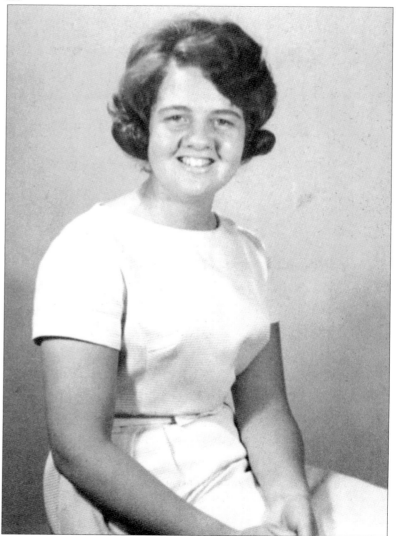

'Ni bu'r gŵr hwn allan o Blaid
Genedlaethol Cymru er y dydd
yr ymunodd â hi . . . Deil o hyd
yn gefn i'r ifanc ym Mhlaid
Cymru ac yng Nghymdeithas yr
Iaith Gymraeg.'

*Awen Gwilym R.*

257a

## RACE RELATIONS BOARD
## TOLD ABOUT WELSH ROW

# Councillors rapped over walk-out

THE action of the three Ruthin borough councillors who last week walked out of a special council meeting in protest over the use of Welsh in an interview, is to be brought to the attention of the Race Relations Board by the Vale of Clwyd branch of the Friends of the Welsh Language (Cyfeillion yr Iaith Gymraeg).

The branch describe the councillors' behaviour as: "a flagrant insult to the Welsh language, now fighting for its existence, and harmful to race relationship in this part of Wales".

Mr E. C. Richards of Denbigh, presided at Monday's meeting of the branch when it was decided to draw the attention of the Board to the conduct of the three councillors who walked out when a fellow member asked a question in the Welsh language to a Welsh speaking couple who were being interviewed for the post of wardens to local old people's bungalows.

In its complaint of the behaviour of the Councillors Kenneth L. Parry, James Davies and Martyn J. Edwards, the branch will point out that although it was understood at the outset that the questions would be put in English to all the candidates, a member asked the man and wife who were being interviewed whether they understood Welsh.

### Attack

"We understand that the question was put to them because a good proportion of the old people in the bungalows are Welsh speaking and would prefer to speak in their native tongue", the letter adds.

"This is not the first time for Councillor Martyn Edwards to make a public attack on the Welsh language. A few months ago he roused the ire of

take appropriate action to ensure that emotional demonstrations such as these are publicly condemned in the name of racial harmony in Wales".

At Monday's meeting of the Ruthin Borough Council the Mayor, Alderman Arthur Jones, asked members to be more tolerant over such matters in future. He said: "Tolerance went with the wind that night. No tolerance whatsoever was shown.

"If members have any objection to the native language being spoken here they must bring it up in the 'proper way. "When the occasion arises I will speak in the vernacular.

"I hope that such an incident will not arise again: it does not add to the dignity of the council and people are so ready to ridicule when something like this arises".

The Mayor said he had refused to appear on television to discuss the matter because he did not wish to cause any further discussion on the subject.

He criticised members who "rushed to the Press" about it.

"The matter is the talk of the town and people are quite surprised that such a thing should happen", he added.

Two or three members, including Councillor Martyn Edwards, asked for permission to ask a question or comment, but the Mayor allowed no discussion on the matter.

*'Flagrant*

*insult*

*to Welsh language'*

257b

257a/b. Adroddiad a ymddangosodd yn *Y Wasg Rydd* (*Denbigh Free Press*) gan Gwilym R. Jones ar ran Cyfeillion yr Iaith a ffurfiwyd yn Nyffryn Clwyd ar ei argymhelliad. Gallai fod yn ddeifiol o bigog pan fyddai haerllugrwydd y cibddall yn bygwth cyfiawnder a hawliau'i gyd-wladwyr. Credai rhai pobl na chafodd gyfle i'w adnabod mai gŵr anghynnes a chwerylgar oedd golygydd *Y Faner*, ond y fath syndod i'r rhain fyddai canfod ei fod yn ŵr mwyn a llawen, hawdd agosáu ato, a pharod iawn ei sgwrs.

258

258. Y newyddiadurwr, wedi cyfnewid ei feiro am gorn siarad. Yn nhref Daniel Owen, Yr Wyddgrug, ym 1972, yn galw am Sianel Gymraeg.

'Byddwn yn barod i ddal mai'r peth gorau a ddigwyddodd oedd sefydlu Cymdeithas yr Iaith Gymraeg, corff newydd sbon sy'n ymddwyn fel pe byddai o ddifrif calon am fynnu cydnabyddiaeth swyddogol i'r iaith yn y bywyd gweinyddol a masnachol.'

Gwilym R. Jones, yn ei golofn wythnosol, 'Ledled Cymru' (*Y Faner*, Tachwedd 1, 1963)

259

259. Llythyr at Gwilym R. oddi wrth Ffred Ffransis o'r carchar.

In replying to this letter, please write on the envelope :—

Rhif Number *814343*    Enw Name *Fransis*   18/8

H.M. REMAND CENTRE,
WARRINGTON ROAD,
RISLEY,
**WARRINGTON.**

16 AUG 1971

*Elin, Awst 16 eg.*

*Annwyl Mr. Jones,*

*Deallaf fod llawer o gamsyniadau ynglŷn â'r ymddeith y cyhess weithred ddiweddar ym Manceinion yn ynghyrch Cymdeithas yr Iaith: Gymreigio'r cyffrwng darlledu yng Nghymru. A gaf i egluro'n safbwynt ni? Hyd y gwelaf i, mae tri chwestiwn sylfaenol y dylun i geisio'u hateb :— (a) Pam bod angen gweithredu ym Manceinion ran o ymgyrch Gymreig (b) Ar lefel gyffredinol, a ydyw difrodi eiddo'n gydnaws ag ysbryd y dull di-drais o weithredu, a tan ba amgylchiadau y geilir ei gyfiawnhau (c) Ar lefel arbenigol, a oedd raid cymryd y cam difrifol hwn yn yr ymgyrch arbennig hon, ac a cyfflawnwyd yr amodau angenrheidiol i gyfiawnhau hyn.*

*Yn gyntaf, dylun i bwysleisio nad ymgyrch wedi'i hanelu yn erbyn yr awdurdodau darlledu yng Nghymru mo hon. Mae'r awdurdodau yng Nghymru wedi'u hunrys gan sister (a luniwyd yn Llundain) i gyphyrchu hyn a hyn yn unig o orian o rglennu Cymreig yr wythnos. Nid eu bai nhw yw'r ffaith nad oes gyda ni wasanaeth Cymreig cyflawn, ac nid yw o fewn eu gallu nhw i weithredu a cymhellion Cymdeithas yr Iaith. Bydd angen penderfyniad gwleidyddol yn Llundain i wneud hyn a'r awdurdodau canlog — y Gorfforaeth Ddarlledu Brydeinig, Yr Awdurdod Teledu Annibynnol ac, yn bennaf oll, y Gweinidog Post a Thele-gysylltiadau—sy'n dwyn y cyfrifoldeb am sefyllfa bresennol darlledu yng Nghymru. Pan luniwyd yr ymgyrch gyfyngedig bresennol o amharu ar y gwasanaethau darlledu a difrodi eiddo, trefnwyd un weithred yng Nghymru (drings 5*

No. 243   30141   8-2-68

260. Priodas Ffred a Meinir, gyda rhieni Meinir, Gwynfor a Rhiannon Evans, o boptu'r ddau ifanc.

260

261

261. Mr John Roberts Williams, cynrychiolydd y BBC a chyfaill oes i Gwilym R. Jones, yn sgwrsio â Ffred Ffransis a oedd yn hawlio Sianel Gymraeg i wylwyr y teledu yng Nghymru. Ympryd ei dad-yng-nghyfraith, y Dr Gwynfor Evans, a barodd i'r Llywodraeth yn Llundain ildio ar ddiwedd y dydd.

262. Taith gerdded dros gan milltir o Lanelwy i Fangor, drwy'r Bala, Porthmadog a Phwllheli, i gasglu trwyddedau er mwyn eu llosgi a dangos safiad Cymdeithas yr Iaith o blaid cael Sianel Gymraeg, ym mis Mawrth 1971. Yn Llanelwy bu Gwilym R. Jones, y Parchedig Lewis Valentine a Dafydd Iwan yn siarad. Yn y llun, o'r chwith i'r dde: y Parchedig Islwyn Davies, y Parchedig Robert Ellis, Gwilym R., John Lasarus Williams, y Parchedig Lewis Valentine a Ffred Ffransis.

262

263. Teulu Gwilym R. Jones ar flaen y gad mewn protest yn ninas Bangor ar achlysur ymweliad yr Arglwydd Hailsham â Gogledd Cymru (1972). Mab-yng-nghyfraith Gwilym R., Mr Berwyn Roberts, a luniodd y sloganau. Ef sy'n sefyll rhwng Mair Silyn a'i briod Olwen o dan y faner gyntaf ar y chwith yn y llun. Mrs Nest Hughes sy'n dal y drydedd faner, a'r ddwy ferch fach o'i blaen yw Meinir a Rhiannon, dwy o'i genod. Y tu cefn iddynt mae Llinos, merch Berwyn ac Olwen, a'i chwaer Meinir sy'n dal y bedwaredd faner. Yn ymyl Meinir, mae ei chefnder, Gethin, ac yn y gornel, yn edrych allan o'r llun, mae Edward Parry.

'Erbyn y 1970au cynnar, myfyrwyr a ysbrydolwyd gan y geiriau 'Cenedl heb Iaith, Cenedl heb Galon' oedd asgwrn cefn ymgyrchoedd Cymdeithas yr Iaith Gymraeg. Cynddeiriogwyd yr aelodau'n llwyr gan eiriau'r Arglwydd Hailsham, yr Arglwydd Ganghellor, a'u cymharodd i 'fabŵns yr IRA'. 'Does ryfedd i'r gŵr hwn, pan ddaeth

264

263

i Fangor ar 29 Gorffennaf 1972 i geryddu ynadon na rannai ei ragfarnau ef, gael ei gyfarch yn swnllyd gan floeddiadau mwy na 800 o wrthdystwyr, myfyrwyr gan fwyaf, y tu allan i Neuadd Prichard-Jones.'

Allan o *Wyt Ti'n Cofio? Chwarter Canrif o Frwydr yr Iaith*, Gwilym Tudur (Golygydd)

264. Merched y Wawr, Cangen Dinbych. Mrs Myfanwy (G.R.J.) Jones yw'r ail yn yr ail res, ac ar y dde iddi, mae Miss Jennie Jones, Mrs Mair Mathonwy Hughes a'r Dr Kate Roberts. Yn y rhes y tu cefn iddynt, Mrs Mair Silyn Jones yw'r ddegfed, ac ar y dde iddi, mae Mrs Olwen Roberts. Cynrychiolaeth dda o'r teulu!

## Gwilym R. – Cyfaill Gweinidogion

Un o Sir Fôn oedd y trydydd i weinidogaethu yn y Capel Mawr, Dinbych, yn ystod yr hanner canrif y bu Gwilym R. Jones yno yn aelod, ac yn rheolaidd o selog. Yn nyddiau'r Parchedig J. H. Griffith, cadarnhawyd ei heddychiaeth, a miniogwyd ei gydwybod gymdeithasol. Cyfranogi a wnaeth yng ngweinidogaeth aeddfed un o gyffelyb anian. Bu Golygydd y gyfrol hon yn hynod o ffortunus o gyrraedd Dinbych ym 1965, yn fuan ar ôl ymddangosiad llyfrau fel *Honest to God* a *Ac Onide*. 'Roedd newyddiadurwr deallus a darllengar yn awyddus i ddilyn y tueddiadau diwinyddol ac i ddal deialog â rhai o feddylwyr treiddgar y cyfnod a oedd yn ceisio dehongli Bonhoeffer a Bultmann. Dirfodaeth mewn diwinyddiaeth a llenyddiaeth a ddyfnhaodd ein cyfeillgarwch, ac ymatebodd Gwilym R. trwy gyfrannu mwy, gyda'i ddatganiadau yn y Wasg a cherddi a ddangosai barch at safbwynt Wittgeinstein, yr athronydd a fynnai ystyried pwrpas iaith, a phwysigrwydd diffiniad a defnydd o eiriau. Yn y cyfnod hwn, ceisiodd ail-lunio'i gred a rhoi mynegiant i'w obaith mewn emyn ac aml gerdd weddigar.

Erbyn dyfodiad y Parchedig W. H. Pritchard i Ddyffryn Clwyd, 'roedd Gwilym R. dair blynedd dros oed yr addewid, a'i briod yn gwanychu'n gyflym. Yn ei lythyrau ataf mae'n canmol ei weinidog a fu'n gweini cysur iddo ar ôl marw Myfanwy ym 1977, ac yn gwmni iddo yn yr unigrwydd hwnnw. 'Roedd yn frwd iawn dros y seiadau wythnosol a gynhelid yn y Capel Mawr, ac yn rhyfeddu at ddawn 'Wil Huw' i arwain y seiadau hyn. Gyda'r Parchedigion Geraint Vaughan Jones ac R. H. Evans yn bresennol, ac yn anghytuno ar gymaint o faterion, 'roedd angen 'cyfarwyddwr' medrus yn y seiadau hyn! Ac 'roedd ei weinidog yn feistrolgar.

Yn ychwanegol at hyn, 'roedd y Parchedig W. H. Pritchard yn genedlaetholwr digyfaddawd. Gan ei fod wedi ymddeol o swyddfa'r *Faner* bellach, ond heb ollwng un o'i freuddwydion gwlatgar, cafodd weinidog wrth fodd ei galon i'w dywys i gyfeiriad y 'bryniau pell' lle'r oedd hunanlywodraeth i Gymru, a bywyd i'r iaith Gymraeg ymhlyg yn eu ceseiliau. 'Roedd ei wyrion yn awr yn bobl ieuainc, ac ymfalchïai fod ei gyfarwyddwr ysbrydol a bugail ei deulu yn Gymro gwlatgar, yn iach yn ei wleidyddiaeth, yn gadarn yn ei ddiwylliant ac am hybu addysg Gymraeg yn Nyffryn Clwyd a dyfodol i'r famiaith trwy Gymru gyfan. Yr oedd yn 'Israeliad' yn wir, heb ynddo dwyll.

265. Cymdeithasu o gwmpas y byrddau yn festri'r Capel Mawr. Y Parchedig Geraint Vaughan Jones, y nofelydd, sy'n siarad â'i ddwylo! Daeth i Ddinbych i ymddeol o'r Alban. Ar yr ochr dde mae'r cyn-Athro R. H. Evans. Gyda Gwilym R., hwy oedd y 'think-tank' yn y Seiat!

265

266. Y Parchedig W. H. Pritchard, gweinidog y Capel Mawr, Dinbych.

'Efallai mai'r fraint fwyaf o edrych yn ôl ar bethau ydyw cael bod yn aelod o deulu clòs ac yng nghanol ffrindiau go-iawn lle mae'r 'Pethe Cymraeg' yn cael eu hanwesu o hyd. Mae o'n ffynhonnell cysur mawr i'm gwraig a minnau fod y plant a'u teuluoedd yn byw'n agos atom ni, a bod ein hwyrion ni, saith ohonynt, yn cael eu haddysg mewn ysgolion Cymraeg. Gobeithio y bydd bywyd mor garedig tuag atynt hwy ag a fu tuag atom ni.'

*Y Llwybrau Gynt*

266

267. Elin Thomas o Ddinbych a Ioan Roberts o Drefnant yw'r ddau ddisgybl yn y llun hwn. Fe'i tynnwyd ychydig cyn ymddeoliad Miss Kate Davies a'i dirprwy, Mrs Elizabeth Hughes. Dechreuodd y ddwy yr un diwrnod pan agorwyd yr Ysgol yn y Capel Mawr. Mae Miss Kate Davies yn sefyll rhwng y Parch. W. H. Pritchard (Cadeirydd y Llywodraethwyr) a'r Dr Gwyn Thomas, tad Elin. 'Roedd ei dad, y Dr J. Griffith Thomas, yn feddyg yn Ninbych o'i flaen, yn fardd ac yn gymeriad. Fe'i magwyd yng Nghyffylliog, a bu'n gyfaill da i Gwilym R. Jones a fu'n ei annog ef a'i chwaer i gyhoeddi'u gwaith. Ysgrifennodd Gwilym R. Jones ragymadrodd i'w gyfrol o'i farddoniaeth, ac i atgofion ei chwaer, Mrs Bessie Maldwyn Williams, *Dwyn Mae Cof*. Byddai'n annog llenorion lleol i gyhoeddi'u gwaith.

## I Ddathlu Pen-blwydd Ysgol Twm o'r Nant

### I

Chwarter canrif ydyw oed
    Ysgol Gynradd Twm o'r Nant;
Heno dathlwn ei phen-blwydd
    Yn rhieni, staff a phlant.
Daeth i'n dyffryn fore llon
Pan agorwyd drysau hon.

### II

Fe fu Doctor Kate yn lew
    Am gael addysg trwy ein hiaith;
Safodd hi a'r Cymry brwd
    Dros ddileu hen greulon graith.
Dyma ni'r genhedlaeth iau
Yma heno'n llawenhau.

### III

Cofiwn y blynyddoedd blin,
    Cofiwn gampau llawer gŵyl;
Daw yn ôl atgofion lu
    Am y llwyddiant mawr a'r hwyl.
I bob un fu gyda'r gwaith
Seiniwn glod mewn hynod iaith.

Gwilym R. Jones

267

Y Parchedig W. H. Pritchard a'r Ysgol Gymraeg.

Yn fyfyriwr, ym Mhrifysgol Bangor ac yn Rhydychen, 'roedd Wil Huw, fel yr adnabyddid ef gan ei ffrindiau, yn flaenllaw ym mywyd cyhoeddus y myfyrwyr, ac fel ei gyfoeswyr, Meirion Lloyd Davies ac Alwyn Roberts, wedi cymryd rhan amlwg mewn dadleuon a ddarlledwyd gan y BBC. Mewn Sasiwn a Chymanfa Gyffredinol, daw ei brofiad cynnar o fynd â'r maen i'r wal yn amlwg.

Fel un oedd â phlant yn Ysgol Twm o'r Nant, bu'n Gadeirydd y Pwyllgor Rhieni, ac fe'i penodwyd gan y pwyllgor hwnnw yn Gadeirydd y Llywodraethwyr ar yr adeg yr oedd Silyn Parry Jones, mab Gwilym R., yn Ysgrifennydd. Fel Cadeirydd, bu'n effeithiol iawn gan roi arweiniad cadarn i'w bwyllgor, a chyngor doeth pan fyddai galw am ei gyfarwyddyd.

Ar achlysur dathlu chwarter canmlwyddiant Ysgol Twm o'r Nant.

'Braint i ni fel Llywodraethwyr yw cael cysylltu'n hunain â'r croeso i'r cyfarfod arbennig hwn heno. Teimlwn ein bod mewn olyniaeth wych, ac yr ydym yn arbennig o falch y bydd rhai o'r llywodraethwyr cyntaf yn rhannu yn y dathliadau. Hyfryd yw cofio i bob to o lywodraethwyr gael cyd-weithrediad llwyr a hapus gan athrawon a staff a rhieni, ac y mae pawb a fu mewn cysylltiad â'r ysgol ar hyd y blynyddoedd yn rhan o deulu mawr. Llawenhawn yn yr addysg ddwyieithog gyflawn a gafodd y plant i gyd, a bod yr ysgol yn gyfrwng i gadarnhau eu gwreiddiau ym mywyd Cymru. Addas iawn yw ein bod heno yn cyfarfod yn y Capel Mawr, yr adeilad lle'r agorodd yr ysgol chwarter canrif yn ôl, ac yna wedyn i'r adeilad yr ymladdwyd mor ddygn i'w gael yn gartref addas i'r ysgol ac sydd mor llawn o atgofion hapus i bawb a fu yno. Yr ydym i gyd yn falch o gael rhan yn y dathlu, ac yn gwbl hyderus y bydd yr ysgol yn parhau i wneud ei gwaith yn effeithiol i'r dyfodol.'

Y Parch. W. H. Pritchard
(Cadeirydd y Llywodraethwyr)

268

269

**Yr wythnos nesaf bydd y Gol-ygydd yn ymweled ag Oberam-mergau, ym Mafaria, i weled Drama'r Dioddefaint yn cael ei llwyfannu gan y pentrefwyr. Bydd yn cyhoeddi hanes ei daith a'r ddrama ar ffurf dyddiadur yn 'Y Faner.'**

**Cyhoeddwn yr wythnos hon fraslun o hanes rhyfeddol y pentref ym Mafaria a'r chwarae rhyfedd a'i gwnaeth yn enwog ledled y byd.**

268. Y Doctor J. G. Thomas, taid Elin, cyfaill oes i Gwilym R. Jones, a bardd a chymeriad mawr.

269. *Y Faner*, Awst 18, 1970. Rhaghysbysiad!

270. Ym 1970, ymwelodd Gwilym R. Jones a'i briod, Myfanwy, â'r cyfandir am y tro cyntaf gyda chriw o'r Capel Mawr, a chyfeillion o Ogledd Cymru. Ar y flwyddyn gyntaf o bob degawd, rhoddir Drama'r Dioddefaint ar lwyfan eang gan drigolion Oberammergau. Dathlu'r waredigaeth a gafodd y pentref pan laddwyd cymaint o boblogaeth Ewrob gan y Pla ofnadwy ym 1534 yw pwrpas yr achlysur. Addawodd y pentrefwyr i Dduw, os y'u hachubid, y byddai pobl Oberammergau yn cofio'i drugaredd o genhedlaeth i genhedlaeth.

270

271. Adroddiad yn *Y Faner* ar yr ymweliad ag Oberammergau.

Dyma'r tro cyntaf i'r mwyafrif o'r teithwyr hedfan, gan gynnwys Mr a Mrs Gwilym R. Jones. 'Roedd Golygydd *Y Faner* wrth ei fodd, ac yn gynhyrfus-hapus trwy gydol y gwyliau. Hedfan o Fanceinion i München (Munich) a wnaem, ac aros mewn pentref bach yn Nyffryn Inn, Silz. Teulu lleol oedd yn cadw'r gwesty – yr Hubertushof. Nid oedd llawer i'w wneud yno, ond fe welodd Gwilym R. angladd yn mynd trwy'r pentref un bore, a chyfansoddodd gerdd *vers libre* – 'Angladd yn Silz'. Fe'i haddurnodd â brawddeg Ladin a brawddeg yn yr iaith frodorol, Almaeneg. Ni allod newydd-deb Awstria, bywyd mewn gwesty, na 'bryniau pell' yr Alpau enfawr, ei ddenu oddi wrth ei hen thema – marwoldeb dyn.

> Ond trengi yw trengi
> Yn Nhirol y copaon iâ
> megis yng Ngwlad y Bryniau;
> angladd yw angladd;
> y mae dagrau
> yr un mor chwerw
> led cyfandir o dre,
> ac mae hiraeth ym mhobman
> yn nofio i'r cof
> fel hen dôn.

*Y Syrcas a Cherddi Eraill*

### ANGLADD

'Bore Llun gwelsom olygfa drist – gweled angladd y gŵr y gwelsem ei fedd-newydd-ei-dorri yn y fynwent, nawn Sadwrn. Ar y blaen cerddai gŵr mewn gwenwisg yn cludo delw o Grist ar ei groes, y tu ôl iddo yr offeiriad yn ei urddwisg; yna yr arch.'

*Y Faner*, Medi 10, 1970

271

**DYDD IAU, MEDI 3, 1970.**

**SGRIBLYFR TAITH — II.**

# Drama'r Dioddefaint

Yn y theatr eang yn Oberammergau yr wyf yn sgrifennu'r argraffiadau hyn o brofiadau sy'n debyg o lynu yng nghof cannoedd o filoedd o bererinion a aeth i Dde'r Almaen a Bafaria yr haf hwn i weled Drama'r Dioddefaint. Mae'n 8.30 o'r gloch y bore ar ddydd heulog a 6,000 o bobl yn yr amphitheatr fawr — theatr o ddur a choncrid, a'i llwyfan yn yr awyr agored a'r mynyddoedd y tu cefn iddo. Tebyg i hangar awyrennau yw'r adeilad ac y mae pob gair a leferir ar y llwyfan yn glywadwy yn y cyrrau pellaf.

272. Yn y neuadd fwyta, a Gwilym R. yn y canol yn ei fwynhau'i hun. Mrs Gwerfyl Williams o Danyfron sy'n wynebu'r camera.

272

273. Myfanwy o dan y blychau blodau.

Darn allan o'i ddyddiadur am y daith (yn *Y Faner*):

### TREF HARDD

'I un o westyau glân y dref yr aethom i giniawa. Anodd yw disgrifio Oberammergau. Rhyw Fetws-y-coed, neu Feddgelert, mwy a gwell o lawer ydyw; ei dai'n harddach a mwy lliwgar a moethus na'n tai gorau ni. Y mae i'r tai ganteli helaeth a balconïau â'r rheini wedi eu gorchuddio â phob math o flodau. Mae bocseidiau o flodau amryliw ar lintel pob ffenestr a'r gerddi'n ddigon o ryfeddod.

Aethom am dro byr i weld y dref. Mae'r siopau'n dipyn o sioe, efo'u cerfiadau a'u delwau pren cain a'u dilladau a'u hanrhegion drud. Tref i synnu a meddwi'r Americanwyr.'

Y Golygydd yn cofio'r daith i Oberammergau yn ei ysgrif am y bardd yn *Barn*:

'Glaniodd gyda'i briod a nifer ohonom o Ddyffryn Clwyd ym Munich, a ninnau ar ein ffordd i Oberammergau ym 1970. Dotiodd ar bopeth! O bob pererin, yr un bodlon, a'r un sy'n werth ei dywys, yw'r un sy'n rhyfeddu ac yn gorfoleddu. Mae'n werth troi'n alltud am wythnos gyda'r rhain. 'Y bloda 'na ar silffoedd y ffenestri, rhesi a rhesi ohonynt. Fachgen, rhaid i ni ddweud wrthynt yng Nghymru am y rhain. Rhaid i ni geisio harddu'r hen wlad.' Yn Ewrob, ni allai anghofio'i freuddwyd – rhoi rhywbeth yn ffenestri Cymru.'

Mae atodiad sy'n apelio at deulu Gwilym R. Ar ôl rhai wythnosau, galwodd y bugail yn 11 Brynteg. Dyma ofyn iddo – 'Ble mae'r blode yn y ffenestri?' Ni wyddai beth i'w ddweud am rai eiliadau. Yna, daeth y gwahoddiad cofiadwy – 'Tyrd i'r ardd i ti gael gweld fy 'nhatws i!' (Mae ei ddyddiaduron yn llawn o gyfeiriadau at bob math o datws a blennid ganddo.)

273

274. Ac fe gafodd ef a'i briod wahoddiad yn ôl i hen dref *Yr Herald*! Ond i Ewrob yr aeth ym 1970!

'Rhaid i mi gofnodi fy hoff stori am y bardd yn Ewrob. Ceisiai esbonio ryw noson i ddwy Almaenes fawr mai Cymry oeddem – nid Saeson! Yr oedd hyn yn fuan ar ôl ei ymosodiadau chwyrn yn *Y Faner* ar yr Arwisgo ym 1969. 'Ble mae Cymru?' meddai'r ddwy. Allan â'r biro! 'W-A-L-E-S' – yn ei ysgrifen na bu ei bath. Yna, llun ar fap! Neb yn deall. Enwi Iwerddon wedyn, ac am sioc – 'England'. Yna, 'Liverpool' – ei ddinas am dro. Dyma'r geiniog neu'r deutsch-mark yn disgyn! Cododd y fwyaf o'r ddwy ar ôl rhoi ei gwydr yn gadarn ar y bwrdd, a rhoi ei breichiau am y Cymro a eisteddai yn ei gadair – a gweiddi 'You must be the PRINZ of WALES'!! Ac yntau, am fisoedd lawer wedi bod yn bytheirio yn erbyn 'ffwlbri '69'. A phawb ohonom yn gwybod hynny.'

Y Golygydd yn *Barn*

274

*Investiture of H.R.H. The Prince of Wales*

*Arwisgiad Ei Uchelder Brenhinol Tywysog Cymru*

275. Ganwyd Dr Kate Roberts yn yr un rhan o Gymru â Gwilym R. Ar Chwefror 13, 1971, 'roedd yn bedwar ugain oed, ac ar ran y Capel Mawr, Dinbych, lle bu'n aelod ffyddlon, ac fel Gwilym R. yn Athro yn yr Ysgol Sul, bu'n rhaid iddo ef a'r gweinidog fynd i'w gweld, a'i rhybuddio ein bod yn trefnu noson ar lun 'This Is Your Life' ar y nos Sul, Chwefror 14, i ddathlu'r achlysur. Gan nad oedd ganddi deledu, bu'n rhaid manylu am natur y rhaglen deledu estron! Siaradodd Mr John Gwilym Jones, gan ganmol ei dawn arbenig o roi ei synhwyrau at ei gwasanaeth fel llenor. Un o'i frawddegau oedd hon: 'Mae gennych chwi, Kate, drwyn nad oes gan yr un llenor ei debyg.' Nid oedd wedi'i ddeall, ond fe swynwyd y gwestai. Ar ôl y teyrngedu, cafwyd swper yn Y Gegin Fach, a rhieni Mr Trebor Edwards, y tenor poblogaidd, yn gweini arnom.

Flynyddoedd cyn hyn cyfarchodd Gwilym R. un o gyn-berchnogion Gwasg Gee â chywydd (*Cerddi Gwilym R.*). Mae'n agor gyda'r cwpled:

275

Brenhines llên gaiff heno
Glod brwd gan ei gwlad a'i bro.

Ac fe gafodd glod ar ei phen-blwydd yn 80. I'r chwith o'r bardd, mae Mrs Catrin Williams (ei nith), y Dr Kate Roberts, Miss Olwen Ellis, a'r Dr John Gwilym Jones, Y Groeslon. Y tu cefn iddo ef, mae'r Prifardd Mathonwy Hughes, ac i'r dde iddo, Mr Wil Vaughan, Mr Idris Williams (priod Catrin) a'u mab.

Ffilmio *Arall Fyd* gydag Ifor Rees yn y Cotswolds.

Meddai'r Cynyrchydd, awdur sawl cyfrol yn y gyfres *Bro a Bywyd*:

'Y syniad y tu ôl i'r gyfres o 6 o ffilmiau lliw – *Arall Fyd* – ym 1972 oedd mynd ag enwogion mewn meysydd gwahanol ymhlith y Cymry i leoedd a oedd yn hollol 'arall' i'w cynefin, ac eto'n berthnasol i'w profiad. Bu Huw Lloyd Edwards y dramodydd yn Stratford-on-Avon, ac Osian Ellis yn Aldbergh yn Suffolk, lle'r oedd Neuadd Gyngerdd enwog Benjamin Britten. A minnau'n digwydd siarad â Gwilym R. Jones tua'r adeg yma, dywedodd ei fod yn hoff iawn o'r Cotswolds, gan ei fod yn hollol Seisnig ac yn hollol 'arall'. Cofiaf yn dda am yr wythnos a dreuliasom yn y Cotswolds – 'roedd Gwilym R. a'i briod yn gwmni ardderchog a chafwyd llawer o hwyl.

Bu Gwilym R. wrth ei fodd yn ymweld â'r Cotswolds, gan gynnwys bragdy teuluol. Y Malthouse oedd yr unig gwmni o fragwyr teuluol a oedd yn dal i gynhyrchu'u cwrw eu hunain. Cofiaf un llinell yn unig o englyn a gyfansoddodd yno ar y pryd: 'Lager a chalch o Loegr i chwi'.

Cofiaf i Gwilym R. Jones gael sgwrs yn y ffilm â'r barnwr Dewi Watkin Powell. Byrfyfyr fu hynny hefyd. 'Roeddem ni, bobl y BBC, Gwilym R. a'i briod yn aros mewn gwesty hyfryd yn Chipping Cambden am yr wythnos. Pwy a ddaeth i fewn i'n gwesty ond Dewi ac Alys Powell, hwythau ar wyliau yn y Cotswolds. Felly, dyma drefnu i Dewi a Gwilym R. gael sgwrs, ac fe'u ffilmiwyd yn un o ystafelloedd y gwesty.'

276

276. Gwilym R. Jones yn ymweld â Thŵr Broadway.

Dyma eiriau'r newyddiadurwr ar y llecyn hwn:

'Mae o'n rhoi tipyn o gysur i mi i feddwl bod William Morris a Burne-Jones a Rossetti wedi bod yn aros yn yr adeilad yma. Tŵr Broadway yng ngogledd-orllewin gwlad y Cotswolds. Y mae o'n lle hyfryd iawn a golygfa odidog i'w chael o'r top yma. 'Dach chi'n gweld gwlad wastad hardd, amrywiol iawn ei natur, ond teimlo 'rydw i er gwaetha'r cwbl 'mod i'n ddieithryn yma rywsut, nad wy i ddim yn perthyn i'r lle . . . 'Rydach chi'n gweld oddi yma ranna' o Gymru, 'dach chi'n gweld bryniau Malvern, 'dach chi'n gweld bryniau Wrekin a 'dach chi'n gweld mynyddoedd du Sir Faesyfed. Wel, 'dydy hynny ddim ond yn creu rhyw ddieithrwch mwy i mi, oblegid teimlo'r ydw i bod ffurfiau'r bryniau bach bach 'ma yn annhebyg iawn i'r bryniau sydd yng Nghymru.'

Wrth edrych 'dros y bryniau' cododd hiraeth arno am Gymru,

a dyma ddyfynnu cwpled o emyn Pantycelyn o flaen y camera:

> Dyn dieithr ydwyf yma,
> Draw mae 'ngenedigol wlad.

Yr un teimlad ag a gafodd Golygydd *Y Brython* yn Lerpwl yn y tridegau!

277. Israel, 1981.

'Bu'r awydd am ymweld ag Israel ynof er dyddiau fy machgendod a rhaid priodoli hynny i raddau helaeth i'r ffaith fy mod wedi cael fy nhrwytho yn hanes y wlad honno a hanes bywyd a marwolaeth Iesu o Nasareth a chychwyniad y grefydd Gristnogol yng nghyfnod fy mebyd a'm glasoed.

Diau fod y syniad wedi cael dyfnder daear yn fy nychymyg ym mlynyddoedd fy arddegau pan gawn flas ar astudio ar gyfer arholiad sirol yn Henaduriaeth Arfon dan arweiniad yr athro ysbrydoledig, y Parchedig Robert Jones, Tal-y-sarn, fy ngweinidog.'

*Crud ein Cred: Taith i Israel* (1983)

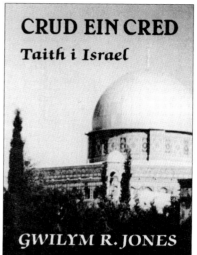

278. 'Cyrhaeddwyd Eglwys y Dominus Flevit (Eglwys y Dagrau); yma, meddir, yr arhosodd Iesu i edrych ar y ddinas ac wylo drosti.'

*Crud ein Cred*

279. Rhoi cardod yng Nghaersalem.

'Creadur caredig wrth natur yw Gwilym R. Jones. Mi awn i mor bell
â dweud fod caredigrwydd yn rhywbeth gwaelodol yn ei natur.'

*Awen Gwilym R.*

280. Miss Ann Rosser gyda Gwilym R. Jones ar eu ffordd i'r stabl.

> Aroglau sur y biswail
>   A lanwai'r preseb-grud;
> Ar dom o wellt a biswail,
> Drycsawrus wâl anifail,
>   Y daeth 'run bach i'r byd.

Allan o'r gerdd 'Y Geni', *Y Syrcas a Cherddi Eraill*

Ymddangosodd y geiriau hyn yn y cylchgrawn *Byw*, Mehefin, 1965:

### Dyfod Mae yr Awr . . .

Daeth awr y gwir addoli.

Awr gweddïo â dwylo a thraed. Awr rhoi dwylo'n fenthyg i Ti i
    godi'r gwan o'r ffos, a rhoi i Ti iws ein traed i gerdded yr ail
    filltir anodd.

Awr ateb gweddïau'r truan â'n harian a'n help.

Awr codi o wres ein gwelyau i lusgo i fyny'r Bryn nas carwn.

Awr rhoi ein horiau ar blât yr unig.

Awr tywallt gwin ein cymundeb ar friwiau'r meddwl.

Awr gwrthod ceiniog ein taeogrwydd i Gesar.

Awr ymwadu â moethau i dalu briwsionyn bach o'n bil i Ti.

Awr . . .

*Pan addolo gwir addolwyr y Tad mewn ysbryd a gwirionedd.*

279

280

'Crud mewn ogof a roes enwogrwydd i Fethlehem, ond erbyn hyn
eglwys oreurog sy'n cuddio'r man lle ganed Iesu Grist, eglwys â'i
llond o ganhwyllbrennau ac iconau amryw gyrff crefyddol. Ond y
mae llecyn yn y llawr mynor â seren yn ei amgylchynu, a dywedir mai
dyna oedd lle y bu'r Digwyddiad Mawr. Yn agos i'r llecyn y mae
lleoliad y preseb.'

*Crud ein Cred*

281. 'Buom ni, y cwmni o Gymru, yn ffodus: cyraeddasom yr eglwys
fawr sydd ar ben Calfaria ychydig funudau cyn tri o'r gloch pnawn
dydd Gwener y Groglith. Fe'n tywyswyd drwy hanner gwyll tuag at
y llecyn lle mae'r archaeolegwyr yn turio y dyddiau hyn. Honnant eu
bod wedi dod o hyd i'r bryncyn lle'r oedd y tair croes a lle y
dienyddiwyd Crist . . .'

*Crud ein Cred*

290

ARGLWYDD Y BEDD
(Emyn Pasg)

*(handwritten tonic sol-fa music manuscript with lyrics including: "Pan roesant yr Iesu i byd... rw'n y bedd... Pan aethant at Iesu a'i glymu dan glai...", "tirion â chlecon a chledd... huno... rhwymau... eidiau am dreddan ar drai... Ond torrodd... rwymau yr", "amdo yn aeth, o ddiwedu adaear yn hawddgar... angau yn rhyydd, Yn gadarn Ei rodiad ar dorrad y", "ddaeth, Fel wawriwyd y Gân am Iesu fab Mair, Y dydd! Dyrch af un Ei glod. Trwy gyprau y rhod, — a'", "deuau o Waelod Ei feddrod yn ffyw, — yn Arglwydd y fawl i gymlledd oedd ni fer- oedd y nen. O arglwydd y")*

290. Arweinydd y gân yn y Capel Mawr yn Ninbych oedd Mr A. W. Dryhurst Roberts, ac fel yn Lerpwl, mae Gwilym R. Jones yn barod i roi ei awen at wasanaeth ac addoliad y cysegr. Hoffai sylw Tolkien, y storïwr mawr: 'Mae Cristnogaeth yn dechrau mewn llawenydd (y Preseb), ac yn gorffen mewn llawenydd (y Pasg a'r bedd gwag)'.

'Cafodd Gwilym R. a minnau flynyddoedd meithion o gydweithio wrth yr un byrddau a chyd-deithio'n ôl a blaen i'r Bala er 1958 a chawsom ein cydweithwyr yno, fel yn Ninbych, yn gyfeillion calon a'u teyrngarwch tu hwnt i fesur.'

*Awen Gwilym R.*

291

291. Gwilym R. Jones a Mathonwy Hughes (Golygydd ac Is-olygydd *Y Faner*) ar eu ffordd i'r Bala i roi rhifyn arall yn ei wely. Mae'r ddau yn heneiddio, a'r baich o gynnal *Y Faner* yn trymhau.

'Ni fu amheuaeth erioed ym meddwl neb am ddiffuantrwydd safbwynt Gwilym R. Jones ac unplygrwydd ei ddelfryd fel golygydd. Cymro wrth reddf, Cymro yn gyntaf ac yn olaf, fu'r gŵr hwn erioed. 'Fedrai ef ddim bod yn ddim ond cenedlaetholwr o Gymro cwbl argyhoeddedig.'

*Awen Gwilym R.*

292

292. 'Mae byw mewn tre' lle mae ysbryd cewri fel Thomas Gee, Thomas Jones, Emrys ap Iwan a T. Gwynn Jones, i'w deimlo o hyd, a lle mae'r iaith Gymraeg, a'r diwylliant sydd ynghlwm wrthi, yn ffyniannus, yn brofiad go amheuthun yn y Gymru sydd ohoni hi heddiw.

Yng Ngwasg Gee ac yn swyddfa'r *Faner* 'roeddan ni'n barhaus yn sŵn brwydro – sŵn y frwydr anodd i gadw gwasg a phapur newydd pwysig yn fyw. Oni bai am aberth aruthrol nifer bach o unigolion penderfynol a galluog, 'fyddai dim sôn am yr hen wasg enwog nac am *Faner ac Amserau Cymru* erbyn hyn. Mae gweisg a phapurau newydd llawer mwy goludog wedi syrthio ar fin y ffordd yn y dymestl economaidd a ddaeth er yr Ail Ryfel Byd. Fel y gŵyr y cyfarwydd, 'roedd polisi'r *Faner* yn gwbl groes i bolisi rhyfel Llywodraeth Llundain ac 'roedd sensro llym ar ei cholofnau hi.'

*Y Llwybrau Gynt*

293. Hynt a helynt *Y Faner* ar ôl 1945.

Yma, mae'r un a fu'n Olygydd y papur am lawer o flynyddoedd yn dweud ei stori, ac mae'n stori arwrol. Er mwyn Cymru fe ymdrechodd ef a'i Is-olygydd, Mathonwy Hughes, do, ac aberthu llawer, i gadw papur Thomas Gee rhag diflannu o'r tir. Am bitw o gyflog, gweithiodd y ddau am flynyddoedd maith, heb fawr o seibiant o wythnos i wythnos, o flwyddyn i flwyddyn. Mae'r ysgrif yma yn ddadlennol, a'r awdur yn barotach i ddweud ei gŵyn nag a fyddai yn ystod ei yrfa faith. Yn llawen a dirwgnach y gweithiodd y ddau heb chwennych hawddfyd. Mae teyrnged Gwilym R. Jones i'r Dr H. T. Edwards, ac i'r ddau frawd, y Mri Gwyn ac Eifion Evans, yn gwbl haeddiannol, ond ni ddylid anghofio dyfalbarhad y ddau o Ddinbych, a'r rhai a'u dilynodd.

**PAPUR BRO CYMRU GYFAN**

GWILYM R.

# Argyfwng 'Y Faner'

Blynyddoedd argyfyngus yn hanes 'Y Faner' oedd y rhai a ddilynodd yr Ail Ryfel Byd. Cafodd y papur gefnogaeth ariannol Adrannau'r Llywodraeth yn ystod blynyddoedd y rhyfel – 'roedd hysbysebion yr Adrannau hynny'n cynnal y papur a'i gwerthiant [oddeutu 4,500-5,000 bob wythnos] yn dwyn peth elw i'w berchenogion. Ond yn y pumdegau daeth trai ar yr hysbysebion a lleihad yng nghyfanifr prynwr 'Y Faner'. Yr oedd ffyddloniaid y papur yn marw ac nid oedd darllenwyr newydd yn dod i lenwi'r bylchau. Dichon fod cyfle wedi ei golli i wneud y cyhoeddiad yn fwy atyniadol i'r Cymry ifainc gwlatgar.

Yma, dylwn bwysleisio mai prin iawn oedd adnoddau cyhoeddwyr y papur. Ni feddent fodd i gynnig tâl rhesymol i ohebyddion ac erthyglwyr. Bychan iawn oedd y cynabyddiaeth a gâi erthyglwyr mor alluog â Saunders Lewis am ei "Gwrs y Byd" disglair. Ysgrifennodd S.L. yn loyw iawn am gyn lleied â £5.00 yn yr wythnos am flynyddoedd, ac ni châi fwy na £13.00 yr wythnos yn ystod blwyddyn olaf ei gyfnod fel colofnydd aplaf y Wasg Gymraeg. Ni allai'r perchenogion fforddio cynnig mwy na hyn iddo.

## GUARDIAN

Clywais feirniadu ar gynnwys 'Y Faner' gan rai darllenwyr uchelael a fynnai gymharu'r papur â'r 'Manchester Guardian' [y 'Guardian' yn awr] neu'r 'Times' [Llundain]. Beirniadaeth annheg ac anneallus oedd hon am na sylweddolai'r beirniaid mor helaeth oedd adnoddau cyfalafol y papurau Saesneg hyn o'u cymharu ag adnoddau'r 'Faner' ac mor sylweddol oedd eu hincwm am hysbysebion a gwerthiant y papurau hynny. Nid wyf yn awgrymu na allesid bod yn fwy anturus'n dyfeisgar gyda'r dasg o gryfhau safle'r 'Faner', ond rhaid bod yn fwy realistig a rhaid wynebu ffeithiau oer.

Bychan iawn oedd yr arian y gellid fforddio'u gwario ar yr adran olygyddol. Y swm o £5.00 yn wythnosol a allai perchnogion 'Y Faner' ei gynnig imi fel cyflog am fod yn olygydd y 'North Wales Times' [Dinbych] ym 1939, a rhyw bunt yn ychwanegol oedd cyflog golygydd 'Y Faner' ym 1945. Pwysleisiaf y ffaith na ellid cynnig mwy oherwydd cyflwr economaidd y papur Cymraeg cenedlaethol hwn.

## DAL ATI

Sut, felly, y gallodd pobl fel Mr. Mathonwy Hughes, yr is-olygydd, a mi ddal ati i geisio cynhyrchu'r fath wythnosolyn yn ystod y blynyddoedd argyfyngus hynny [cái ef lai o £1.00 na mi bob wythnos]? Gorfu inni weithio'n hwyr y nos i lywio Disbarthiadau Addysg y Gweithwyr ac Adran Allanol y Brifysgol mewn ardaloedd diarffordd, tele-ffonio "straeon" i'r papurau Saesneg a gyrru sgriptiau i'r BBC. A daeth ein cyfaill caredig, y Prifardd Rhydwen Williams, i'r adwy.

Fe'm galwyd i Fanceinion, i astudfeydd Cwmni Teledu Granada, gan Mr. Warren Jenkins, un o gynhyrchwyr y cwmni. Fe'm cludwyd i'r ddinas gan Rhydwen a phan gynigiodd Mr. Jenkins, a oedd yn gynhyrchydd llwyddiannus gyda Granada, imi y swydd o ofalwr am raglen deledu Gymraeg, a oedd i'w lansio gan Granada, gwrthodais hi, ond ychwanegais fod gyda mi [yn y car ym maes parcio Granada] wr a allai gyflawni'r gwaith yn llwyddiannus. Cyrchwyd Rhydwen i'r swyddfa, a diwedd y cyfwelia fu rhoi iddo y swydd o gynhyrchydd y rhaglen "Amser Te", y gyntaf, mi gredaf, o'r rhaglenni teledu Cymraeg a gellid eu galw'n "rhaglenni cylchgrawn"

## AMSER TE

Tebyg i wyrth oedd darlledu rhaglen Gymraeg o

Fanceinion, o bencadlys un o'r cwmniau teledu mwyaf cefnog, yn y cyfnod hwnnw, ac erys yn un o'r rhyfeddodau. Gwir mai cyfyngedig oedd yr arian a neilltuwyd ar gyfer y fenter, ond cyflawnodd Rhydwen wyrthiau: denodd rai o dalentau gloywaf y cyfnod i'r stiwdio a'u cael i ddiddori eu cydwladwyr am delerau pur ffafriol yn y dyddiau hynny. 'Rwy'n cofio gweld Stuart Burrows, Rhiannon Davies, Ivor Emmanuel, Owen Edwards a'u tebyg o flaen y meic yng Ngranada.

Yn bur aml, chwarae teg i Rhydwen, gelwid Mathonwy a mi i ddarlledu ar y rhaglen, ac âi cyfran o'n sieciau tuag at gynnal 'Y Faner' am ein bod yn sylweddoli ein bod yn treulio rhyw gymaint o "amser 'Y Faner'" i wasanaethu'r Mamon Saesneg!

## RHYDWEN

Hysbysebai gyson Granada yn 'Y Faner' a ddenai rai ohonom i dim Rhydwen. Yr oedd eraill ohonom y tu cefn iddo oherwydd ein bod yn honni ein bod yn gyfeillion iddo. Diau mai dyma ystyr yr ymadrodd "yr wrogaeth ddeublyg"!

Ond, hysbysebion Granada neu beidio, gwaethygu yr oedd cyflwr economaidd 'Y Faner'. Cafodd awrm cymysgiaith afael ar Wasg Gee ar ôl marw Mr Morris T. Williams, a gellid dweud mai diddordeb pennaf y bobl hyn oedd yr elw y gellid ei gael o'r busnes. Cystal yw i mi gyfaddef bod rhai ohonynt yn wyr bonheddig, er mai Saesneg oedd eu hiaith, a'u bod yn bur gyfiawn yn eu hagwedd tuag at y pethau a berthyn i'n cenedl ni.

## I HUW T.

Daliodd cyflwr economaidd 'Y Faner' i waethygu, a'r diwedd fu i berchnogion y papur ei gynnig am "gini" i'r Dr. Huw T. Edwards. Cofiaf glywed Huw T. yn sôn yn deimladwy am y blynyddoedd pan fyddai ei dad "yn cerdded pedair milltir i gael copi o'r 'Faner'" Ychwanegodd: "Os cawn i werth y fath drafferth i'nhad, rhaid i mi geisio achub yr hen bapur."

---

Sylwadau Rheinallt Llwyd o Adran Llyfrgellyddiaeth Prifysgol Cymru, Aberystwyth (*Golwg*, Awst 5, 1993):

'Ei gyfraniad mwya' oedd jyst cynnal *Y Faner* drwy weithio am y nesa' peth i ddim. 'Roedd yn gweld y peth fel crwsâd ac 'roedd ei newyddiaduraeth yn fwy na job o waith – 'roedd o'n genhadaeth.'

Ym mis Ebrill, 1994, cyflwynwyd rhaglen nodwedd i gofio Gwilym R. gan John Idris Owen (a luniodd y rhaglen), a nifer o ddoniau lleol. Yn ei sgript, mae John Idris Owen yn tynnu sylw at broblemau mwy personol a gâi un a oedd yn Olygydd *Y Faner*. Yr oedd y sefyllfa ariannol yn gur pen, ond yr oedd hefyd bersonoliaethu pwerus i'w trin a'u trafod fel y dengys y ddau lythyr sy'n dilyn sylwadau John Idris Owen.

294a

*[Handwritten letters – Welsh text]*

Y Wlgwyn.
Bae Gwener

Annwyl Mr Jones,

Mae'r bennod hon yn barod er canol dydd Mercher, ond nid wyf wedi ei hanfon gan nad wyf wedi derbyn y siec a oedd yn ddyledus imi er Ionawr 8. Mae'n ffraidd arnaf yn gorfod cardota am yr hyn sy'n ddyledus ime; ac yr wyf ar fin penderfynu peidio ag ysgrifennu i'r Faner o gwbl nes na allant dalu imi.

Yr wyf yn bendant nad ysgrifennaf ddyddiadur byth eto i'r Faner gan fy mod yn poeni cymaint ar Tegla a gwneud iddo dafu ei fustl ffraidd arnaf. Gwneud cymwynas a'r Faner oedd fy

unig amcan wrth ysgrifennu'r dyddlyfr y tro hwn, gan na ddigwyddasai dim neilltuol, ac i wryn a'u darllenodd gyda dychymyg a chydymdeimlad, gallent ddarllen rhwng y llinellau, a gweld mai copïodau a deimladau ungrydd a oedd yno. Ond i ddyn creulon fel Tegla lle i roi picell yn y pon a weladd, ar gout mymryn o wall iaith. Dyy Rynedd yn ôl yr oeddwn yn berchennog y Faner. Heddiw yr wyf yn ewyn hilio i ryrin luchio cerryg ataf. Ni wneuthum ddim ond crio er bore Mercher.

Yn gywir
K. R.

294b

*158, Westbourne Rd., Penarth, Morganwg.*
*13 Mai 1961*

*Golygydd y Faner,*

*Annwyl Mr. Jones,*
*Clywais y bore yma fod*
*llythyr wedi mynd i'r Faner yn*
*dyfyniad o lythyr preifat a*
*anfonais i mewn ateb i ysgrifennydd*
*cangen baeredydd o Blaid Cymru.*

*A gaf i ofyn i chwi ofalu*
*na ddyfynnir dim o lythyr*
*preifat gennyf i yn y Faner, yn*
*enwedig i gyhosod ar bersonau*
*unigol. Byddai'n ddrwg iawn*
*gennyf orfod mynd i gyfraith*
*ar fater o'r fath.*

*A byddai'n ddrwg gennyf i olygydd*
*y Faner gymryd safbwynt mwy*
*cyfrifol nag a gafwyd ganddo*
*beidio â'i chyhoeddi*
*a wnewch chi ei hanfon*
*yn ôl ataf yn yr amlen.*

*Yn gywir,*
*Saunders Lewis*

'Ym 1945 wedi marw Prosser Rhys daeth yn Olygydd *Y Faner*. Wrth bori drwy'i bapurau fe ddeuthum ar draws amryw o lythyrau gan enwogion y genedl – R. Williams Parry, Cynan, Saunders Lewis – mae'r rhestr yn ddiddiwedd. Mae rhai ohonynt yn llythyrau caredig yn ei longyfarch ar ei benodi'n olygydd *Y Faner*. Mae ambell lythyr gan R. Williams Parry'n gwneud nifer o fân newidiadau munud olaf cyn cyhoeddi rhai o'i gerddi, ac yn cwyno byth a beunydd am ei iechyd. Llythyrau gan Cynan am yr Orsedd. A llythyrau sy'n pwysleisio pa mor anodd yw bod yn olygydd pan fo enwogion fel Kate Roberts a Saunders Lewis yn gallu bod yn ddigon cecrus.'

294a.  Llythyr gan Kate Roberts.

294b.  Llythyr gan Saunders Lewis.

295

295. 'Barwniaid' *Y Faner*: Mathonwy a Gwilym R. yn gloddesta mewn gwledd ganol-oesol – dau o Ddinbych yng Nghastell Rhuthun, ac yn cael gofal tyner Ena Walford yn fuan wedi ymddeoliad y ddau.

296.  Pedwar aelod o staff *Y Faner* yn cael eu holi ar y teledu yng Nghaerdydd.

'O fis Mawrth 1958, buwyd yn argraffu'r *Faner* yng Ngwasg y Sir, Y Bala, a phan fu farw Huw T. Edwards daeth, trwy ei ewyllys ef, yn eiddo'r golygydd a minnau a'r ddau frawd Evans, perchenogion Gwasg y Sir. Ein cyfrifoldeb ni'n pedwar ar y cyd oedd hi wedyn. Gŵr busnes o'r radd flaenaf yw Gwyn H. Evans, a phan ddaeth hi'n gyfyng unwaith yn rhagor ar yr hen bapur cymerth ei berchenogaeth ar ei ysgwyddau ef ei hun yn llawen. Iddo ef, yn anad neb, y mae'r diolch fod y *Faner* wedi'i hachub rhag tranc ers blynyddoedd.'

*Awen Gwilym R.*

296

'Pan ddaeth Gwilym R. yn Olygydd *Y Faner* ar ôl marwolaeth Prosser Rhys ym 1945 'roedd y papur yn prysur golli tir. Dyna pryd y daeth Huw T. Edwards i'r adwy i'w phrynu, gan fuddsoddi llawer o'i arian ynddi. Symudwyd y papur yn ddiweddarach i Wasg y Sir, Y Bala, ac yno y bu Gwilym R. a Mathonwy Hughes yn cynnal y fflam am flynyddoedd maith, am gyflog pitw, hyd nes i Gyngor Celfyddydau Cymru ddod i'r adwy dair blynedd yn ôl.

"Mi 'roedd hi'n frwydr anodd i'w chadw hi i fynd," meddai. "'Roedd y stwff yn hen yn aml a 'roeddan ni'n methu cael be oeddan ni isio am nad oedd yr arian gennym ni i dalu i gyfranwyr, yn wahanol fel mae pethau rŵan. Ond does gen i ddim ond gair da i fechgyn Gwasg y Sir – mi fuon nhw'n gefn da i'r *Faner*."'

*Y Cymro*, Chwefror 12, 1980

297. Yn ystod 1982, a Gwilym R. Jones ar drothwy ei ben-blwydd yn bedwar ugain mlwydd oed, bu farw Mrs Jennie Eirian Davies, un o'i olynwyr fel Golygydd *Y Faner*, a bu'n rhaid iddo ailgymryd at y gwaith am yn agos i flwyddyn. Dyma'i sylwadau wrth drosglwyddo'r cyfrifoldeb i Mr Emyr Price.

297

---

*Y Faner, Rhifyn Nadolig/Calan, 1982/83*

# PENNOD NEWYDD YN HANES 'Y FANER'

## *Gwilym R. Jones*

(Y Golygydd — dros-dro)

Pan ofynnodd Gwyn Evans, a'i frawd, Eifion Evans, i mi ddod i'r adwy ym mis Mai, ni allwn eu gwrthod. Yr oedd '*Y Faner*' mor agos at ein calonnau ni'n tri, a dymunem i'r hen gyhoeddiad oresgyn yr argyfwng diweddaraf hwn megis y goroesodd amryw argyfyngau eraill.

Nid oedd gennym unrhyw ddefnydd mewn llaw ar gyfer y trawsnewid — dim ond, llond calon o ffydd a pharodrwydd i wynebu'r her.

Ein tasg gyntaf oedd llunio rhifyn coffa i'r cyn-olygydd, Jennie Eirian. Tasg enfawr. Casglodd Gwyn Evans yr erthyglau coffa i gyd, a chyhoeddwyd rhifyn eithriadol. Un teilwng dros ben, 'yn fy marn i. Am gyfnod o wyth mis bu ef yn llythyru a chysylltu â chyfranwyr, a rhoes gymorth gwerthfawr i mi gyda'r erthyglau "Golygyddol" — ei syniadau ef a gafodd y lle amlycaf yn yr erthyglau hynny.

Cawsom gymorth ymarferol Eifion Evans, Martha Roberts a Berwyn Roberts ac eraill o'r staff — cymorth a barhaodd tros yr wyth mis y bu'n rhaid i Gwyn Evans a minnau fod yn gyfrifol am '*Y Faner*'.

Mae stori'r cydweithrediad esmwyth rhyngom yn un ddifyr—myfi'n dueddol i fynd i banig a Gwyn Evans yn llawn o sicrwydd tawel y byddai cyfeillion ledled Cymru yn ymateb i'n cais. Ac fe wnaethant. Daeth ysgrifau o bob parth o Gymru.

Rhaid diolch i gyfeillion dawnus '*Y Faner*' am ymateb mor ebrwydd.

Diolch ein bod wedi gallu cadw'r '*Faner*' ar ben y mast am wyth mis. Cawsom gymorth caredig llu mawr o ffyddloniaid ein cenedl a'n hiaith, a mawr yw ein dyled iddynt.

Ac yn awr trosglwyddwn yr hen gyhoeddiad annwyl i ddwylo golygydd newydd sbon, Mr. Emyr Price, hanesydd a Chenedlaetholwr o fri, a'r is-olygydd, Marged Dafydd, merch ifanc dalentog a gwlatgar.

Y mae gennym bob hyder y bydd '*Y Faner*' mewn dwylo diogel, ac y perchir ei thraddodiad gwiw fel amddiffynnydd hawliau ein cenedl a'r iaith Gymraeg — pileri digyfnewid polisi'r cylchgrawn.

Pob hwyl i'r gwylwyr sydd ar y mur!

(*Y Faner*, Rhifyn Nadolig/Calan, 1982/83)

180

298

298. Cyflwyno tysteb i Gwilym R. Jones a Mathonwy Hughes gan Olygydd newydd *Y Faner* (y Prifardd Geraint Bowen). Ar y chwith, mae Gwyn H. Evans (perchennog *Y Faner*), ac ar y dde, Eifion Evans (cyd-berchennog).

Rhan o deyrnged y Prifardd Mathonwy Hughes i Gwilym R. yn *Y Cyfnod* (Awst 13, 1993). A theyrnged i'w ymdrech hir i gadw'r *Faner* yn fyw:

'Ni raid atgoffa'r genedl mai un frwydr fawr fu hi yn hanes *Y Faner* i geisio ei chadw'n fyw, ac un o'r pethau y gallai Gwilym R. a minnau fod yn falch ohono oedd ei bod wedi cael y fraint o fod gyda chyfeillion gwych yng Ngwasg Gee ac wedyn am gyfnod meithach yn Y Bala yn cyd-ymladd y frwydr honno. Y fath gyfrol y gellid bod wedi ei hysgrifennu am y cyfnod anodd hwnnw pryd yr oedd gwerth ar 'hadling y weddw' a swlltyn hen bensiynwr i geisio cynnal hen wythnosolyn Cymraeg hynaf Cymru yn nydd ei gyfyngder. Er mai colli'r dydd yn y diwedd fu hanes yr hen *Faner* a hynny o ddiffyg cefnogaeth a chymorth o gyfeiriad y dylsai fod wedi dyfod, fe fu farw wedi i rai ohonom wneud ein gorau i'w chadw'n fyw. Ond fel yna y mae bywyd y dyddiau hyn.'

299

300

300. Golygydd *Y Faner* am flynyddoedd gyda Golygydd y gyfrol hon, ar ddydd ei ben-blwydd yn 80 mlwydd oed.

'Cofiaf o hyd ei ddiffiniaid o gyfaill. Yn y seiat y cawsom hwn hefyd. 'Cyfaill yw dyn sy'n gwybod y gwaethaf amdanaf ond yn mynnu credu'r gorau'.'

Y Golygydd yn *Barn*

299. Gwilym R. Jones â'i gefn at hen gastell Dinbych, ac wedi cyrraedd ei bedwar ugain mlwydd oed. Mae'n parhau i fyw yn 11 Brynteg, ac yn sefyll ar y tir lle y plannodd yr amrywiaeth rhyfeddaf o datws. Mae'n manylu am ei datws had yn ei ddyddiaduron, fel petai'n rhestru'r cynganeddion! A pha ryfedd – ei hoff bryd o fwyd oedd tatws mewn llaeth enwyn. Nid rhyfedd ei fod yn edrych cystal, ac yn mwynhau'r 'pethe' a chwmni ei deulu a'i ffrindiau. Yr oedd gauddo ddeng mlynedd eto i'w mwynhau.

301. Ar achlysur dathlu pen-blwydd Gwilym R. Jones yn bedwar ugain oed, trefnwyd noson yn Theatr Twm o'r Nant yn Ninbych. Daeth y beirdd, newyddiadurwyr, cyfeillion ac, wrth gwrs, y teulu ynghyd, ac 'roedd y Prifardd yn sionc ac yn llawen, yn mwynhau'r talentau lleol a theyrngedau hen gyfeillion, fel y Dr John Gwilym Jones. Cofnodais rai o'i sylwadau, a dyma nhw:

'Mae pob bardd o bwys yn ymwybodol iawn o'i orffennol ac yn ymateb iddo gyda theimlad. Un o'r rhain yw Gwilym R. Jones, cynganeddwr cadarn, a bardd newydd ei dant. Yfodd yn ddwfn o draddodiad y Cywyddwyr, a gall ddyfalu'n ddeifiol. Dyma un o gampau mawr yr hen gywyddwyr, a gellir gweld eu dylanwad ar ei gywydd i gyfarch Dr Kate Roberts, 'Brenhines Llên', a'r cywydd mawl 'Garthewin'. Mae'n fardd ei oes ei hun, ond yn meddu'r ddawn i gymhwyso'r hen batrymau i'w bwrpas pan fo'r galw. Meddylier am un o'i gwpledi yn 'Rhof Fawl i'r Griafolen' fel enghraifft:

> Comiwnydd y cwm unig!
> Rhydd win i werin y wig.

'Roedd ei reddf yn gwbl sicr pan ddewisodd ei yrfa fel newyddiadurwr. Mae ganddo ddawn i ddewis y gair iawn a'r idiom trawiadol, e.e. 'beili amser' a 'bwli angau' yn ei gerdd 'Pa beth a Wnawn?' Bydd yn uno dwy eirfa, yn cyfuno'r geiriau clasurol a'r geiriau bob-dydd hynny a wrthodai Syr John Morris-Jones. Pan fydd yn canu'n grefyddol, bydd yn ystwyth iawn ei fynegiant, ac yn delweddu ac yn gwneud lluniau o'i brofiad ei hun.

Yn aml, bydd yn gofyn y cwestiwn: 'A oes ystyr i fywyd?' Cwestiwn yr athronydd a'r diwinydd yw hwn, ond mae Gwilym R. yn ei wneud yn gwestiwn i'r bardd yn ogystal.

Yn y detholiad hwnnw o'i gerdd radio ('Y Ffatri Atomig'), sef 'Cwm Tawelwch', mae'n ei ddibersonoli'i hun fel un o'i arwyr mawr, T. S. Eliot. Aeth dyn yn ysglyfaeth i bethau'i oes, ac yn ei ddiymadferthedd, mae'n disgwyl angau. Rhwng bywyd a'r bedd, mae'n ceisio dianc o'r presennol trwy wrando ar leisiau 'sy'n diddanu' a phrofi gwefr heddiw tra bo'n dianc yr un pryd o'i bresennol.

Sut mae Gwilym R. yn lledu'i weledigaeth? Trwy gymryd cyflwr 'mab y ffôedigaeth' yn ysbrydoliaeth ac yn fan cychwyn ei ymchwil am ystyr a phwrpas. Mae diymadferthedd ei fyd, ffolineb ei fforddolion, yn dreth ar ei amynedd, ond dyma'r union beth sy'n ei ysgogi i ganu.

Pa mor giaidd bynnag yw bywyd, pa mor drasiedïol bynnag y medr

301

'I GWILYM R'

Mynediad trwy raglen: £1.50

ein byw fod, a pha mor erchyll ac ofnadwy yw marw, mae'r Crëwr iddo ef yn drech na'r cyfan:

> Am fod dy gariad, Arglwydd da, o hyd
> Yn drech na grym a hudoliaethau'r byd.
>
> ('Mawl i'r Crëwr')

Fy nymuniad i yw y caiff Gwilym R. flynyddoedd o iechyd a hoen i ddal ati i ganu. Gobeithio na fydd yn cyrraedd 'Cwm Tawelwch' ond yn aros yn y byd ofnadwy hwn, a'i ddehonglu i ni.'

302. Teyrnged Syr Thomas Parry i Gwilym R. Jones, ar achlysur dathlu ei ben-blwydd yn 80 mlwydd oed. Fe'i darllenwyd yn Theatr Twm o'r Nant, yn Ninbych, ar noson y dathlu. 'Roedd Gwilym R. yn bedwar ugain oed ar Fawrth 24, 1983:

'I ni bobol Carmel ers talwm rhyw gongol breifat oedd Tal-y-sarn (neu'r Nant, fel y byddem ni'n galw'r lle). 'Doedd dim rhaid mynd trwyddo i fynd i rywle arall, achos ni fyddem ni byth yn mynd i Dan-yr-allt, ac yr oedd modd mynd i Ryd-ddu heb fynd ar gyfyl y Nant. 'Doedd yno ddim nythiad o ddoctoriaid fel yr oedd ym Mhen-y-groes, lle byddai dyn sâl yn mynd i chwilio am wellhad, a lle byddai merched iach yn mynd i siop y Star a siop Wil Gerlan a siop Cae'r-gofaint ar nos Wener a dod adref dan eu beichiau.

I ni, enw ar chwarel oedd Tal-y-sarn, ac enw ar gapel lle'r oedd William Williams yn weinidog. (Yr oedd y gwn-dau-faril arall hwnnw, John Jones Tal-y-sarn, yn rhy bell yn ôl i'm cenhedlaeth i wybod dim amdano, er ei fod wedi pregethu mewn gwylnos pan fu farw fy hen-daid, Harri Williams, yng Ngharmel ym 1855.) Ond yr oedd enw un o hogiau'r Nant yn wybyddus i mi yn gynnar yn fy mywyd, sef Gwilym Cloth Hall. Ni wn i ddim pa bryd y clywais amdano gyntaf, ond yr oedd yn hen gyfarwydd imi ymhell cyn iddo ennill y goron genedlaethol ym 1935. 'Doeddwn i ddim yn ei adnabod yn bersonol, oherwydd 'fu ef a minnau ddim yn yr un ysgol. Mi eis i i Goleg, ac fe aeth ef i'r sefydliad arall hwnnw sydd wedi cyfrannu'n helaeth i ddiwylliant Cymru – y swyddfa bapur newydd. Mi gymerais i radd, ac fe gymerodd yntau un, ond, yn wahanol i mi, heb orfod dilyn darlithiau nac ysgrifennu traethodau na sefyll arholiadau. Cymerodd ef y radd am iddo gael ei chynnig er anrhydedd, fel cydnabyddiaeth o'i gamp fel bardd a llenor ac o'i wasanaeth fel golygydd newyddiaduron. (Ac yma rhwng cromfachau – ar y slei megis – 'rwyf am roi gair o glod i'r sefydliad hwnnw sy'n cael ei gondemnio mor aml, sef y Brifysgol. Nid oes yr un gŵr llên o bwys yng Nghymru nad yw hi wedi ei gydnabod).

302

Heno, ar yr achlysur hwn, y mae cyfeillion ac edmygwyr Gwilym R. Jones yn rhoi teyrnged iddo ar gyrraedd ei bedwar ugain oed. Rhyw esgus yw'r busnes oed yma, achos 'does dim clod iddo ei fod wedi byw cyhyd; y mae mwy a mwy yn gwneud hynny y blynyddoedd hyn. Ond y *mae* clod iddo am lenwi'r blynyddoedd â gweithgarwch sydd wedi bod o fudd a mantais fawr iawn i'w genedl. Ar ôl bwrw ei brentisiaeth yn yr Eisteddfod Genedlaethol, aeth ymlaen i lenydda, yn fwyaf arbennig fel bardd, gan gynhyrchu ei bedair cyfrol, ynghyd â chyfraniadau eraill. Canodd ychydig o delynegion yn y dull cydnabyddedig, canodd gerddi myfyriol ar fywyd dyn ac ar ei brofiadau ef ei hun, canodd gywyddau ac englynion, a hefyd lawer o gerddi *vers libre*. Y mae amrywiaeth trawiadol yn ei ddefnydd ac yn ei ddull.

Ond i mi, y cerddi sy'n rhoi mwyaf o foddhad yw'r rheini i'w gyfeillion wrth eu henwau. Yn y rheini y clywir llais y gŵr sy'n ymwybod â'i le mewn cymdeithas, a gŵr felly yw Gwilym R. Jones ym mhob agwedd ar ei weithgarwch. Nid pensynnu fel meudwy a thraethu ei ymateb ef ei hun i Natur wyllt o'i gwmpas y mae ef. Y mae'n drawiadol fod y person cyntaf lluosog 'ni' yn llawer mwy cyffredin yn ei gerddi na'r unigol 'fi'. Yr oedd cymdeithas dyffryn ei febyd yn rym yn ei fywyd cynnar, fel y mae'r llyfr *Seirff yn Eden* yn profi. Wrth ddewis gyrfa fel newyddiadurwr yr oedd yn ymrwymo i wasanaethu cymdeithas trwy roi llais i'w hofnau a'i dyheadau, a hefyd trwy ei beirniadu, a hyd yn oed ei chondemnio, pan fo galw. Cymdeithas yw'r genedl, a rhoes ef ei holl egnïon ar waith i'w chadw'n fyw a'i chyfnerthu. Cymdeithas arall yw'r rhai sy'n arddel y ffydd Gristnogol, a chafodd hon hefyd ei gefnogaeth hyd yr eithaf.

Bu Gwilym R. Jones yn olygydd *Y Faner* am dros ddeng mlynedd ar hugain. Diystyr fuasai ei gymharu ef â'r hen olygydd enwog Thomas Gee, er bod rhai nodweddion rhyfeddol o debyg yng nghymeriadau'r ddau. Y mae'r hinsawdd wleidyddol a diwylliadol a chrefyddol wedi newid yn llwyr er dyddiau Gee, ac y mae swyddogaeth newyddiaduraeth wedi newid hefyd. Ond wrth feddwl am yr hen *Faner*, meddwl y byddwn am Thomas Gee a Phrosser Rhys a Gwilym R. Jones, a dyna olyniaeth deilwng iawn yn wir.'

303

303. Gwilym R. Jones yn llofnodi'i hunangofiant yn siop Awen Meirion, ac un o'i pherchnogion, y Prifardd Elwyn Edwards, yn sefyll wrth ei ochr. Byddai'n dyfynnu ambell gerdd ac ambell linell o eiddo'r diweddar Ddr Saunders Lewis yn aml. Credai fod y linell, 'Rhodd enbyd yw bywyd i bawb' y fwyaf yn yr iaith Gymraeg. 'Roedd yn falch o fenthyca'r ddau air, 'rhodd enbyd' yn deitl i'w stori ddifyr, ond a ysgrifennwyd yn frysiog er mwyn ei chyhoeddi cyn iddo gyrraedd ei ben-blwydd yn bedwar ugain oed.

'Ac eto mae'n bosib y bydd mwy o fynd ar gyfrol o ryddiaith y mae'n gweithio arni ar hyn o bryd na'r un o'i gyfrolau barddoniaeth – ei hunangofiant. Ac yntau bellach yn 76 oed gwelodd Gwilym R. dalp go dda o'r ugeinfed ganrif yn mynd heibio a bu'n llygad-dyst i rai o'r digwyddiadau pwysicaf yn hanes diweddar ein cenedl.

Mae cael y cyfan wedi ei groniclo rhwng dau glawr yn beth y gallwn i gyd edrych ymlaen ato gydag awch.'

*Y Cymro*, Chwefror 12, 1980

304

304. Y teulu agos o'i gwmpas ar risiau rhiniog Theatr Twm o'r Nant, a'r un a wnaeth gymaint dros y ddrama yng Nghymru ac yn Lerpwl yn y canol, ac yn dathlu'i ben-blwydd yn 80 mlwydd oed.

305

# Talu teyrnged

Talwyd teyrnged i'r Prifardd a'r newyddiadurwr Gwilym R. Jones, Dinbych, mewn rhaglen a drefnwyd gan Yr Academi Gymreig, gyda chymorth Cyngor Celfyddydau Cymru.

Llywyddwyd y gweithgareddau yng Nghanolfan Ddyddiol Eirianfa, Dinbych, gan Dr. Geraint Bowen, y cyn-Archdderwydd

Dathlodd "Gwilym R." ei benblwydd yn 80 yn gynharach eleni. Mae wedi bod yn newyddiadura am 60 mlynedd — gan olygu'r *Faner* am gyfran helaeth ohonynt. Yn yr Eisteddfod Genedlaethol mae wedi ennill y Goron, y Gadair a'r Fedal Ryddiaith.
● Mr Gwilym R. Jones (chwith) a'r Dr. Geraint Bowen.

305. Darlun a welwyd yn y *Free Press*, Rhagfyr 14, 1983.

Ar Ragfyr 3, 1983, yng Nghanolfan Ddyddiol Eirianfa, Safle'r Ffatri, Dinbych, cynhaliwyd cyfarfod arbennig i deyrngedu Gwilym R. Jones. Trefnwyd y cyfarfyddiad gan yr Academi Gymreig, gyda chymorth Cyngor Celfyddydau Cymru. Y Llywydd oedd y Dr Geraint Bowen.

306. Trefnodd Cymdeithas Barddas gyfarfod teyrnged i Gwilym R. Jones yn y Babell Lên yn Eisteddfod Genedlaethol Casnewydd, 1988. Lluniodd Myrddin ap Dafydd yr englynion canlynol ar gyfer yr achlysur:

Yn ei wên mae'n gwarineb, – hithau'r iaith
   A roes iddo'i dysteb:
   Naddodd, pan na hidiodd neb,
   Ei chŵyn yn rhychau'i wyneb.

Daw ei fyd a'i ofidiau – i wgu
   Ei lygaid ar brydiau,
   Eto, cwyd rhyw freuddwyd frau,
   Yn ei wyll, i'w canhwyllau.

Breuddwydion y galon gudd – am werin
   Yn un mur i'w bröydd,
   Am urddas, ac am wawrddydd
   Ei Gymru gref, Gymraeg, rydd.

Daw o elît y dal ati, – un gŵr
   Eto'n gyrru arni:
   Rhoi ei wasg i leisio'i gri,
   Ei roi'i hun, rhag gwirioni.

Rhoi'i awen o'i wythiennau; – rhoi ei waed
   Drwy inc ei sylwadau;
   Rhoi y mêr yn ei ddramâu;
   Rhoi'i guriad gyda'r geiriau.

Ddwy flynedd yn ddiweddarach 'roedd Myrddin ap Dafydd ei hun yn brifardd cadeiriol, yn Eisteddfod Genedlaethol Cwm Rhymni, 1990. 'Roedd y llythyr a anfonodd Myrddin ap Dafydd at Gwilym R., ar ôl yr Eisteddfod, yn arwydd o barch Cymry ifainc ato:

'Y fraint fawr a gefais yn ystod yr wythnos oedd cael gwahoddiad i gymryd rhan mewn cyfarfod teyrnged i chi. Cofiaf chi yn un o ralïau cyntaf y Gymdeithas, yn yr Wybrnant ym 1969, yn lansio'r ymgyrch arwyddion ffyrdd, a buoch yn gefn cyson i ymgyrchwyr yr iaith mewn ralïau, mewn llys, ac yn eich colofnau yn *Y Faner*. Yn wir, wrth edrych yn ôl, mae'n amheus gennyf a fyddai'r Gymdeithas wedi cael fawr ddim llwyddiant oni bai i rai fel chi sefyll yn gadarn ar yr un tir â hi.'

306

307

307. Trwy gydol ei fywyd prysur, ac ar ôl ymddeol, bu'n un i 'noddi' a chalonogi'r beirdd a oedd yn codi. Dyma brofiad y Parchedig Dafydd Owen, bachgen o Ddinbych a oedd yn cystadlu yn y pedwardegau cynnar:

'Bu Gwilym R. Jones yn gymorth mawr inni, dîm 'Ymryson y Beirdd': ymarferem yn ei dŷ ambell waith, a bu'n gyfarwyddwr parod i'w gydweithiwr yn Swyddfa Gee, y bardd W. R. Jones, a minnau.'

Dafydd Owen, *Yn Palu Wrtho'i Hunan* (1993)


Yn ei sgript, *Cofio Gwilym R.* (1994), mae Prif Lenor Eisteddfod Llanbedr Pont Steffan, John Idris Owen, yn rhoi teyrnged i'r henwr a fu farw ym 1993, gan gydnabod ei ddyled ef ac eraill i Gwilym R. fel athro'r beirdd ieuainc:

'Ond 'fedrwn ni ddim gwahaniaethu gormod rhwng Gwilym R. y bardd a Gwilym R. y dyn. 'Roedd o'n hoff iawn o bobl ifanc a flynyddoedd maith yn ôl mi fûm i, pan oeddwn i'n byw yn Rhuthun, yn mynychu'i ddosbarthiadau nos. Yn ddiweddarach fe fu'n athro ar griw ohonom mewn dosbarth cynganeddion.'

308

308. Tîm Ymryson y Beirdd Dinbych ar y brig ym 1981 a 1982 yng Nghynghrair Hiraethog. Gwilym R. oedd hyfforddwr y tîm o'r cychwyn. Bu'n gefnogol i'r beirdd ieuainc trwy'r blynyddoedd. Yn y llun gwelir o'r chwith i'r dde: Dafydd Whittall, John Glyn Jones, Berwyn Roberts, Silyn Jones, y capten, a John Idris Owen.

309. Cyflwynair Gwilym R. Jones i *Penillion Panig*.

'Ffurfiwyd Cynghrair Ymryson Beirdd Cylch Hiraethog yn lled ddiweddar ac y mae i'r Cylch chwech o dimau sy'n ymryson yn gyson â'i gilydd mewn canolfannau gwahanol gan gystadlu am bwyntiau a fydd yn penderfynu lle pob tîm yn nhabl y Cynghrair ar derfyn pob tymor ac am y tlysau a gynigir i'r goreuon.

Y mae tiriogaeth y Cynghrair yn ymestyn o Lansannan yn Hiraethog i Dreffynnon, a'r timau yw: Abergele, Dinbych, Llangernyw, Llansannan, Treffynnon a'r Wyddgrug. Ceir llawer o hwyl wrth ymryson o dan feurunod gwahanol.

Dengys y detholiad hwn pa fath o linellau, cwpledi, cywyddau, englynion, cerddi cocosaidd a thribannau ac ati a lunnir yn fyrfyfyr gan aelodau'r timau. Cynhwysir hefyd beth o gynnyrch y timau gogyfer â'r rhaglen 'Talwrn y Beirdd' a ddarlledir ar Radio Cymru, a'r goreuon yng nghystadlaethau'r 'Babell Lên' a drefnir yn flynyddol dan nawdd y Cynghrair. Cyhoeddir y pigion er mwyn cael cofnod o ymdrechion cynnar yr aelodau i feistroli cerdd dafod a'r mesurau rhydd a chan gredu y caiff darllenwyr o'r tu allan i'r timau flas ar eu darllen.'

309

# PENILLION PANIG

CYNGHRAIR BEIRDD
BRO HIRAETHOG

Published by
**Cyngor Gwasanaethau Gwirfoddol Clwyd**

Ffordd yr Orsaf, Rhuthun, Clwyd, LL15 1BS. Ffon/Tel: Ruthin 2441

310

310. Meddai John Idris Owen yn ei sgript yn Ebrill 1994 (rai misoedd ar ôl marw'r bardd):

'Gyda'r un criw, fwy neu lai, y byddai'n gwylio gemau rygbi rhyngwladol ar y teledydd. Mewn gemau o'r fath yr oedd yn gefnogwr tanbaid, gwladgarol, unllygeidiog. Rhaid cyfaddef ei fod yn gwybod mwy am reolau cerdd dafod nag am reolau rygbi. Pan fyddai Cymru'n ennill fe fyddai'n ddyn hapus ond pe digwyddent golli, yn enwedig i Loegr, – wel! Nid rhyfedd felly iddo lunio cerdd i Ddewin y Bêl, Barry John.'

Detholiad byr o'i awdl i 'Dewin y Bêl':

> Ar Barc yr Arfau â'r lleisiau'n llaesu
> Llew yw y cymrawd yn lliwiau Cymru
> Yn ei gwman sy'n igam-ogamu;
> Heibio gwŷr Lloegr mae'n gwamal sgrialu,
> Ffwndrus wŷr dawnus sydd yn ffwdanu,
> Lu balch a wêl eu bylchu: – fe'u lloriwyd
> Gan ŵr a fagwyd i ddygn ryfygu . . .
>
> Gareth gastiog, ddiogel – yn awchus
>     Luchio'i bas o'r gornel;
>   Ergyd ac arwydd dirgel –
>   Dwylo balch sy'n dal y bêl!
>
> Â'r bêl ŵy lond ei ddwylo
> Dyry hwrdd yn chwim ei dro
> Trwy fur o wŷr cyhyrog
> Â'i gwrs mor sydyn â'r gog.
> Ei ewiglam a'i siwglaeth
> A wna ffril a phatrwm ffraeth.
> Osgôdd y llanc gosgeiddig
> Barau o goesau fel gwig!
> Ei gorff drwy'r goedwig yn gwau
> A'r ias âi drwy'r terasau.

Gafaelyd fel gefeiliwr – yn y bêl
    Ar wib ewn wna'r rhedwr;
    Coegio'i rhoi i chwaraewr –
    Nid atal Sais gais y gŵr! . . .

Cicio arial o galon – y glewaf
    A'r gloywa' o'r Saeson;
    Rhown ein serch i'r Brenin Siôn,
    Hwn yw distryw haid estron!

A theg wawr rhith o goron
Dwnna'n deg yr adeg hon.

Y Syrcas a Cherddi Eraill

Aelod o'i ddosbarth, John Glyn Jones, yn hiraethu ar ei ôl ym 1994.
Daeth John Glyn yn un o englynwyr gorau'r genedl, a Gwilym R. a
roddodd gychwyn iddo. Mae darllenwyr *Barddas* yn gyfarwydd â'i
gynnyrch glân a rheolaidd:

Profiad ei ddosbarthiadau – a erys
    Yn ir drwy'r tymhorau:
    Ef yn trin y tir i hau –
    Yr egin oedd yr hogiau.

Yn wisgi fel hogyn ysgol, – ond eithriad
    O athro'n ein canol
    Yn mwynhau wrth gamu'n ôl
    I hanes ei orffennol.

Bu awr o Williams Parry – i'n nosau'n
    Well na ffisig inni,
    Â'r cawr yn mesur cewri
    Un awr oedd eiliad i ni.

## Y Teulu Agos

311. ''Roedd yn byw i'w blant ar ôl colli Myfanwy, ei briod, ac yn
ymgolli yn ei wyrion a'i orwyrion, gan weld nid yn unig ei ddyfodol
ei hun ynddynt, ond dyfodol Cymru. Fel yr heneiddiai, byddai'n eu
cofleidio fwy a mwy, ac yn gafaelyd yn dynn ynddynt, ac yn ei
gyfeillion agosaf.'

Golygydd y gyfrol hon – yn ei 'Ysgrif Goffa'<br>i Gwilym R. Jones yn Barn

'Bûm i'n ffodus – cefais berthynasau annwyl a theyrngar, y rhai sy'n
perthyn imi o 'waed coch cyfan' a'r rhai nad ydynt o'r hen gyff
teuluol. Sôn yr wyf am aelodau o'm teulu yr wyf mewn cymdeithas
agos, gynnes â hwy. Gellid ein galw yn 'deulu clòs iawn' am ddau
reswm. Yr ydym ni, yr aelodau agosaf o'r teulu, yn trigo o fewn cylch
o ryw bymtheng milltir sgwâr i'n gilydd. Yr ydym hefyd yn deulu

311

clòs am ein bod yn cyfathrebu'n feunyddiol neu'n wythnosol â'n gilydd, ac yn ymddiddori o ddifrif y naill yn y llall. Y mae'r berthynas agos hon yn fantais anhraethadwy i ŵr fel fi sy'n dewis byw cyhyd ag y gallo ar ei aelwyd ei hun.'

*Rhodd Enbyd*

Â'i blant, Silyn, Iwan ac Olwen, yn fychan, manteisiodd ar ei ddawn artistig ac ar ei swydd yng Ngwasg Gee, a chyhoeddi llyfr i blant bach i'w cynorthwyo i ddarllen yr iaith a garai'n angerddol. 'Roedd yn ymwybodol bod prinder deunydd darllen i blant yn ysgolion Cymru, ac er nad oedd yn addysgydd, 'roedd yn meddu ar ysbryd cenhadol gwir genedlaetholwr.

312. Yn ei *Llyfr Lluniau* mae'n cynnwys ei driawd bach a oedd ar ei aelwyd, ac mae'n hawdd adnabod y tri chymeriad. Mae Silyn yn ei ddarlun yn ein hatgoffa am frawddeg agoriadol englyn enwog Gwili – 'Y llong fach ollyngaf i'. Mae Iwan, gyda'i wallt cyrliog, fel ei dad yn tynnu llun â'i bensil. Mae Olwen, a oedd 'yn dlws fel ei mam' fel y dywedai, yn cydio'n ei thegan, y Goli. Dyma gylch mewnol y teulu agos, y rhai a fyddai'n fawr eu gofal amdano ar ôl iddynt golli'i mam. Bu farw Myfanwy, ar ôl tymor hir o lesgedd, fore Sul, Ionawr 23, 1977. Dyma fel y'i teyrngedwyd gan y Prifardd Mathonwy Hughes : 'Er cefnogi'r pethau gorau drwy'i hoes, cymar bywyd i'w gŵr, a mam ei phlant, fu Myfanwy yn anad unpeth arall. Cafodd hithau fyw i weld yn ei phlant nad yn ofer y bu ei mawr ofal. Teulu cyfan fu'r teulu hwn. Dyma pam y gedy torri'r cwlwm galonnau toredig hefyd nas cyfannir yn fuan. Heddwch i'w llwch'. Ac mae Mathonwy yn cloi, fel y disgwylid iddo ef, gydag englyn cofiadwy:

> Un egwan â ffydd ddiogel, – anwylodd
> Ei theulu a'i chapel;
> Dros ei hiaith bu'n daer ei sêl
> I'r diwedd, gymar dawel.

313. 'O fewn llai na milltir i'm tŷ y mae cartref fy merch, Olwen, a'i phriod, Berwyn, a'u dwy ferch, Meinir a Llinos, a mawr yw eu gofal amdanaf. Gyda hwy y byddaf yn cael y rhan fwyaf o'm prydau bwyd, a phan fo hi'n dywydd gerwin iawn y gaeaf, yn eu tŷ clyd hwy, Helyg, y caf loches. Bydd Olwen yn gofalu bod gennyf ddillad glân amdanaf a bod fy nhŷ yn weddol daclus.'

*Rhodd Enbyd*

314

315

314. Olwen gyda'i thad, ac ar ei ffordd i'r Capel Mawr, Dinbych, dan Goron Eisteddfod Chwilog, i gwrdd â Berwyn Roberts o Benrhyndeudraeth ar Awst 3, 1963.

315. 'Hon yw fy Olwen i'. Athrawon llawen. Y tu cefn iddynt mae Gwilym R. yn ystyried y gost! neu'n gwerthfawrogi'r hen Ddyffryn Clwyd!

316. Yn ystafell y gweinidog, yn cofrestru priodas Berwyn ac Olwen. Ar y dde i rieni Olwen, mae mam Berwyn.

317. Meinir, merch fach Olwen a Berwyn, yn dair wythnos oed, a Taid a Nain yn mwynhau ei rhannu yn heulwen haf 1964.

316

317

318

318. Gwilym R. ar drothwy'r 'Helyg', gydag Olwen a Berwyn, Llinos (mewn gwyn), a Meinir (yn ei du). Yn niwedd y saithdegau, ar ôl colli'i briod, treuliodd lawer o'i amser yn yr 'Helyg' ar gyrion Dinbych.

319. Priodas Meinir ac Iorwerth Roberts ar Fedi 6, 1986. Llinos, Bethan a Catrin (cyfnitherod) yw'r morwynion, a Gethin a Geraint 'Y Glyn' sy'n penlinio.

320. Priodas Llinos ac Ioan Edwards ar Hydref 14, 2000.

319

320

321

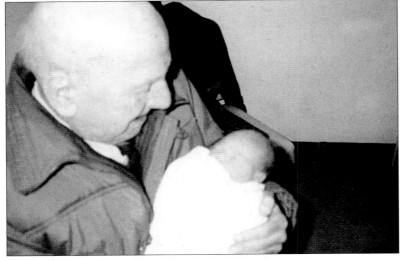

322

321. Cirin Angharad, cyntafanedig Meinir ac Iorwerth, gyda'i hendaid, Ebrill 18, 1990.

322. Hanna Wyn, chwaer Cirin, a'i gwên hyfryd yng ngwanwyn 1992.

### Hanna Wyn

Pa eisiau cael gwell pisyn?
Ei gwên swil a'n gwna yn syn;
Edrych – a chodi gwydryn
A wnawn oll – 'i Hanna Wyn'.

Meddai taid – ychydig ddyddiau cyn iddo
gael ei ben-blwydd yn 89 mlwydd oed

323

IWAN GWYRFAI  (Ganwyd 1938).

DARLUN O'R BACHGEN A DYNNODD Y
LLUNIAU SYDD AR DUDALEN 3.
DYMA'I DDISGRIFIAD O'I WAITH :–
1, COWBOI; 2, JAC-YN-BOCS; 3, TEDI;
4, LLONG; 5, CANNWYLL; 6, PLÊN!

323. 'Yn hen dref Daniel Owen, Yr Wyddgrug – 16 milltir o Ddinbych – y trig fy mab ieuengaf, Iwan, ei wraig Donna, eu merch, Bethan, eu mab Dylan, a Mrs Gwyneth Griffith, mam Donna. Bob tro y croesaf riniog 10 Hillside Crescent, fe gaf lond tŷ o groeso a hwyl.'

*Rhodd Enbyd*

324. Priodas Iwan Gwyrfai a Donna yn Llan Ffestiniog, Medi 2, 1961.

### Dau Hoenus Wedi Uno

(sef Iwan a Donna)

Am y Llan camai llwynog, – nid cadno,
        Ond cydnerth fab talog,
    Llais uwch llais y banc a'r llog
    A'i tynnai i Ffestiniog.

Mor unig ym Meirionnydd – byddai hwn
        Heb Ddonna fin hwyrddydd,
    Bun a'i disgwyliai beunydd
    A gwawr y grug ar ei grudd.

Hon â gwên mor ddigynnwr' – a rwydodd
        Ein direidus arwr;
    Hi gwympodd fabolgampwr
    Â'i dawn hoff, a'i wneud yn ŵr.

Campwr a gŵr rhagorach – ni chafwyd,
        Na chyfaill ffyddlonach,
    Cawr o gorff cyhyrog iach,
    Enaid na chaed ei fwynach.

Donna â'i llond o wanwyn – ac Iwan
        Sy'n gywir ac addfwyn,
    Dyma ddau i gyd-ymddwyn,
    Dau hoenus a diwenwyn.

Caerdydd i'r cariadau hyn – a luniodd
        Am eu c'lonnau rwymyn:
    Eu gardd oedd, ac i'r ddeuddyn
    Daeth gwell o'u cymdeithio gwyn.

*        *        *

324

Yng nghwr y don yng Nghaerdydd, – wedi'ch gŵyl,
        Codwch gaer ysblennydd,
    Ei phorth fyddo'n addurn ffydd,
    A chariad fyddo'i cheyrydd.

        Gŵr a gwraig a heria hynt
        Y corwynt yng ngrym cariad
        Fyddoch chwi. Da fyddo'ch hwyl,
        Rai annwyl, wedi'r uniad.

Mathonwy Hughes

325

326

327

325.  Y Jonesiaid ar wahoddiad Donna a'i theulu, y tu allan i gapel Bethel (A) yn Llan Ffestiniog.

326.  Gwironi ar yr wyrion – Taid a Nain Dinbych ar aelwyd Iwan a Donna yn Yr Wyddgrug, trannoeth i'r 'Dolig, 1966. Yr wyrion o'r chwith i'r dde: Catrin Myfanwy (yng nghôl Myfanwy), Bethan Haf (yr hynaf o'r wyrion, ac yn gwenu ar ei haelwyd ei hun), Dylan Clwyd (ei brawd yng nghôl y bardd), Geraint (o flaen taid), a Gethin ar y dde iddo yn y llun.

327.  Priododd Bethan a Gwynfor ym Methesda'r Wyddgrug, Awst 22, 1987.

Mae'r cefndryd a'r cyfnitherod wedi dod ynghyd yn griw hapus (a Taid wedi ymuno â hwy). Y rhes gefn (o'r chwith i'r dde): Dylan, Gethin, Geraint, Gwynfor Roberts o Garrog (y priodfab), Bethan, Catrin, Gwilym R. Jones a Llinos. Ac yn y blaen: Iorwerth (gŵr Meinir) a Meinir.

328

Roberts ac Iwan, ac yn cysgodi'r bedyddiedig – Gwynfor, Taid Dinbych, Elin Mair, Donna a Bethan.

### I Rhys ac Elin

(Yr Wyddgrug a Wrecsam)

Gwelais fod Rhys ac Elin
Yn ddau triw go hawdd i'w trin –
Elin a Rhys, rhwyfus, rhydd,
A'n llonna â'u llawenydd.
Dau annwyl a dau enaid
Yn wyrion dewr i'w hen daid!
Daliant dalent dau deulu,
Mam a thad – cyfuniad cu!
Minnau i'r ddau ddymunaf
Orwelion fel hinon haf.

*Eu Hen Daid* (Gwilym R.)

328. Nain Llan Ffestiniog a Thaid Dinbych yn sefyll o ddeutu'r gadair gyntaf a gipiodd y bardd. Nadolig arall ar aelwyd Donna ac Iwan (sydd y tu ôl i'r gadair). Bethan sy'n eistedd yn y gadair dderw, ac yn ei chôl, Elin Mair. Pedair cenhedlaeth yn nhreflan Daniel Owen.

### Elin Mair

(Fy ngor-wyres)

Y neisiaf o'r llafnesi – â'r Hen Iaith
Yn rhan hoff ohoni!
I'w rhwyd dwg ei direidi –
Eilun yw i'n teulu ni!

*Yr Hen Daid*

329. Teulu'r Wyddgrug ar achlysur hapus o fedyddio Rhys Owain, mab bach Bethan a Gwynfor. Yn y rhes gefn: Trefor a Morfudd

329

330

331

330. Priodas Dylan a Clare (Mai 17, 1997). Yn y cefndir mae Capel Bethesda'r Wyddgrug, lle'r addolai Daniel Owen, y nofelydd. Petalau conffeti mis Mai sydd o'u cwmpas.

331. A dyma Siôn, prysur a direidus, yn ymestyn at yr *Hitachi*! Y cyntaf o blant Dylan a Clare.

332. Ffion, ar ddiwrnod ei geni, chwaer Siôn, a'r ddiweddaraf o'r gor-wyrion. Bron yn rhy ddiweddar i fod yn y gyfrol hon! Taid a Nain yn ymweld â hi yn Ysbyty Maelor.

332

333. 'Agos iawn hefyd yw Y Glyn, cartref cysurus a difyr fy mab hynaf, Silyn, a'i briod Mair, a'u plant, Gethin, Geraint a Chatrin. Yno y treuliaf ran helaeth o un diwrnod yr wythnos a chyfran o bob nos Sadwrn. Bob nos Sul bydd Silyn yn dod ataf 'wedi'r oedfa' i roi'r byd yn ei le uwchben tamaid a llymaid.'

*Rhodd Enbyd*

333

334. Diwrnod priodas Silyn Parry Jones, a'i was priodas, y Parchedig Meirion Lloyd Davies, yn ei hebrwng i fewn i'r Capel Mawr, lle y codwyd y ddau dan weinidogaeth y Parchedig J. H. Griffith. Bu'r ddau yn gyd-fyfyrwyr ym Mangor, ac yn ffrindiau agos. Gweinyddwr mewn swyddi cyfrifol gyda'r Bwrdd Ysbytai fu Silyn, a Meirion yn un o weinidogion amlycaf Eglwys Bresbyteraidd Cymru, yn ddarlithydd, ac yn olygydd *Y Goleuad*, ac yn ddiweddarach, *Cristion*.

335. Y briodasferch, Mair, ar fraich ei thad, Mr Ieuan Hughes, un a fu'n amaethu ym Mhentrecelyn. Janet Evans, o Lysfasi gerllaw, yw'r forwyn. Bu farw mam Mair Silyn ar ôl hir barlys. Bu'n llesg am gyfnod digon anodd iddi, ac mae englyn coffa G.R.J. iddi yn un o'i oreuon:

> Bu heulog mewn helbulon, – a charodd
> Wych eiriau y doethion;
> Hi rwyfodd drwy yr afon
> 'N ara' deg heb ofni'r don.

336

336.  Gethin, mab Silyn a Mair, yn cael moethau gyda Taid a Nain.

337.  Amser darllen blant! Gethin gyda'i ddwy ferch fach, Kitty a Beth.

338.  Meinir, wythnos oed (merch Olwen a Berwyn), yn y siôl, a Gethin, deng mis oed (mab Silyn a Mair), ym mreichiau Gwilym R. O ardd 11 Brynteg, mae tŵr yr Eglwys ym Mhwll Grawys yn amlwg.

337

338

339

339.  Priodas Catrin Myfanwy a Glyn. Y tu ôl i Glyn mae ei brawd Geraint, a thu cefn i Catrin, Gethin, ei brawd arall. Y morwynion bach yw Cirin Angharad ac Elin Mair. Ar y chwith, mae Rhian, chwaer Glyn, a'i phriod Robin y tu cefn iddi. Iona yw'r forwyn ar y dde yn y llun, a thu cefn iddi hi mae brawd y priodfab, Gwynfor.

340a

11, Maes yr Eglwys,
DINBYCH, Densbi,
Clwyd. Feby 10, 199?

Dear Sir/Madam,
                    I shall be
90-years old on March 24th. I have
had a very interesting life, enriched
by close friendships and by
encircling family love.

Though I have not been greatly
blessed with wordly goods I have
always believed in the words of
the late Dr. Moelwyn Hughes, at
one time a minister in Birkenhead:
    "Os oes rhywun yn dy garu,
paid â dweud dy fod yn dlawd."
("If someone loves you, don't
say that you are poor").

340b

2.

In the autumn my grand-
daughter, CATRIN MYFANNY,
is getting married. She is
the perfect enactment of that
"encircling love"!

She visits me regularly,
takes time to chat, and
prepares meals for me — her
speciality is leek and potato
soup — and she is sympathetic,
straight and sound.

She and her fiance, Glyn,
are the perfect match: both
are bilingual and are from

340c

> 3.
>
> " DYFFRYN CLODFAWR CLWYD
> That pleases me very
> much.
>
> Attending them, with others, on
> their wedding day will be my
> great grand-daughters, ELIN
> and CIRIN, representing the
> other part of my loving
> supporting family.
>
> In appreciation and thanks
> for her faithful love, how
> wonderful it would be if I could
> give CATRIN your fantastic
> wedding gift? Yours faithfully,
> (Mr.) GWILYM R. JONES

340. Cyn-Olygydd *Y Faner*, rai wythnosau cyn iddo ddathlu'i benblwydd yn 90 oed, yn ysgrifennu un o'r llythyrau anwylaf at y *Daily Post*. Mae Catrin Myfanwy ar fin priodi, ac mae papur Lerpwl a Gogledd Cymru yn cynnig anrheg i briodasferch deilwng, ffrog briodas hardd. Yn naturiol mae'r llythyr yn cyfleu cymeriad Catrin, ond fe ddywed gryn dipyn am yr henwr mwyn, ac am gyfrinach byw a heneiddio.

341. Catrin Myfanwy yn cofleidio'i meibion: Dafydd Rhys a Dafydd Siôn.

> Y Glyn
> 10 Llwyn Manlli
> Rhuthun
> Clwyd
> 20/9/93

Annwyl Cynwil,

Mae'n rhaid imi ddiolch i chwi am wneud Dydd Angladd Taid yn ddiwrnod hapus er ei fod y diwrnod tristaf yn fy mywyd ac am fod yn gefn i mi ar lan y bedd. 'Roeddwn wedi meddwl cael bod yn ymyl Mam ond rywsut cawsom ein gwahanu a daethoch i'r adwy.

Daw pyliau sydyn o hiraeth am Taid yn aml a heb rybudd weithiau pan fyddaf ar ganol gweithio.

'Roedd Taid yn 'absolutely Great'. Bob amser 'run fath, bob amser yn falch o'm gweld.

Yr un oedd ei gwestiynau, 'Sut mae Glyn?' Wedyn holi am bawb yn 'Y Glyn' yn unigol, 'Sut mae Dad?', 'Be mae o'n wneud?', a.y.b. 'Roedd wrth ei fodd yn sôn am 'yr hen Glyn' a minnau yn wrandawr da! Cafodd lot o bleser yn edrych ymlaen at gael eich cwmni yn ein priodas – dyna sy'n bwysig.

'Roeddech yn ddoeth iawn yn peidio deud wrtho eich bod yn methu dod.

341

'Roedd wrth ei fodd hefyd yn dweud straeon wrthyf am Moi Wrench ei ffrind o America yn wreiddiol o Dal-y-sarn, a fu farw ryw ddau fis cyn ei farw. 'Roedd yn *upset* iawn am hynny a gwnaeth sgwrs amdano ar y radio.

Pan oeddwn yn dweud wrtho y byddwn yn drist iawn yn gadael fy rhieni a'r 'Glyn' 'roedd o wastad yn dweud wrthyf, 'Paid â phoeni, mi fydd gen ti ddau gartre wedyn.'

'Roedd bob amser yn dweud wrthyf, 'Edrych ar ôl dy fam, mae'n dda wrthom ni i gyd.'

Ei hoff gwestiwn hefyd oedd, 'Sut mae'r car yn mynd? Taswn i yn ennill y *pools* mi fuaswn i yn prynu car newydd sbon iti. Beth faset ti'n dewis?'

Ac wedyn 'roedd bob amser yn diolch i mi am fynd i'w weld ac yn dweud, ''Rwyt ti'n mynd rŵan a finne'n dechre dy licio di.'

Cefais ddarlun o'i waith ar ei ôl – 'Pont y Tŵr' ('rwyf eisiau mynd i weld y lle rywbryd). I mi un o'r pethau mwyaf gwerthfawr yn ein cartref. Yn ffodus 'roedd ganddo saith llun a baentiodd ac mae pob un o'r wyrion wedi cael un.

Ni fydd byth neb tebyg i Taid.

Gyda llawer o ddiolch
a chofion cynnes iawn,

Catrin Myfanwy

O.N.: Dyma gopi o lythyr Taid a enillodd £600 o *Bridal Hire* i mi yn Lerpwl.

Mr John Idris Owen piau'r geiriau a ganlyn (allan o 'Cofio Gwilym R.', Ebrill 1994).

'Yr oedd y Capel Mawr, Dinbych, yn bwysig i Gwilym R. Bu'n flaenor yno, bu'n gyfaill i weinidogion ei gapel, bu'n aelod ffyddlon yno. Yn rhifyn Rhagfyr o *Barn* mae Cynwil Williams mewn erthygl dreiddgar ar ei gyfaill yn awgrymu na ddaeth crefydd yn hawdd i Gwilym R. 'A dweud y gwir,' meddai, 'act o brotest yn erbyn marwolaeth, henaint a'i fêts ac anffyddiaeth oedd addoli iddo'. Dyma rai dyfyniadau byr o'r erthygl honno:

> Trwy gydol ei yrfa lenyddol hir, cododd y brotest yn erbyn marwolaeth ddinistriol ei phen yn rheolaidd. Yn y casgliad swmpus o'i waith, *Cerddi Gwilym R.*, mae'n ymgodymu'n gyson â 'brenin braw', ac yng ngeiriau awdl Caerdydd, 'breuddwyd herfeiddiol briddyn' – Gwilym R. ei hun – yw tynnu colyn angau.

> Mae ei gerdd apocalyptaidd 'Pa beth a wnawn-ni?' yn perthyn i gyfnod tipyn diweddarach, ond yr un yw'r brotest o hyd, ac yn niweddglo'r gân ddychangar hon mae'n dal i ofyn:

Pa fodd yr osgown-ni y bwli angau
Pan ddelo'i farch gwelwlas i bowdro y fron?
Pa fodd y dihangwn rhag carnau y march?

'Y bwli angau' sy'n cipio'i ffrindiau oddi arno. Ac i Gwilym R., 'roedd bylchu cylch estynedig cyfeillgarwch yn anfadwaith ofnadwy.

Ym merw cyffro diwinyddol y chwedegau a'r saithdegau y trodd Gwilym R. at yr emyn. Yn y cyfnod hwnnw, medrai gweinidog archebu emyn ganddo heddiw, a'i gael trannoeth ben bore!

Rhyfeddai at athrylith Pantycelyn, ac at arucheledd Ann Griffiths. Ac yr oedd ganddo ddau athro yn Nyffryn Clwyd, sef Thomas Jones o Ddinbych ac Edward Jones, Maes-y-plwm. Bu'n darlithio llawer ar Thomas Jones yn y pumdegau, ac edmygai ddisgleirdeb meddwl y gwron o Gaerwys gan ddotio, fel Saunders Lewis, at y 'Cywydd i'r Aderyn Bronfraith' o'i waith. Mae'n sicr i'r cywydd hwn ysbrydoli Gwilym R. i ddyfalu'r 'Parrot'. Byddai'n barhaus yn rhyfeddu at ogoniannau'r Cread, ac adroddodd ugeiniau o weithiau am George Borrow yn codi'i het uwchben Llanfair Dyffryn Clwyd, ac yn dweud: 'Well done, God'.'

342. Mae ei anerchiad ym Mhlas Penucha, Caerwys, fel ei anerchiadau ar Bedr Fardd, Ann Griffiths, ac Edward Jones, Maes-y-plwm, yn datgelu'i syniadau am bwrpas y fawlgan Gristnogol, a lle'r emyn yn ein haddoliad a'n llenyddiaeth.

Hoffai adrodd fod bedd Peter Jones o dan sgwâr i focswyr yn Lerpwl. Llinellau'r gwron hwnnw, Pedr Fardd,

Cyn llunio'r byd, cyn lledu'r nefoedd wen,
Cyn gosod haul, na lloer, na sêr uwchben . . .

a'i hysbrydolodd, tua'r adeg y glaniodd yr Americanwyr ar y lleuad, i

342

Plas Penucha, Caerwys

ganu'r emyn cyfoes a chanadwy hwnnw – 'Arglwydd y gofod di-ben-draw . . .' Dyma emyn mawreddog sy'n ein codi at y trosgynnol, ac ar yr un pryd yn cadw'n traed ar y ddaear gyda'n profiadau mewnfodol. Gyda Chosmoleg gyfoes yn codi Diwinyddiaeth lesg ein dydd ar ei thraed, nid rhyfedd bod cymaint yn gofyn pam nad yw'r emyn gweddigar hwn wedi cael ei le yn *Caneuon Ffydd*?

Yn ei anerchiad yng Nghaerwys, mae'n dadlau fod tri math o emyn:

(a) Yr emyn sy'n fynegiant o brofiad personol ac angerddol, fel 'Iesu, nid oes terfyn arnat . . .' Mae o'r farn nad oes gan y rhai sy'n gwbl hesb o'r profiadau mawr crefyddol hawl i ganu'r emynau hyn. Mae canu yr hyn sy'n gelwydd yn demtasiwn mewn cynulleidfa.

(b) Lluniwyd yr ail fath o emyn, yr emyn cymdeithasol, at achlysuron arbennig, ac fe'i cenir gan gynulleidfa mewn cyfarfodydd o ddiolchgarwch, mewn cwrdd ar ddechrau blwyddyn, priodas, angladd a bedydd. Emyn a gyfansoddwyd gydag un llygad ar Dduw a'r llall ar y gynulleidfa yw hwn.

(c) Y mae hefyd emynau athrawiaethol, rhai sy'n cynnwys diwinyddiaeth ac athroniaeth, ac mae gan Thomas Jones nifer o'r rhain . Ar ei orau, ac yntau'n grefftwr o'r radd flaenaf, caiff ei ysbrydoli, a'i godi i dir uchel iawn – a'r gynulleidfa sy'n canu'r emyn gydag ef.

## Yr Ysgol Sul

O'i fachgendod cefnogodd Gwilym R. Jones yr Ysgol Sul, a'i gwasanaethu ym mhob modd posibl. Ar ôl bod yn oedfa'r bore, ac yn gyson yn oedfa'r hwyr, gallai dyn prysur fel ef gymryd prynhawn Sul yn ei barlwr, yn golygu'i bapur, neu'n paratoi erthygl neu gerdd. Ond ni chollai'r Ysgol Sul am y byd. Hoffai drafodaeth sylweddol, beirniadaeth Feiblaidd ac esboniadaeth, a chredai fel newyddiadurwr y dylid cymhwyso'r athrawiaethau mawr i gyfarfod â gogwyddiadau'r dydd. Byddai'n brofoclyd o radicalaidd yn ei safbwynt, ac yn agnostig yn ei ensyniadau. Eto, byddai'n cadw'i ddosbarth yn deyrngar i'w gilydd, i'w hathro, ac i'r eglwys. 'Roedd ganddo ddosbarth o ferched yn Princes Road, Lerpwl, a bu ganddo ddosbarthiadau, weithiau o wragedd, dro arall o ddynion, am o leiaf ddeugain mlynedd o'r hanner cant y bu yn y Capel Mawr, Dinbych. Yng Ngŵyl Ysgol Sul Dyffryn Clwyd, gwelai gyfuno crefydd a diwylliant, ac fe'i cefnogodd i'r carn, fel cystadleuydd a beirniad.

344

343

343. Parti Cydadrodd dan 30 (Gŵyl yr Ysgol Sul, Dinbych).

Yn y rhes gefn (o'r chwith i'r dde): Mrs Eurwen Jones, Mrs Helen Smith, Mrs Ann Hughes, Mrs Nerys Ann Roberts, a Mrs Julie Wynne. O ddeutu'r hyfforddwr, Gwilym R. Jones, y ddwy chwaer Mrs Gwenllian Jones (ar y chwith) a Mrs Marian Hughes ar y dde.

344. Dosbarth Ysgol Sul Gwilym R. yn y Capel Mawr, Dinbych, ym Mai, 1983, ac yntau'n 80 oed.

Ail res (o'r chwith i'r dde): Gwilym G. Jones, Emrys Evans, Emlyn Evans; yn y blaen (o'r chwith i'r dde): Gwilym Williams, Gwilym R., R. W. Morris.

345

346

347

345. Gwilym R. Jones, Kate Roberts a Mathonwy Hughes ym 1985. 'Y tri hyn . . .' 'Henaint . . . ei fêts ydi'r drwg' (R.W.P.).

346. Un o hoff ddywediadau Gwilym R. pan fyddai plant o'i gwmpas, yn enwedig un o'i wyrion, neu ei or-wyrion: 'Yr hen blant 'ma yw'n tragwyddoldeb ni, wyddost'. Nadolig 1989, â'i hosan.

347. Yn 11 Maes yr Eglwys, ac yng nghadair Caerdydd 52 mlynedd yn ddiweddarach. ''Rwy'n edrych dros y bryniau pell'.

348. Y pen-blwydd olaf. Elin Mair a Rhys o'r Wyddgrug, Donna eu mam, yr henwr 90 oed, Olwen, Mathonwy wrth gwrs, a Mair Silyn ar ei haelwyd.

349. Diwrnod difrifol iawn i Rhys ac Elin Mair, ond mae taid yn wên o glust i glust!

350. 'Yr hen blant' yn Y Glyn, rai dyddiau'n ddiweddarach, ac yn parhau'n agos ato.

### I Gwilym R. yn 90 Oed

Er cur llosg y mae'r cawr llên – yn naw deg
    Ac yn dal yn llawen;
    Dyn yw o, er mynd yn hen,
    Ieuanc a thirf ei awen.

Dedwyddyd deued iddo – a nodded
    Am flynyddoedd eto;
    Bywyd diddan dan ei do,
    Hoen a hedd diheneiddio.

                        Mathonwy Hughes

351. Diffodd y gannwyll – yr olaf un.

352. Diweddglo llythyr oddi wrth Syr Thomas Parry:

Yntau, o bawb, ar 'erchwyn' gwely ei waeledd, ac wrth glywed sŵn traed 'mêts henaint', yn anghofio dyblu'r 'r' yn ei gyfenw.

### Yr Herfeiddiol Gwilym R.
#### (1903-1993)

*Un arall o golledion mawr Cymru eleni oedd marwolaeth Gwilym R. Ei gyfaill Cynwil Williams, a fu hefyd yn weinidog arno yn Ninbych, sy'n ei gofio.*

Ychydig ddyddiau cyn Eisteddfod Llanelwedd, yn dangnefeddus a bodlon, fel y bu byw, bu farw Gwilym Richard Jones, 'Gwilym R.' i bawb. 'Roedd yn fardd, llenor a newyddiadurwr, cenedlaetholwr i'r carn, a chyfaill diarbed i'w deulu agos a'i ffrindiau niferus. Er na chredai hynny, adlewyrchwyd y Gwynfydau yn ei fywyd diwyd. Bodlonodd fyw yn un o dlodion y ddaear, gan alaru neu ofidio am gyflwr Cymru a'r Eglwys yn ein gwlad. Ni allai ddioddef ffyliaid a gallai roi min ar ei bensil a'i dafod. Ond un addfwyn iawn ydoedd.

Un o'i hoff gerddi oedd soned Saunders Lewis, 'Rhag y Purdan'. Fe'i hadroddodd droeon yn y Seiat, yn enwedig y llinellau sy'n gwahodd angau i ddynesu, nid fel 'Ergyd dryll neu fom yn sydyn chwim,' ond fel:

> . . . coedwigwr praff yn dethol pren
> Tyrd ataf; cân â'th fwyell rybudd dwys
> A tharo unwaith, ddwywaith, nes bod cen
> Yn tasgu, a'r ceinciau'n crynu, a chrymu'u pwys;
> Dadwreiddia fi o'r ddaear, cyn y daw
> Ffwrneiswaith y golosgwyr acw draw.

Ac fe atebwyd ei weddi fenthyg. Diffygiodd ei gorff yn araf yn y nawdegau, ond ni wanychwyd ei bersonoliaeth serchog. Parhaodd ei feddwl a'i gof yn iraidd hyd y diwedd, a daliodd i daro'i deipiadur bach â'i fysedd diwyd, gan lunio ambell englyn a chân, neu bwt o lythyr cynnes i'w ffrindiau.

Fe ddywedodd un o lenorion mawr Lloegr mai prin iawn fyddai'r beirdd ar ein daear oni bai am farwolaeth. Ac yn sicr, 'roedd gan Gwilym R. Jones o'r cychwyn cyntaf ryw ofnadwyaeth greadigol ym mhresenoldeb y 'Gelyn olaf'. Oddi ar ei farw yn Awst bûm yn ailddarllen ei gyfrolau o gerddi, a'i lythyrau ataf. Ym mhob un o'i lythyrau ym 1992 a 1993 mae'n dyfynnu ei arwr mwyaf, R. Williams Parry: 'Mae henaint yn beth da, ond 'dydw i ddim yn hoffi ei fêts o!' Yn ei lythyr olaf (26/3/93) yn fuan ar ôl ei ben-blwydd yn 90 oed, mae'n nodi'r 'mêts' – 'llesgedd a methu â chofio enwau pobl a lleoedd'. Ond nid yw wedi ei roi ei hun yn y dyfnderoedd:

> Ar y llaw arall, mae bodolaeth yn y byd rhyfeddol yma yn brofiad mawr! Ac mae para gyda theulu a ffrindiau da yn fraint uwchlaw dirnadaeth dyn . . . Caf brofiadau go amheuthun yn fy henaint, a diolch amdanynt. Ond yr hen 'mysterium tremendum' yw hi o hyd, yntê? A byddaf yn diolch yn aml bod

353

ein gwybodaeth o'r pethau pwysig yn anghyflawn ar hyn o bryd!

353. 'Teg edrych tuag adref'. Ar ôl ei ymddeoliad, ymwelodd â'r hen fro, ac eisteddodd i dynnu'i lun y tu allan i'r 'Neuadd Frethyn', Tal-y-sarn.

> Gafael y bydd atgofion, – a mi'n hen,
> Am ein hoes a'i throeon,
> Y Gwilym hael ei galon,
> Brwd ei farn, ond 'brawd' i'w fôn.
>
> *M.H.*

'Yn dawel y bu'r diwedd,' meddai ei gyfaill am yn agos i ganrif – y Prifardd Mathonwy Hughes.

> Heb arwydd a heb eiriau
> Daeth a'n gwahanodd ni'n dau.
>
> Trymach i mi fydd tramwy
> A Gwilym R. dan glo mwy.

354. 11 Maes yr Eglwys, lle bu farw'n sydyn a thawel. Yr ail ddrws i'r dde o'r modur bach. Mae'r eglwys yn nes nag erioed yn y darlun hwn.

> Ywen drist, a chist a chŵys
> A chryglef cloch yr eglwys?
>
> Pan ddêl yr hen Arch-heliwr,
> Ymlafnia, gwinga pob gŵr;
> Tyr gloeau ein trigleoedd
> A'n pyrth cry' heb lu na bloedd.
>
> ''Rwy'n Edrych dros y Bryniau Pell'

Sgwrs radio cyn-Olygydd *Y Cymro*, John Roberts Williams.

'Bu farw'r *Faner*, ac yn awr Gwilym R. yn 90 oed. Mae'r *Cymro* yn dal yn fyw, a John Roberts Williams. Pa un o'r ddau a enillodd y ras? Un peth a wyddom – mawr yw gwobr y ddau.'

## *Colli Gwilym R.*

### Gorffennaf 30, 1993

'Wele fore Gwener ysgytwol yn gwawrio'n bygddu ar Gymru a'r Brydain ddi-haf hon. Yn Brydeinig, syfrdanu hyd yn oed y proffwydi gan faint y distryw a ddaeth i ran y Blaid Dorïaidd yn hen gadarnle Torïaidd Christchurch. Ond nid am y gorfoledd a'r ochain yn y fan honno mae'n rhaid i mi sôn ond am yr ergyd a drawodd Gymru, a'r angau mewn rhyw ddieflig jôc yn cyrchu'r eisteddfodwr mawr Gwilym R. Jones yn union ar drothwy Prifwyl arall. Ergyd sy'n tynnu pennod liwgar yn hanes Cymru i ben, pennod oes aur newyddiaduraeth ym mhrifddinas yr inc yng Nghaernarfon.'

John Roberts Williams

354

## Cofio Gwilym R.

'Yn hanes ein llenyddiaeth a'n barddoniaeth a'n heisteddfodau y mae yna le anrhydeddus uchel i Gwilym R. Jones ac yr wyf am adael i'r arbenigwyr ei leoli yn y gwahanol feysydd ac yr wyf hefyd am osgoi ceisio dilyn troeon ei yrfa gan iddo ddweud hynny a fynnai ei ddweud amdano ei hun yn ei hunangofiant. Yn syml, fel hen gyfaill o newyddiadurwr y byddaf yn ei gofio, ac wrth adrodd stori'r wasg Gymraeg bydd yn rhaid gosod enw Gwilym R. mewn llythrennau eglur, clir ar ddiwedd y bennod loywaf yn ei hanes.

Wn i ddim yn iawn ble'n union mae'r llinell rhwng llenyddiaeth a newyddiaduraeth, os oes yna un, ond mi wn fod Gwilym R. y newyddiadurwr yn llenor yn ogystal â bardd – fel ei hen gyfaill Caradog Prichard. Bu ei gymwynas yn enfawr ac yn ddiddiolch ddigon, ond dylai Cymru ei gofio am na fedrai anghofio Cymru. Am Gymru ac am Gymru'n unig y meddyliai, ac iddo ef dim ond llygaid yr ynfyd oedd ar bellafoedd daear. Ac os yw caru'ch gwlad a'ch iaith a'ch pobl eich hun goruwch popeth yn gulni, 'roedd Gwilym R. gyda'r culaf un.'

John Roberts Williams, *Taliesin*, Gaeaf 1993

355. ''Chydig cyn y 'Steddfod yn Llanelwedd 'leni bu farw un o gewri'r Dyffryn. Er mai o Ddyffryn Nantlle 'roedd Gwilym R. yn enedigol, syrthiodd yn ddwfn mewn cariad â'i fro fabwysiedig, fel y tystiodd yn ei gerdd wych i Ddyffryn Clwyd.

> Rhyw ddydd o'i ddolydd ef
> Yn drwm yr af i dref,
> A'i fron fydd yn obennydd braf i'm holaf hun.

Sgolor diymhongar ac athrylith gwylaidd a ddatblygodd yn fardd a llenor o'r radd uchaf heb unrhyw fath o goleg ffurfiol – coleg profiad a'i ymdrechion i'w ddiwyllio'i hun a'i gwnaeth yr hyn ydoedd.

---

355

**Er Cof Serchog**

am

## GWILYM RICHARD JONES

11 MAES YR EGLWYS, DINBYCH

Priod annwyl y ddiweddar Myfanwy, a thad hoffus Silyn, Iwan ac Olwen; taid caredig Bethan, Gethin, Meinir, Geraint, Dylan, Llinos a Chatrin, a hen-daid Elin, Cirin, Rhys a Hanna.

Hunodd yn dawel Gorffennaf 29ain, 1993

YN 90 MLWYDD OED

Rhoddwyd ei weddillion i orffwys ym Mynwent y Dref, Dinbych, ddydd Mawrth, Awst 3ydd.

———

*Gywiraf genedlgarwr,*
*Onid oedd i'n hiaith yn dŵr?*
M.H.

Fel newyddiadurwr y cafodd ei brentisio ac fel Golygydd *Y Faner* yr aeddfedodd i'w lawn dwf. Cafodd gwmnïaeth lengar o'i fro enedigol pan oedd yn Ninbych – y Dr Kate Roberts a'i gŵr Morris Williams a Mathonwy Hughes.

Cofiwn am Gwilym R. fel cenedlaetholwr brwd, newyddiadurwr praff a theg, fel bardd a llenor digymar ac fel un a gyflawnodd y Gamp Lawn yn y Genedlaethol – ennill y Gadair, y Goron a'r Fedal Ryddiaith.

'Roedd hefyd yn athro (W.E.A.) brwdfrydig a llwyddiannus iawn, ac ef a anogodd ac a gefnogodd ugeiniau o'i ddisgyblion i gynhyrchu a chyhoeddi barddoniaeth ac ysgrifau drwy'r *Faner* – a mawr yw ein dyled iddo. Dyna fwlch sydd ar ôl ymadawiad *Y Faner*! 'Does dim wedi cymryd ei lle, er colled enbyd i'r diwylliant Cymreig.

Tra pery'r iaith Gymraeg, pery rhai o glasuron barddoniaeth Gwilym R. hefyd; fel 'Myfyrfod ar Amser, 'Cwm Tawelwch', 'Yr Hen Wynebau', 'Salm i'r Creaduriaid', ei addasiad o'r 23ain Salm, a llu eraill.

Bûm yn aelod o'i ddosbarthiadau ar y Cynganeddion a Llenyddiaeth Gymraeg am flynyddoedd; a balch a diolchgar wyf o allu dweud 'Yr oeddem ni yno', ac fel y dywedodd yr hen gyfaill ei hun:

> Pan af i at fy nhadau
> Na chenwch bruddaidd donc,
> Ond seiniwch uwch fy elor
> Orfoledd nodau sionc:
> Mi brofais innau ar fy nhaith
> Win y mae'i rin yn drech nag iaith.'

*E. Wilson Jones*

Mr E. Wilson Jones, a fu'n brifathro yn y Rhewl am flynyddoedd, ac yn gefn mawr i'r rhai a fyddai'n cynnal dosbarthiadau nos, fel Gwilym R. Jones, yn diolch am ei lafur ym mhapur bro Rhuthun a'r cylch – *Y Bedol* (Medi 1993).

Ac yn y gwasanaeth angladdol yn 'yr hen Gapel Mawr' (fel y'i galwai), fe glywyd 'nodau sionc' Preliwd Sebastian Bach. Treuliodd aml orig yn gwrando ar gerddoriaeth ei hoff gerddor yn ystod ei oriau hamdden wedi'i ymddeoliad. Prin oedd y rheiny i ŵr â rhaglen waith anhygoel trwy gydol ei oes hir.

## *Gwilym R.*

Heb un llef yn ubain llid, ni feddem,
 Drwy'n cyfaddawd, ofid,
  Ond trwy ddistawrwydd di-hid
 Torrai'i waedd o blaid rhyddid.

Un waedd, a ninnau'n waddod o epil
 Yng nghwpan Prydeindod;
  Un gri yn mynegi nod
 Yn nicter ei Chymreictod.

Hybu'n hymgyrchu ar goedd; ysgogi,
 Ar bwrs gwag, weithredoedd;
  Chwyldroi'n hiaith, a childwrn oedd
 Pris ein parhau i'r oesoedd.

Rhôi, pan fwytaem rual, ei werthoedd
 Yn dorthau dihafal,
  A ninnau yn ei gynnal
 Â mymryn briwsionyn sâl.

Rhannu'i geiniog brin ganwaith â'r genedl
 Na rôi geiniog unwaith
  I'r un a garai'i heniaith
 Na'i diolch hi'n dâl ychwaith.

Alan Llwyd, *Sonedau i Janice a Cherddi Eraill* (1996)

356. Mewn ysgrif goffa yn *Golwg*, Medi 1993, mae'r awdur yn crynhoi pererindod Gwilym R. Jones mewn un frawddeg gryno:

'Dyma un o'i nodweddion amlyca' meddai ei ffrindiau – o'r dyddiau cynnar yn Nyffryn Nantlle, 'roedd rhai pethau'n gwbl gyson yn ei fywyd: cariad at genedlaetholdeb a'r Gymraeg, cariad at newyddiaduraeth, heddychiaeth gadarn a ffyddlondeb i'r capel.'

## Rhydwen Williams yn cofio Gwilym R.

'Mae'n anodd iawn dweud pa bryd y cyfarfûm â Gwilym R. gynta' gan mor dynn y cwlwm rhyngom. A fûm heb ei 'nabod o gwbl? Gwn imi daro arno'n gynnar, gynnar, beth bynnag, a'r tebygrwydd yw, ar faes y Genedlaethol, seiadau Caradog (Prichard), J. M. (Edwards), Kitchener (Davies), Gwenallt, Mathonwy, Eirian a Jennie, Eic (Davies), B. T. Hopkins, Pennar, J. Gwyn (Griffiths), a Huw T., wrth gwrs. Dyna'i bobl, dyna'i fyd.

Lle bynnag 'roedd Gwilym R., gellid bod yn siŵr o gwmni beirdd a thrafod cerdd, caeth a rhydd, a hynny'n frwd, hael, ac onest ddigon. Byth awgrym o ego a rhagfarn, trics a metrics mawr dan gochl cerdd dafod. 'Roedd y mymryn lleia' o fardd yn werth ei galonogi yng ngolwg Gwilym R. Ni haeddai unrhyw un yr enw na'r anrhydedd oni fedrai ddangos gwerthfawrogiad o feirdd eraill a chydymdeimlad â'r ymdrech symlaf i greu. Ie, gŵr gwylaidd oedd Gwilym R., ond medrai danio'n ffyrnig pe digwyddai glywed rhywun 'Yn cym'yd mantais o'i fanteision', ac yn lordio a strytian fel paun o flaen dynion ar draul yr isel-radd – 'Damia fo, damia fo, hen gena'!' A'i lygaid yn fflachio. 'Roedd gweld Gwilym R. wedi tanio mor gofiadwy a'i weld yn gwenu.'

# COLLED ENBYD

## Cysondeb Gwilym R (1903 - 1993)

Tua 80 mlynedd yn ôl, fe fyddai chwarelwyr ar y stryd yn Nhalysarn wedi gweld dau fachgen bach yn gwerthu papurau newydd. Nhw oedd bechgyn Cloth Hall.

Am fwy na 60 mlynedd, fe fyddai un ohonyn nhw'n rhoi ei oes i un o'r papurau. Y bachgen oedd Gwilym R Jones.

Yn ystod ei oes, fe fyddai'n gweld y Wasg Gymraeg yn mynd o oes aur i argyfwng.

Yn ôl yr arch-newyddiadurwr arall, John Roberts Williams, Gwilym R. oedd yr ola' a allai bontio'n ôl i'r dyddiau pan oedd cewri fel Meuryn yn gweithio ar y papurau. O'r dyddiau hynny hyd at farwolaeth **Y Faner** yr oedd mor hoff ohoni, roedd Gwilym R yn gwbl driw.

Dyna un o'r nodweddion amlyca', meddai ei ffrindiau - o'r dyddiau cynnar yn Nyffryn Nantlle, roedd rhai pethau'n gwbl gyson yn ei fywyd: cariad at genedlaetholdeb a'r Gymraeg, cariad at newyddiaduraeth, heddychaeth gadarn a ffyddlondeb i'r capel.

Mae O.M. Roberts - pedwerydd dyn Penyberth - yn ei gofio'n aelod o Fyddin Cymru cyn sefydlu Plaid Cymru ac yn annerch ar focs yn sgwâr Penygroes y noson cyn etholiad Lewis Valentine ym mis Mai 1929. Siaradwr "tipyn yn wyllt" oedd o bryd hynny, meddai, ond fe dymherodd gydag amser.

"Roedd o'n ddyn ar dân dros bopeth Cymreig, yn mynd o gwmpas i siarad dros y Blaid. Doedd yna ddim amheuaeth o'i agwedd tuag at genedlaetholdeb ... ei ymroddiad, argyhoeddiad cadarn, di-sigl. Doedd o ddim yn ofni llefaru'n groyw yr hyn yr oedd o'n ei gredu."

Erbyn 1931, roedd Gwilym R yn olygydd, i ddechrau ar **Herald Môn** ac yna ar **Y Brython** yn Lerpwl. Fe welodd hwnnw hefyd yn mynd i'r wal ond, cyn hynny, roedd wedi rhannu yn asbri'r dyddiau da.

"Roedd gen i bellach ymladdwr gwiw yn erbyn yr hyn a 'ystyriem yn orthrwm y meistri", meddai Caradog Prichard yn ei hunangofiant wrth gofio am ddyddiau eu prentisiaeth yng Nghaernarfon. "Os oedd ei ben o'n foel roedd ei galon a'i ysbryd o'n doreithiog."

Fe fyddai Caradog Prichard dlawd yn cael mynd i'r Cloth Hall yn aml tros benwythnos, a'r nos Sul yn gorffen gyda chanu emynau o gylch yr organ yn y parlwr. Flynyddoedd wedyn, meddai ffrind agos arall, y bardd-nofelydd Rhydwen Williams, roedd ty mab y Cloth Hall yr un mor agored i bawb.

Roedd Caradog Prichard yn cofio am "ddawn ryfeddol" y newyddiadurwr ifanc "i ramantu ynghylch genethod"; roedd Rhydwen Williams yn cofio na fyddai neb yn cael diraddio merched o'i flaen.

Erbyn hynny, roedd Gwilym R. yn olygydd **Y Faner** ac ef a chyd-fardd o Nantlle, Mathonwy Hughes, yn gweithio'n galed am gyflog pitw. Rhaglenni Rhydwen Williams ar deledu Granada oedd rhan o'u hachubiaeth ariannol.

"Dyna'r swyddfa olygyddol ryfedda' erioed," meddai. "Roedd hi'n fechan ac yn llawn o fwndeli o'r hen **Faner**. Ar eu penliniau yr oedden nhw'n sgrifennu'r **Faner** - Mathonwy'n smocio ya Gwilym yn cnoi chewing gum yn ddiderfyn.

"Mathonwy oedd yn cael y gwaith o wneud y te ac roedd Gwilym angen siwgr - roedd o'n ei gael o dun, hen dun siwgr Thomas Gee, medde fo. Oedd o'n annwyl dros ben ac yn llawn cydymdeimlad."

Ochr yn ochr ag amddiffynnwr y pethau traddodiadol a'r Golygydd a fu'n ymladd yn erbyn dirywiad graddol ei bapur, roedd yna elfen arall ysgafnach yng nghymeriad Gwilym R. Roedd o'n dynnwr coes mawr, meddai Rhydwen Williams, ac yn beryglus am ddynwared lleisiau ar y ffôn.

Yn fachgen, roedd yn chwaraewr pêl-droed ac, yn ôl ei hunan-gofiant, **Rhodd Enbyd**, yn ddigon drygionus hefyd. Yn nodweddiadol, roedd yn amddiffyn pobl ifanc yr oes fodern ac roedd ganddo feddwl y byd o aelodau Cymdeithas yr Iaith.

Yr un mor annisgwyl, efallai, roedd wedi bod yn arbrofwr ym maes llenyddiaeth - y cynta' i ennill trebl y Gadair, y Goron a'r Fedal Ryddiaith ac wedi mentro'n gynnar i faes y *vers libre*.

Cynrychioli "gorau cyffredinol" llenyddiaeth ei gyfnod yr oedd, meddai Bobi Jones, gan awgrymu fod newyddiaduraeth wedi achosi diffyg chwaeth achlysurol yn ei ddewis o eiriau. Efallai mai'r un reddf oedd yn gyfrifol am ei ddisgrifiadau byrion bachog - "Bioden y ffydd" meddai am leian, "Comiwnydd y cwm" meddai am griafolen.

Fe oedd papur newydd **Y Faner** erbyn y diwedd wedi'i ddal mewn rhigol, roedd ei brif amddiffynydd yn dal yn wreiddiol ac yn sgrifennu ei hun.

Fe galodd o nofel, **Y Purdan**, a gâi ei galw yn "grefftwaith godidog" a "champwaith" gan Stephen J. Williams ac yn ôl Saunders Lewis, roedd ei awdl fuddugol yn 1938 yn dangos mai "miwsig a dwyster" oedd nodweddion ei waith.

Flynyddoedd yn ddiweddarach, fe fyddai mab y Cloth Hall yn arwyddo'i enw'n syml o frenhinol - Gwilym R. I'w ffrindiau, roedd hynny'n addas.

357. Llun a dynnwyd gan Rhydwen Williams o Gwilym R. a Myfanwy, a Margaret, ei briod yntau.

358. Rhydwen bellach piau'r camera.

## Angladd Gwilym R. – Awst 3, 1993

(a'r Brifwyl yn Llanelwedd)

Ffarwél, 'r hen gyfaill, heddiw fe'th gofiaf
  ar dy ffordd i'th hir gartref yng ngŵydd dy dref a'th dras,
a diolchaf amdanat a'r cwmni a fwynhawyd
  gyhyd – hen aelwyd y gerdd a'r ias!
Dos, felly, 'r hen law, o'th Gapel Mawr cysegredig
  i 'gapel mawr Iesu Grist', fel Seth, mab Barbara gynt.

358

357

Maen nhw wedi tynnu'r bleinds o Ddyffryn Clwyd i Ddyffryn Nantlle,
  a'th gyfeillion, Gogledd a De, yn wylo dy golli,
fel petai rhywun wedi lluchio Moel Famau i'r môr
  neu'r 'Wyddfa a'i chriw' wedi diflannu –
Gwil bach, mae heddiw'n fwy na dydd-angladd i ni;
  dydd ffeirio gwlad, dydd fferru'r gerdd.

Na hidia, fe'th glywaf yn dweud, wrth ymorol i gwrdd
  â'r Hwn 'nad oes terfyn arno', dim ond
''sgerbwd hen ŵr a gaiff yr Angau!' Ond bydd
  dy gerddi gennym, addurn iaith, fel y sugn
o fronnau dy fam, y didwyll laeth a fu'n dy gynnal
  gydol y daith, y maeth y bydd yfory'n
falch i'w flasu gyda Bob Parry a'r Syr o Ryd-ddu,
  dy hen bartneriaid, pendefigion Tal'sarn.

Dyna biti, yr hen sgriblwr, na fedret yrru 'copi'
    o'r ochr draw, sgŵp am oleuni'r gogoniant
yn gwahanu rhyngot a'r tywyllwch – a'th *Faner* ar gael
    o hyd, golygyddol fel yn nyddiau Math a Kate! –
a thithau ar dy newydd wedd yn gweithio'n daer
    ryw linell o gynghanedd am 'weled
ardaloedd sydd well', a mentro 'falle
    glamp o gusan i'r ferch o'r Dolwar fach!

Ar fy llw, siawns y bu 'na le tu hwnt i'r llen,
    os caed seiadu erbyn hyn, am i Fardd yr Haf
daeru 'megis y bu o'r dechrau, felly y mae',
    a mynnu unwaith 'nad yw marwolaeth yn marw'.
A hawdd dychmygu'r wefr o daro ar Huw T.
    mewn arall fyd, a'r ddau ohonoch
wedi cael y fath hwyl yn hwn – tybed a yw'r
    hen garan yn dal i dynnu coes yr ochor draw?

Y Brifwyl mewn bro a'r Babell Lên dan sang,
    telynorion yn tiwnio a'r corn-gwlad yn galw,
beirniaid yn cloriannu pwy-sy-piau'r goron a'r gadair,
    y *Cyfansoddiadau*'n dod i law fel manna o'r nef;
a thithau, brifardd aml-gamp, dan gaead yn cael dy hebrwng,
    nid i lwyfan dy genedl, ond i byrth y bedd!

Ai rhywbeth yn yr awelon neu yn y dŵr
    a gyfrif am fawrion dy fro, ymholaist gynt;
a Wil Tan-lein yn d'ateb, ''Does dim yn y cwrw, ta beth!'
    ac yn canfod llewych Lleu yn dy lygadau mawr
pan soniai Dafydd Tomos am archangel ysblennydd Goronwy
    'a'i gorn, mingorn mawr' yn chwythu'r meirw o'r bedd.

'Rwy'n meddwl amdanat, hen gyfaill, heno'n un
    â chariad mawr dy fywyd, dy Fyfanwy fwyn,

ac yn ymgolli eilwaith yn 'run hen gwmni,
    dy frawd Dic, Gwilym Eryri, a Hywel bach;
y cwmni, er holl drybestod byd,
    a fu'n ddrws i'r Cwm Tawelwch.

Uwch Preliwd Bach yn d'angladd ('nôl dy gais),
    daeth sŵn gitarau'r Babell Bop a'r gigs.
a rhai molawdau dieithr iawn i awen sant –
    cwffio a rhaib, cyffuriau (ryfedd sôn!).
Af innau draw i'r coed i wylo a gweddïo, Gwil,
    na throir ein breintiau'n sbri a'r ŵyl yn lol.

'Rwy'n gesio nad yw dy farw ond rhyw hanner-cwsg,
    a thithau ymhell, os oes 'na bellter byth
i feirwon, ac y bydd yr hen, hen ofid
    am iaith a chenedl yn anesmwytho'r nef,
dim ond acenion glaw Tal'sarn a Chlwyd
    yn gysur i leddfu a thyner wlychu'r wedd.

Dipyn o foi oedd Nathan Puw, yn ôl dy air,
    yn 'herio holl gynddaredd Duw' ar fôr,
ond dewrach fyth yn d'olwg y bobol bach–
    Penang, Sarajevo, Bosnia, a San Salvador! –
'a'r Angau'n hy' yn Ewrob' – daeth cerdd 'rôl cerdd
    mor oludog a dirdynnol â'r dafnau gwaed.

Mae torri'r cwlwm ag Amser yn fenter fawr;
    awr fwya'n horiau, tasg y tasgau,
ond 'roedd y Ffydd a'i hoffer gennyt, ac er dihoeni
    a llusgo dy ffordd weddill y daith,
fel yr eneth a lamodd trwy'r drych i fyd o ryfeddodau,
    'rhywle draw' 'roedd dy berl drud dithau . . .

Rhydwen Williams

359.

*Cofio Gwilym R.*

Teyrnged i'r Prifardd Gwilym R. Jones
(Theatr Twm o'r Nant, Dinbych. Nos Wener, Ebrill 22, 1994)

Gwerthfawrogiad
Gareth Pritchard Hughes

''Dwi'n rhyw feddwl braidd fod un arall o feirdd-newyddiadurwyr
Dinbych a fu, fel Gwilym R., ynglŷn â'r *Faner* a Gwasg Gee, wedi
synhwyro 'nghyfyng-gyngor i heno pan ganodd o 'Canfod byd mewn
un tywodyn/Dal mewn orig dragwyddoldeb'. Sut mae dal, mewn
orig, hyd a lled Gwilym R. Jones, deudwch – llenor, newyddiadurwr,
gwleidydd, cwmnïwr a bardd? Ond, gan iddo gyfadde, untro:
'Petawn i'n cael ail-fyw fy oes, mi faswn i'n caru byw fy oes yn gyfan
gwbl fel bardd . . . bod yn fardd yw'r peth pwysicaf i ddyn fel fi'.
Mi ganolbwyntia' innau heno ar Gwilym R. y bardd.
Mae helaethrwydd ei gynfas a'i foddau'n syfrdanol a'i gyfrolau'n
wead o'r traddodiadol a'r cyfoes, beiddgar . . . englynwr, awdlwr,
pryddestwr, cywyddwr, sonedwr, telynegwr, emynydd ac arloeswr
yn y *vers libre* a'r gynghanedd rydd.

Mi gafodd gyngor gan R. Williams Parry, ac yntau uwchben ei
lyfrau'n paratoi at arholiadau'r matric. 'Yli'r hen ddyn,' meddai
Williams Parry, ''dydi'r colege na'n rhoi dim byd iti, ond rhoi llaw
dan dy ên di i dy ddysgu di i nofio – plymia di ar dy ben i fôr bywyd',
neu, fel y dywede Wil Sam, 'Yn y colej ma' cael nolej, yn y gwaith
ma' cael iaith'. A'r môr bywyd y plymiodd Gwilym R. iddo, neu y'i
cafodd ei hun ynddo, yn hytrach, oedd cymdeithas lengar Tal-y-sarn,
lle ceid barddoniaeth yn bwnc trafod-bob-dydd. 'Roedd yn lle i
glustfeinio ynddo ac ennill barn. Yn siop ei rieni, clywai, dros y
cownter, fam Mathonwy Hughes a mam R. Williams Parry'n trafod
gwaith Daniel Owen ac Eifion Wyn, a deuai R. Williams Parry ei
hunan heibio, ar ei dro, i roi benthyg cyfrolau o waith Keats,
Housman a Hardy i'r bardd ifanc a llinellau'r cerddi wedi'u marcio a'u
tanlinellu gydag ambell nodyn ymyl y ddalen yn ganllawiau

359

CYMDEITHAS GYMRAEG DINBYCH
THEATR TWM O'R NANT
GWASANAETH LLYFRGELL A GWYBODAETH CLWYD

## Cofio Gwilym R.

**TEYRNGED I'R PRIFARDD GWILYM R. JONES**

*Rhaglen gan John Idris Owen*

**THEATR TWM O'R NANT, DINBYCH**

**NOS WENER, EBRILL 22ain, 1994**
am 7.30 o'r gloch

☆

—— MYNEDIAD DRWY RAGLEN: £2.00 ——

beirniadaeth lenyddol hylaw. Yn yr ysgol, byddai'r athro, David Thomas, awdur *Y Cynganeddion Cymreig*, yn dysgu heddychiaeth yn gymysg â'r sain a'r groes o gyswllt i'r plant (gallai Gwilym R. gynganeddu'n ddengmlwydd oed) ac wrth gael y plant i ddysgu ar eu cof dalpiau o gywyddau Goronwy Owen mi enynnodd yr athro gariad at sŵn geiriau yn ei ddisgyblion. Meddai Gwilym R., 'mae clywed llinell yn cael ei dweud a'i dweud yn *dda* . . . mae hi'n mynd at 'ych calon chi . . . ac yn aros yno'. Nid algebra'r llygad oedd cynganeddu iddo. Y glust oedd ben, bob tro. Credai fod i *lefaru barddoniaeth* swyddogaeth bwysig yn ein bywydau ni.

Yna, wedi'r ysgol, ar waetha siars ei rieni, anela am y Cwt Du, i wrando ar gymeriadau digon brith yn trafod diwinyddiaeth a gwleidyddiaeth, a hynny'n aml ar ffurf penillion. Byddai'n dyfynnu'n aml bennill Morris Jones:

> Drain duon yw'r arglwyddi
>   A phigo wnânt y tlawd;
> Rhy fach yw cyflog wythnos,
>   Rhy ddrud yw pris y blawd.

Yma y magodd o'i gydwybod gymdeithasol a'i ddawn sylwebu ar gyflwr y byd a'r betws . . . ymhell cyn dod dan ddylanwad ei gyfoeswyr – Auden, Stephen Spender, C. Day Lewis a T. S. Eliot a oedd, fel yntau, yn ymwybodol iawn o bendil braw yn mynd a dyfod drwy eu clai. Beirdd a blediai achos y gwan oedd y rhain a beirniadent anghyfiawnder a phydredd a phryderon yr oes mewn ieithwedd fentrus, gan ymadroddi, ar yr olwg gynta', yn rhyw stroclyd braidd. Fe welir ymadroddi cyffelyb yng ngwaith Gwilym R. a Gwenallt, fel ei gilydd. Fel ei gyfoeswyr yn Lloegr, credai Gwilym R. fod i fynegi syniadau le pwysig mewn barddoniaeth, gan gyfeirio at sylw Eric Gill, '*All art is propaganda*'. Mi gyfaddefodd hefyd fod ei brofiad fel newyddiadurwr wedi'i ddysgu sut i ddal gafael yn ei gynulleidfa trwy gyfathrebu'n 'sydyn a sylweddol'! Cyfunodd dechneg y newyddiadurwr â dawn y bardd i ddethol a dewis yr union eiriau:

Turiais
Hyd wraidd fy ymadroddeg
am y gair cysáct,
am y fetaffor dawel, gyrhaeddbell,
am y berfau nad ŷnt wedi blino
a'r cymalau iaith
nas naddwyd hyd y mêr . . .

'Gwna Imi Gân . . .', *Y Syrcas a Cherddi Eraill*

Dyna fu'r etifeddiaeth . . . ond nid rhywbeth i ymhyfrydu ynddi a'i mwynhau'n ddiletantaidd er ei mwyn ei hun oedd yr etifeddiaeth hon, ychwaith. Meddai:

Mor ddiddig yw y rhai na chofiant am a fu,
Nad ofnant ddim y sydd,
Ac na obeithiant am a ddêl . . .

'Myfyrdod ar Amser', *Caneuon*

Nid man i ddianc iddo yw ddoe:

Her y dewr ydyw hiraeth,
Rhydd her i Amser ei hun . . .

Dwg o ddoe ryw adeg ddwys
A rhoi iddi awr heddiw.

'Hiraeth', *Cerddi Gwilym R.*

Ond, a defnyddio un o ymadroddion y bardd, 'chaiff y cymylau ddim 'hidlo'r haul am hir'. Bardd gobaith yw Gwilym R. yn anad dim. Bardd y gwanwyn, Bardd Saer y Wawr, Bardd Seren y Wawr. Meddai o mewn sgwrs, un tro: ''Does gynnon ni ddim hawl i edrych ar ochor dywyll bywyd o hyd ac o hyd. Mae'r da am lwyddo: rhaid iddo lwyddo. Llenor a bardd optimistaidd ydw i, yn edrych ar ochor ole bywyd'. Ac mae ei ffydd a'i obaith i'w gweld yn gyson ymhob un o'i gyfrolau:

Ar faner y sêr mae swch
Yn adwyo y düwch

'I Blant Tangnefedd', *Caneuon*

Os saeth hiraeth sy'n aros,
Daw rhin y wawr wedi'r nos.

'Gyrrwr Bws', *Y Syrcas a Cherddi Eraill*

Trech na'r dystiolaeth sy'n y gair
    Ar lafar ac ar glawr
Yw'r gwybod sy'n yr esgyrn hyn
    Dy fod yn saer y wawr

'I Saer y Wawr', *Y Ddraig a Cherddi Eraill* (1978)

Y pechod anfaddeuol yw inni aros yn ein hunfan a gwneud dim:

Mae'r saint nad ânt i dafarn
    I godi'r ddehau law
Yn gori yn y seiat
    Ar wyau'r byd a ddaw.

Mae'r gwŷr nad ânt i'r seiat
    'Rôl bod tu allan cyd
Yn eistedd yn y dafarn
    I gwrw-regi'r byd

A beth am y rhai sy'n bwhwman rhwng y synagog a'r dafarn?

A rhwng y Llan a'r dafarn
    Fe geir rhyw fyrdd di-sôn
Na wŷr un dyn lle safant
    Nac i ba ffordd y trôn'.'

'Y Drindod', *Y Syrcas a Cherddi Eraill*

360. Cyflwynwyd Mr John Glyn Jones gan awdur y sgript 'Cofio Gwilym R.', John Idris Owen:

'Un o'r criw o fechgyn a fynychodd ddosbarthiadau nos Gwilym R. ac, yn wahanol i rai ohonom, a feistrolodd y cynganeddion, yw John Glyn, a dyma fo ar ran y dosbarth i ddarllen yn gyntaf deyrnged fer mewn cynghanedd gan Mathonwy Hughes ac, yna, teyrnged, eto yn y mesurau caeth, o'i waith ei hun:

360

### Gwilym R.

Y Gymraeg fu'i Gymru o, – hithau'r Iaith
    A roes y dur ynddo;
    Yr Iaith oedd sylfaen ei fro,
    A hi oedd ddolur iddo.

Gobaith i'r Iaith oedd ei iau, – hi hefyd
    Oedd llafur ei ddyddiau;
    Yn ei Iaith bu'n llawenhau,
    A'r Iaith roes iddo greithiau.

Ei fro a'i wlad a froliai ef, – a'i wlad
    Fu yn loes a hunllef;
    Dros hon o'i fodd bu'n dioddef,
    A hon oedd ei seithfed nef.

Ei Iaith a fu'n ei lethu – ac wylai
    O g'wilydd tros Gymru,
    Ond gwelai werth aberthu
    I fyrhau y dyddiau du.

Rhoes ei gyfan i'r *Faner* – i gynnal
    Fflam dros genedl ofer;
    Bu ei lais inni'n bleser,
    Bu'r procio iddo yn her.

Rhoi unwaith oedd gyfraniad, – rhoi eilwaith
    Mor hael oedd ymroddiad;
    Rhoi ganwaith, a rhoi yn rhad
    O'i orau, rhoi o gariad.

Rhoi o'i ddawn trwy'i farddoniaeth – a rhoi gwefr
    Trwy gyfrol; rhoi archwaeth
    O waddol ein llenyddiaeth
    I ni trwy y cerddi caeth.'

361. 'Cefais y darlun hwn o waith Gwilym R. yn anrheg gan fy mam ym 1921. Cofiaf i fy mam ei brynu gan fam Gwilym R. Ar ôl ei fwynhau a'i fawrhau am drigain mlynedd, teimlaf fod yr amser wedi dod i'w drosglwyddo'n ôl i'r teulu, yn rhwymau cyfeillgarwch dros y blynyddoedd, ac mewn edmygedd a pharch.'

*Hywel D. Roberts*
Ebrill 20, 1988

## *Y Cwm, y Llyn a'r Mynydd*

Mae'r darlun hwn a drosglwyddwyd yn ôl i'r teulu gan Hywel D. Roberts yn cyfleu cynefin cynnar a dyheadau oes Gwilym R. Jones. Bu mwy o adrodd ar 'Cwm Tawelwch' nac odid yr un darn o farddoniaeth, a cheisiodd sawl beirniad llenyddol ei dadansoddi. Yn ei gyfrol *Barddoniaeth y Chwedegau*, dywed y Prifardd Alan Llwyd: 'Cerdd yw hon am yr ofn a'r ansicrwydd sy'n nodweddu bywyd wedi'r Ail Ryfel Byd, cerdd am anallu dyn i ddod o hyd i unrhyw dangnefedd mewnol neu bwrpas mewn bywyd, bywyd ysbrydol-wag y gymdeithas fodern, a cherdd hefyd am dranc hen grefydd ein tadau, a'r sicrwydd a'r pwrpasedd a gynigid gan y grefydd honno'.

Yn ei gerdd 'Mae Gen i Lyn . . .' mae Gwilym R. yn dal i geisio ystyr a thangnefedd, ond yn dod yn nes ato ac at bwrpas byw:

    Fe ddaw hedd o ryfedd ryw
    o egrwch ei gyntefigrwydd.

Yma, mae rhywun yn synhwyro mai'r ymchwil am Dduw yw byrdwn y gerdd, a bod y bardd yn gweld y llyn fel arwyddlun o 'ddyfnder bodolaeth', ymadrodd a boblogeiddiwyd gan athronwyr a diwinyddion ar ôl yr Ail Ryfel Byd. Yn nyfnder y llyn sydd ynom y mae Duw yn llefaru wrth y rhai sy'n clustfeinio. Y ffordd at 'Gwm Tawelwch' yw llwybr mewnfodaeth. Mae Duw yn nirgelwch yr anadl a roddodd ynom:

    Odli mae ei anadliad
    â hynaf cynghanedd
    treiglad y cread crwn.

Mae'r ymadrodd 'y cread crwn' yn un o'i emynau, ac mae'n awgrymu bod yr ymchwil at y gorffenedig perffaith yn rhoi i ni fodd i fyw.

Yn y cyd-destun hwn y mentrais awgrymu i Gwilym R. am gerdd i'r 'Mynydd' ac fe ddaeth gyda'r llythyr a ddyfynnir yma. Yr oeddwn wedi synhwyro ei broblem. Ni allai'r bardd a'r credadun ddiarddel y trosgynnol heb golli'r cydbwysedd sy'n iacháu'r ysbryd ac yn bodloni'r meddwl.

361

362

362.  Y Cynefin Cynnar.

11 Maes yr Eglwys<br>
Dinbych<br>
Clwyd, LL15 3PN<br>
16/2/87

F'annwyl Cynwil,

Dyma o'r diwedd fy ymateb i'th awgrym fy mod yn llunio cerdd i 'Fynydd', i gwblhau'r drindod – Cwm, Llyn, Mynydd. Nid wyf yn hollol fodlon ar y gân – o ran hynny dyna f'agwedd at grynswth fy ngherddi; gwêl eraill fwy ynddynt na fi!

Y mae'n bosibl y gwêl rhai fel ti ac Alan Llwyd mai cerdd i Dduw ydyw yn y bôn, wedi ffrydio o'm his-ymwybod.

### Mynydd fy Mynyddoedd

Cwm a llyn a mynydd<br>
oedd trindod fy machgendod gwyrdd.<br>
Yn y cwm hwn y caed<br>
mynydd fy mynyddoedd.<br>
Bu'n gwthio'i drwyn<br>
trwy lenni llofft fy mebyd<br>
a hawlio'i le<br>
ym myd ein pethau mawr.

Yno'r oedd<br>
pan oedd cŷn y Cerflunydd<br>
yn naddu'r mynyddoedd<br>
yn nydd rhwysg yr afonydd rhew.

I beth y pwya'r corwyntoedd<br>
fynwesau tyrau'r tir<br>
a sgwrio'u grymus gyrion?

Ymadael wna'r pyramidiau,<br>
ysir y teyrnasoedd,<br>
ond ni syfl hwn,<br>
y cawr ymysg y ceyrydd!<br>
Astalch yw rhag ffustio<br>
gaeafwynt trwm ar gwm gwâr.

Bu'n slensio'n traed chwilfrydig –<br>
'roedd anferthwch ei harddwch o,<br>
ei oerni a'i gadernid,<br>
yn galw'r glew ei galon<br>
i filain ymbalfalu<br>
am bob modfedd o'i ysgythredd gwyllt:<br>
ias ei feini a ysai f'ewinedd!<br>
Y wefr hy o fynd i'w frig,<br>
heibio'r gruglus ar ei ystlys<br>
a'r ffynnon yn ei gôl,<br>
a'n gyrrai tua'i gorun –<br>
dysgasom ei bod yn dasg oesol!<br>
Cofeb i Dragwyddoldeb yw.

Gwilym R.

363

363.     Ond byr a brau yw dyddiau dyn.
               Rhyw ddydd o'i ddolydd ef
               Yn drwm yr af i dref,
         A'i fron a fydd yn obennydd braf i'm holaf hun.


364. 'Tref a dyffryn da i ddod o hyd i ffrindiau cywir ynddynt ydyw
Dinbych a Dyffryn Clwyd, a'r lle mwyaf anodd i droi cefn arno fo.
Ac ae mae harddwch yr hen dref a'i chylchynion yn cydio ynoch chi'n
ddiollwng.'

*Y Llwybrau Gynt*

364

365

365. 'Had Abraham': 'I'r Iddew, cenhedlu yw'r cenhadu effeithiolaf'
– Diwinydd o'r Iseldiroedd.


## Gweddi Dros y Cenedlaethau

I

At Dad y cenedlaethau
     Y trown ar gynnar awr –
I ddiolch ac i eiriol
     Dros blant y ddaear lawr:
Troi'n geiriau yn weithredoedd da
A fynnem, Arglwydd – trugarhâ.

II

Am weld rhai bach yn cychwyn
    Ar siwrnai dynol-ryw,
Ac am gael cynnig iddynt
    Ganllawiau temel Dduw –
Ein diolch, Arglwydd, roddwn ni –
Ffeind a daionus ydwyt Ti.

III

Ein plant a'n hwyrion ydynt,
    Ein had a faethwyd cyd;
Tydi a fo'u cynhaliaeth
    Tan lach drycinoedd byd:
Pan na thywynno golau dydd
I'w gwâl, O deued ffagal ffydd.

IV

Eu teidiau roes dreftadaeth
    A'u neiniau faeth i'r rhain,
Ac ar eu llwybrau hefyd
    Planasom lwyni drain:
Ond er mor ddu ein camwedd ni,
Byth bythoedd, Iôr, ni ddigir Di.

V

O Dduw y cenedlaethau
    A Thad teuluoedd dyn,
Dy blant ŷm – o bob oedran –
    Fe'n crewyd ar Dy lun.
Os gwael a throeog yw ein rhawd,
O derbyn ein haddoliad tlawd.

366. Beth ac Elain, y gorwyresau sy'n absennol o'r darlun mawr, yn codi Taid i fyny. A rhyngddynt, yn cynrychioli'r genhedlaeth a aeth dros yr 'erchwyn', mae wyneb Dr Kate.

# Llyfryddiaeth

## BARDDONIAETH

*Cerddi Prentisiaid:* awdl H. Jones, Llangefni, a phryddest G. R. Jones, 'A Ddioddefws a Orfu' (Lerpwl, dim dyddiad).

*Caneuon,* Gwasg Gee (Dinbych, 1953).

*Ar y Cyd* – cerddi gan Huw T. Edwards, Mathonwy Hughes, Gwilym R. Jones a Rhydwen Williams, Llyfrau'r March Gwyn (Y Bala, 1967).

*Cerddi Gwilym R.,* Llyfrau'r Faner (Y Bala, 1975).

*Y Syrcas a Cherddi Eraill,* Llyfrau'r Faner (Y Bala, 1978).

*Y Ddraig a Cherddi Eraill,* Llyfrau'r Faner (Y Bala, 1978).

*Eiliadau a Cherddi Eraill* – llyfr o farddoniaeth i blant yn eu harddegau, D. Brown a'i Feibion Cyf. (Caerdydd, 1981).

*Mae Gen i Lyn a Cherddi Eraill,* Cyhoeddiadau Barddas (Caernarfon, 1986).

## NOFELAU

*Gweddw'r Dafarn,* Llyfrau Pawb, Dinbych (Gwasg Gee, 1943).

*Y Purdan,* Gwasg Gee (Dinbych, 1943).

*Seirff yn Eden,* Gwasg y March Gwyn (Y Bala, 1963).

## DRAMÂU

*Y Bachgennyn Hwn* – cyfieithiad o ddrama Cedric Mount (Cyngor yr Eisteddfod, 1934).

*Y Crocbren,* 1930.

*Y Weddw o Aberdâr,* Hughes a'i Fab (Wrecsam, 1936).

*Gwylnos,* Gwasg Gee, dim dyddiad.

*Y Gell Olaf,* Gwasg Gee, dim dyddiad.

*Croes y Dewin* (Drama i Blant), Gwasg Gee, dim dyddiad.

*Clychau Buddugoliaeth* (Buddugol yn yr Eisteddfod Genedlaethol, 1945). Drama i gôr Adrodd, Gwasg Gee (Dinbych, 1945).

*Yr Argae* (Seiliwyd ar hen chwedl boddi Cantre'r Gwaelod).

## DRAMÂU AR Y CYD Â'R PARCHEDIG EMRYS CLEAVER

*Y Bluen Aur.*

*Tra Bo Dau.*

*Gwerth y Byd.*

## CYHOEDDIADAU ERAILL

*Dewin y Bêl* (dan y ffugenw Alun Owen), Gwasg Gee (Dinbych, 1957).

*Dynion Dawnus,* Llyfrau'r Faner (Y Bala, 1980).

*Crud ein Cred,* Llyfrau'r Faner (Y Bala, 1983).

*Rhodd Enbyd,* Llyfrau'r Faner (Y Bala, 1983).

## DARLITHIAU

*Yn Nhal-y-Sarn Erstalwm . . .* (Darlith flynyddol Llyfrgell Pen-y-groes, 1962).

*Y Llwybrau Gynt 2:* Llyfrau Poced Gomer (Llandysul, 1972).

*Gwŷr Glew y Garreg Las* (Darlith flynyddol y BBC, 1974).

# Diolchiadau

Mae fy nyled yn un enfawr i'r 'teulu agos', Silyn a Mair, Iwan a Donna, Olwen a Berwyn. Ganddynt hwy y cefais y mwyafrif mawr o'r lluniau yn y gyfrol. Gyda *Rhodd Enbyd*, hunangofiant Gwilym R. a'r astudiaeth o'i waith *Awen Gwilym R.* gan Mathonwy Hughes, gwyddwn na fyddai prinder deunydd. A diolch am gartwnau a lluniau'r bardd ei hun.

Bu un o'm haelodau yn Eglwys y Crwys, Caerdydd, Mr Robin Griffith, dyn camera a meistr pob technoleg, ac un sy'n adnabod pawb, yn gymorth parod i mi. Lle nad oedd darlun ar gael, fe aeth i'w Wynedd hoff i'w dynnu. Diolch i Robin am y rhifau a ganlyn, 38a, 50, 59, 102, 117, 163, 164, 227, 240.

Defnyddiais luniau a benthycais ganllawiau gan fy nghyfaill a'r prif lenor, Mr John Idris Owen. Cefais groeso, help a'r lluniau a ganlyn gan Mr Aneurin Jones, Glangors, Tanrallt: 7, 8, 23, 42 a 67.

Bu'r Dr Rhidian Griffiths a'i staff yn help mawr i mi yn y Llyfrgell Genedlaethol. Yno, cefais y lluniau a ganlyn: 21, 39, 57, 129, 130b, 147, 209, 215, 218, 219, 220, 238, 261, 262, 264, 302.

Yr un diolch i Staff Archifdy Caernarfon am: 18, 55, 56, 58, 84a a 119.

Teulu'r diweddar Mr David Thomas am 48 a 49.

Mr Geraint Percy Jones am 60.

Mr Glyn Alban Roberts am y lithograff hardd, sef 362.

I deulu'r diweddar Mr Emrys Roberts am fenthyca nifer o'i luniau ef.

I Brifysgol Cymru am 46a.

Y Bwrdd Croeso am 342. *Y Free Press* am 308.

Diolch i Mr Tegwyn Roberts, Dolanog, am 258, 292, 299.

I deulu'r heddychwr, George M. Ll. Davies am 141.

Y BBC am 206. I Elda Frischer, Rhuthun, am 327, 339, 365.

*Y Cymro* am 83 a 192. Mr Desmond Healy am 211 a 212.

Ronald Thompson, Dinbych, fu'n tynnu 193, 230 a 232.

Jim Parry, Y Rhyl, 210; Evan Dobson, Y Bala, 239 a 303; Sion Jones o Abergele, 300, 306 a 360.

George Rawles, Rhuthun, 304. Llun E. R. Phillips, Caerfyrddin, yw 222.

Phillip Jones, UDA bellach, am 131a a 131b.

Gwasg y Lolfa am 263. Y Parchedig O. R. Parry am 248. Mrs Mairlyn Lewis am 284.

Y Dr J. Gwyn Thomas am 267 a 268. Dafydd Islwyn am 82. Mrs Nesta Harries am 155. Mrs Ann Cleaver Martin am 156. Mr Aneirin Williams am 265. Mrs Nansi George am 160. Mr Alcwyn Deiniol, Y Barri, am 260.

Gwaith llaw gelfydd y diweddar Mr Meurig Williams, Crugybar a Rhuthun, yw 292.

Eiddo Mrs Clarice Jones, a fu farw'n ddiweddar, oedd 111.

Diolch i Miss Gwenan Jones am gopïau o'r *Faner* lle roedd 'Dyddiadur Oberammergau'.

Nid oedd ansawdd llu o luniau'n ddigon da i'w defnyddio.

Bu Mr Robin Gwyndaf yn garedig iawn yn rhannu'i wybodaeth am Hugh Evans a Gwasg y Brython.

Cafodd y teulu help cyson gan Mr Bobi Owen, cynghorwr ac hanesydd lleol nodedig o drylwyr.

A diolch i Mrs Morfudd Strange o Benrhyncoch am y cyfle i weld ei thraethawd ar Gwilym R. ac am y Llyfryddiaeth a baratowyd ganddi. I Donna am osod yr achau yn glir mewn blychau twt.

I Wasg Dinefwr, a weithiodd mor galed i gael y gyfrol yn barod erbyn Eisteddfod Dinbych.